BBC
マイクロビット
公式 ガレス・ハルファクリー 著 金井哲夫 訳
The Official
BBC micro:bit User Guide
ユーザーガイド

日経BP社

The Official BBC micro:bit User Guide
Copyright © 2018 by John Wiley & Sons, Inc., Indianapolis, Indiana
All Rights Reserved.

This translation published under license with original publisher
John Wiley & Sons, Inc.
through Japan UNI Agency, Inc., Tokyo

夢中だった過去、父へ、心ときめく未来、娘たちへ

―― ガレス

BBC マイクロビット 公式ユーザーガイド
目次

序文 10
マイクロビット教育財団 最高技術責任者 ジョニー・オースティン

前書き 12

パート1
BBC マイクロビットとは何か 19

第1章 初めまして、BBC マイクロビットです 20
ボードを見て回ろう 20
詳しく見ていこう 22
 ディスプレイ 22
 ボタン 24
 プロセッサー 25
 無線 26
 加速度センサー 27
 コンパス 28
 入出力ピン 29
 マイクロUSBポート 30
 バッテリー・コネクター 31

第2章 BBC マイクロビットを始めよう 33
BBC マイクロビットの扱い方 33
BBC マイクロビットの電源を入れる 34
 USB ポート 34
 電池からの給電 36
BBC マイクロビットからのご挨拶 39
 生きている証 40
 ボタンのテスト 40
 動きを使ったゲーム 41
 コーディングしよう 41
BBC マイクロビットをリセットする 42

第3章　BBC マイクロビットでプログラミングを始めよう　44
USB で接続する　44
ドラッグ・アンド・ドロップ　46
自動フラッシング　49
コードエディター　50
プログラムをダウンロードする　51
フラッシュメモリーについて　56

パート2
BBC マイクロビットのコーディング　59

第4章　プログラミング言語　60
プログラミング言語とは　60
BBC マイクロビットで使う3つの言語　61
JavaScript ブロック　62
JavaScript　63
Python　64
プログラミング言語の比較　66
プログラミング言語の選び方　68
その他のプログラミング言語　68

第5章　JavaScriptブロック　70
JavaScript ブロックエディターの紹介　70
プログラム1：「Hello, World!」　74
ループ　78
プログラム2：ボタン入力　79
2つのボタン　82
プログラム3：タッチ入力　83
変数　84
プログラム4：温度センサー　88
出力の形を整える　90
プログラム5：コンパス・センサー　91
プログラム6：加速度センサー　94
遅くする　98
加速度センサーの数値を読み出す　100
プログラム7：フルーツキャッチャー・ゲーム　102
最初の設定　103

メインのプログラム・ループ 105
　　条件ループ 106
　　条件文 108
　　コントロール・イベント 111
　先に進もう 113

第6章　JavaScript 114
　JavaScript エディターの紹介 115
　プログラム1：「Hello, World!」 118
　　ループ 123
　プログラム2：ボタン入力 124
　　2つのボタン 127
　プログラム3：タッチ入力 129
　　変数 130
　プログラム4：温度センサー 134
　　出力の形を整える 136
　プログラム5：コンパス・センサー 137
　プログラム6：加速度センサー 140
　　遅くする 144
　　加速度センサーの数値を読み出す 145
　プログラム7：フルーツキャッチャー・ゲーム 148
　　最初の設定 148
　　メインのプログラム・ループ 151
　　条件ループ 152
　　条件文 154
　　コントロール・イベント 157
　先に進もう 160

第7章　Python 161
　Python エディターの紹介 162
　プログラム1：「Hello, World!」 165
　　ループ 169
　プログラム2：ボタン入力 171
　　2つのボタン 175
　プログラム3：タッチ入力 177
　　変数 178
　プログラム4：温度センサー 182
　　出力の形を整える 184
　プログラム5：コンパス・センサー 185

プログラム6：加速度センサー･･････････････････････････ 187
　　　遅くする･･･ 190
　　　加速度センサーの数値を読み出す･････････････････････ 192
　　プログラム7：フルーツキャッチャー・ゲーム･･････････････ 194
　　　最初の設定･･･････････････････････････････････････ 194
　　　メインのプログラム・ループ･･･････････････････････････ 196
　　　条件ループ･･･････････････････････････････････････ 198
　　　条件文･･･ 200
　　　スプライトを描画する･･････････････････････････････ 201
　　　プログラムを完成させる･････････････････････････････ 203
　　先に進もう･･･ 206

パート3

BBC マイクロビットの上級プロジェクト ･･･ 207

第8章 無線通信機能 ･････････････････････････････ 208

　BBC マイクロビットの無線機能･････････････････････････ 208
　プログラム1：1対1の通信･････････････････････････････ 209
　プログラム2：1対複数の通信････････････････････････････ 213
　プログラム3：無線グループ･････････････････････････････ 216
　　無線グループの機能をテストする･････････････････････ 217
　BBC マイクロビットをスマートフォンやタブレットと使う ･････ 221

第9章 BBC マイクロビットとラズベリーパイ ････････････ 222

　ラズベリーパイとは何か･･･････････････････････････････ 223
　ラズベリーパイをBBC マイクロビットに接続する･････････････ 224
　BBC マイクロビットからデータを読み込むための準備････････ 229
　BBC マイクロビットのディスプレイを使う･･････････････････ 235
　実用的な例：CPU モニター･････････････････････････････ 240

第10章 電子回路を組もう ･･･････････････････････････ 245

　電子工作のための道具･･･････････････････････････････ 245
　入出力端子（ピン）･･････････････････････････････････ 249
　　大きなピン･････････････････････････････････････ 250
　　小さなピン･････････････････････････････････････ 252
　初めての回路･････････････････････････････････････ 256

ボタンからの入力を読み込む ……………………………………… 256
　　　抵抗のカラーコードを読む ………………………………………… 260
　　　LEDへ出力する ……………………………………………………… 262
　　　PWMを使ってLEDの明るさを調整する …………………………… 267
　　　アナログ入力を読む ………………………………………………… 270

第11章 BBC マイクロビットを拡張しよう …………… 274

　　ブレークアウト基板で拡張する ……………………………………… 274
　　　キットロニックのエッジ・コネクター・ブレークアウト・ボード …………… 275
　　　サイエンススコープのマイクロビット・ブレークアウト・ボード ………… 276
　　　プロトピックのブレッドビット ………………………………………… 277
　　　プロトテックのエグジビット …………………………………………… 278
　　ロボティクスとBBC マイクロビット ………………………………… 279
　　　キットロニックのライン・フォロイング・バギー …………………… 280
　　　キットロニックのモーター・ドライバー・ボード …………………… 281
　　　テクノロジー・ウィル・セイブ・アスのマイクロボット …………… 282
　　　フォトロニクスのビットボット ……………………………………… 283
　　　バイナリーボット …………………………………………………… 284
　　その他のBBC マイクロビットのアドオン部品 ……………………… 285
　　　キットロニックのマイパワー ……………………………………… 285
　　　プロトピックのマイクロピクセル・ボード ………………………… 286
　　　プロトピックのサイモンセズ・ボード ……………………………… 287
　　　フォトロニクスのビット・トゥ・パイ・ボード ……………………… 288
　　　キットロニックのマイプロ・プロテクターとマイパワー・ケース …… 289

第12章 BBC マイクロビットをウェアラブルにしよう …… 290

　　ウェアラブルBBC マイクロビットの優位性 ………………………… 291
　　導電性糸 ……………………………………………………………… 292
　　　導電性糸の使い方 ………………………………………………… 294
　　雨を感知する帽子 …………………………………………………… 297
　　　帽子を準備する …………………………………………………… 299
　　　BBC マイクロビットを取り付ける ………………………………… 301
　　　雨センサーのプログラム ………………………………………… 302
　　　バッテリーを使う ………………………………………………… 303

第13章 参考になる情報源 305
マイクロビット教育財団 305
公式教育リソース 307
サードパーティーの教育リソース 308
英国工学技術学会 309
Computing At School 310
Micro:bit for Primary School 310
TES Magazine 312
Code Club 313

パート4

付録 315
付録A　JavaScriptのレシピ 316
付録B　JavaScriptのレシピ 322
付録C　Pythonのレシピ 330
付録D　ピン配列 341

訳者あとがき 344

・本書の本文において、各段落で初出の場合は「BBC マイクロビット」と表記していますが、2回目からは「マイクロビット」と表記しています。
・本書に記載している会社名および製品名は、各社の商標または登録商標です。なお、本文中に™、®マークは明記しておりません。
・本書に記載された内容は情報提供のみを目的としており、明示、暗示または法律の規定に関わらず、これらの情報について著者、訳者、日経BP社はいかなる責任を負わないものとします。
・記載されている情報は制作時点のものであり、本書の発行後に変更されることがあります。あらかじめご了承ください。

序文　　マイクロビット教育財団 最高技術責任者 ジョニー・オースティン

　2015年4月、私は昼休みを使って近くのスーパーマーケットで、英BBC放送でのデモンストレーションに使えそうな、できるだけ安い材料を物色していました。その日の午後に披露したのは、1ポンド（訳注：約144円，2018年9月6日時点）の目覚まし時計から抜き出した電池ボックスを、BBCマイクロビットの初期のプロトタイプに接着したものでした。このデモの相手は、コーディング用の機器をイギリスの小学校7年生（11〜12歳）全員に無料で配布するという、きわめて大胆な計画に賛同してくれた31の組織です。しかしマイクロビットは、単にコーディングが可能な、いわゆる「開発ボード」というだけではありません。学校の教師や子どもたちの創造力を引き出す、簡単に使えて何にでも接続できるプラグ・アンド・プレイのツールなのです。

　技術者として、BBCマイクロビットのプロジェクトに関わって何より楽しいのは、初心者のみなさんがこの新しい技術を、非常に興味深い（ときには馬鹿馬鹿しい）ものに利用する様子を見たときです。瞬間移動するアヒルを使った団体競技、ロケットカーの加速度の測定器、ピザのインタラクティブ・ストーリー、ポータブル心拍計、本書で作り方を解説している「雨を感知する帽子」など。本書はマイクロビットのウキウキするような楽しさ、簡単さ、クリエイティブな可能性をしっかりと教えてくれています。これによって、プログラマーや発明家がたくさん生まれることを私は願っています。

　使えばすぐに結果が楽しめるBBCマイクロビットのセンサーは、その洗練されたデザインによって、あらゆる人たちを夢中にさせることでしょう。たとえ、コーディングが縁遠いものだと思っていた人たちも、です（というか、そういう人たちこそが対象なのです）。初めてのプログラムを組むまでに、ほとんど時間はかかりません。とってもシンプルな構造なので、あとは上達のスパイラルに乗って、成功と満足を次々と体験していくだけです。そして、みなさんの創造力は大きく花開きます。

　BBCマイクロビットの魅力のひとつに、仮想世界と現実世界とを、なんの苦労もなくつなげることができるという点があります。コンピューターの中で作ったプログラムが、すぐに現実世界の物を動かすのです。即座に物が動きだす。それが「マイクロビットの瞬間」です。手の中に入る小さな装置でその瞬間を体験した人たちは、年代を問わず、驚きの表情を浮かべ、その大いなる力と可能性を実感します。そして、これを使って何か新しい物を作りたいという衝動に駆られ

ます。そのときみなさんは、テクノロジーとは難しくて縁遠いものではなく、楽しく遊ぶためのものなのだと気がつくのです。

　BBCマイクロビットは、ただコーディングを学ぶための装置ではありません。テクノロジーを使って好きな物を動かすことを学ぶための装置なのです。コーディングは、その途中で自然に覚えていきます。たとえば、マイクロビットにダンスをさせたり歌わせたりすれば、かならず繰り返しが出てきますから、ループ（繰り返し）のようなプログラムは、いつの間にか覚えてしまうでしょう。これは、あらゆる世代の人が共通して学べる方法なのです。マイクロビットが配布された最初の年に第三者機関が調査した結果によると、マイクロビットを教室で使用した教師の85パーセントが、生徒たちにコンピューター科学は楽しいものだと教えることに成功したと答えています。また、マイクロビットを使った生徒たちの90パーセントが、誰でもコーディングができるようになると答えています。

　BBCマイクロビットのかっこいいデザイン、魅力、技術的なシンプルさは、マイクロビットを育て上げたパートナーたちの、さまざまな経歴、期待、コミュニティー、興味から、直接生まれてきたものです。こうした、分野の垣根を越えたチームによって、マイクロビットの本体、エディター・ソフトウエア、教材、コンセプトが固められ、そこにまったく新しいエコシステムができあがりました。

　2016年に設立されたマイクロビット教育財団は、このエコシステムを支援、拡大し、BBCマイクロビットを世界に広める責務を担っています。今、私がこれを書いている時点では、マイクロビットは50を超える国で普及し、マイクロビットのウェブサイトは12カ国語で見ることができます。学習プラン、工作集、アイデアなどのライブラリーも増えています。さらに新しく高性能なエディターも、パートナーと共に開発が進められています（本書の中で詳しく説明しています）。そして、愛好家、ボランティア、頼れるパートナーの数は増加を続け、教育関係者のコミュニティーはどんどん大きくなっています。

　こうしたことから、BBCマイクロビットを始めるということは、みなさんのアイデアを実現させることだけに留まりません。それは、自分を表現するために、身近な問題を解決するために、他の人たちを幸せにするために、プログラミング学習に対する考え方を変えるために、独創的な方法でテクノロジーを活用している人たちの国際的なコミュニティーに参加することでもあるのです。

　本書は、みなさんにBBCマイクロビットの世界を紹介するためのガイドであり、楽しい旅への第一歩です。マイクロビットの世界がみなさんをお待ちしています。みなさんが何を作り出すのか、今から楽しみにしています。

前書き

　教育にコンピューターを使うという試みには、長くて劇的な歴史があります。それは、数学の授業に計算機を採り入れたり、1980年代の「BBCコンピューター技能プロジェクト」に代表される、パソコンを授業に採り入れようという運動から始まっています。その後、コンピューターの値段が下がり性能が高くなると、世界中の学校にコンピューターが導入されるようになりました。最初は1台のパソコンをみんなで使っていましたが、やがては教室いっぱいにパソコンが並び、語学、歴史、工学、美術などの授業に使われるようになりました。

　今や、パソコンのある家庭は珍しくありません。何台も持っている家庭もあります。しかし、コンピューターを利用する機会が増えて簡単に使えるようになるほど、コンピューターの中身は縁遠い存在になってしまいました。1980年代にAcorn Computers（エイコーン・コンピューター）が開発したパソコン「BBC Micro（BBCマイクロ）」は、BBCコンピューター技能プロジェクトの中心的存在でしたが、文字だけでプログラミングをする「初心者向け汎用記号命令コード（BASIC：ベーシック）」と呼ばれるプログラミング言語を使って、いろいろな実験が行われました。今は、視覚的なユーザーインターフェイス（GUI）が主流です。これにより、すでにあるプログラムを土台にして、自分のプログラムを作ることが可能になりました。

　BBCマイクロビットは、自分だけのオリジナルのプログラムを書いたり学んだりできた昔のコンピューターを取り戻すためにデザインされた、安くて、簡単に使えるプラットフォームです。マイクロビットは、BBCコンピューター技能プロジェクトの流れを引き継いだ「国際コンピューター技能プログラム」の中心となる、とても安価なマイクロコントローラーです。自分の名前を表示させたり、ゲームをプレイしたり、ライトを点滅させたり、無線で通信したり、さまざまなことを、自分でプログラムを書いて実行させることができるのです。

　世界中の学校がBBCマイクロビットを授業に採り入れ始めていますが、使われているのは正規の授業でだけではありません。誰にでもすぐに使えるマイクロビットは、あらゆる年代の人たちに、プログラミングやコンピューターの仕組みを教えるための材料として役立っています。頑丈で小さなボードなので、持ち運びも楽にでき、ウェアラブル・コンピューターの工作にも最適です。しかも非常に高性能で柔軟性があるため、もっと複雑な工作に使っても、そのパワーに不足を感じることはないでしょう。

この本は誰のために書かれたか

　この本は、BBC マイクロビットを使ってみたいと思うすべての人のために書かれています。マイクロビットを始めるには、コンピューター、電子工作、プログラミングなどの予備知識は一切いりません。

　必要なのは、文字が読める能力と、やる気だけです。コンピューターを使ったことのある人なら、コンピューターの基礎を解説した最初の何章かは飛ばしても構いません。マイクロコントローラーを搭載した開発ボードを使ったことのある人なら、もっと飛ばせます。コンピューターでプログラムを書いたことのある人は、BBC マイクロビットがとてもわかりやすくできていることに、すぐに気がつくでしょう。電子回路に詳しい人には、後半の章にお楽しみがあります。

　BBC マイクロビットをすでに使っている人にとっても、まったく初めてという人にとっても、この本は、できるだけ簡単に、できるだけ楽しく、みなさんの旅が始められるように書かれています。

この本でわかること

　技術の進歩は立ち止まることを知りません。BBC マイクロビットも進歩し続けています。この本は、いちばん新しいマイクロビット（バージョン 1.3b）に合わせて書いてありますが、これ以前のすべてのバージョンにも共通しています。小学校に試験的に配られた最初の試作品も含まれます。また、この本の製作に協力してくれたマイクロビット教育財団の尽力により、これから開発される将来のバージョンにも対応できることになっています。

　ハードウエアと同様に、BBC マイクロビットのソフトウエアもまた、どんどん改良が進んでいます。この本では、これを書いている時点でもっとも新しいバージョンのソフトウエアについて解説しています。画面の写真もすべて、現時点で最新のものです[編注1]。今後、ソフトウエアに改良が加えられ、見た目が多少変化することがあっても、基本的な使い方は変わりません。

　とくに、この本に収められているプログラムにとって、そこはとても重要です。BBC マイクロビットで使えるプログラミング言語の数は増え続けていて、今後は新たな機能も追加されていくでしょうが、今の機能はそのまま残されます。この本に書かれているプログラムは、これから改良される将来のBBC マイクロビットでも問題なく作動します。

編注1：より新しいバージョンが準備されており、以下のサイトから試用できます（2018年9月6日時点）。
　　　https://makecode.microbit.org/beta/

この本の構成

　パート1「BBCマイクロビットとは何か」では、ハードウエアの説明と、その仕組みについて解説します。そして、マイクロビットを箱から出して、サンプルのプログラムを使ってみるまでを、手順を追って説明します。また、パソコンに接続して、自分で書いたプログラムをBBCマイクロビットに読み込ませる方法も学べます。さらにこの章には、マイクロビットを壊さないための扱い方など、さまざまな豆知識も書かれています。すでにマイクロビットをお使いの方でも、きっと役に立ちます。

　パート2「BBCマイクロビットのコーディング」では、自分でプログラムを作る方法を解説します。マイクロビットで使えるプログラミング言語の違いについて学び、短いメッセージがスクロールする簡単なものから、内蔵センサーのデータを読み取るもの、簡単なゲームなど、いろいろなプログラムを書いてみます。

　このパートの各章で解説するプログラミング言語は、BBCマイクロビットで主に使われる3つの言語、JavaScript Blocks（ジャバスクリプト・ブロックス）、JavaScript（ジャバスクリプト）、Python（パイソン）です。どの言語も、その違いがよくわかるように、ほとんど同じ構成で解説が書かれています。章の最初に比較表があるので、それを見て、気に入った言語のところだけを読んでもよいでしょう。しかし、すべての言語の解説を読めば、使い方の違いについて、より理解が深まります。

　パート3「BBCマイクロビットの上級プロジェクト」では、マイクロビット同士、または何台ものマイクロビットと通信をする無線モジュールを例にした、一歩進んだ工作（プロジェクト）に挑戦します。また、人気のワンボードコンピューターRaspberry Pi（ラズベリーパイ）を使って、マイクロビットの機能を拡張するプロジェクトも紹介します。

　さらに、BBCマイクロビットにスイッチやLEDなどの基本的な電子部品をつなげて電子回路を組み立て、より機能を高める実験を行います。ハンダ付けは必要ありません。ここで解説する電子回路は安全なもので、子どもでも安心して扱えます。使用する電子部品も、安い物をほんの少しだけです。

　ここまで来れば、BBCマイクロビットの仕組み、プログラム、いろいろな部品をつなげて使う方法をすっかり理解していることでしょう。しかし、マイクロビットの世界には終わりがありません。そこで、マイクロビットの機能を高めるハードウエア、プロジェクトのアイデアや学校の授業で使う場合の指導プランといった大量情報が得られるウェブサイトを紹介します。

最後に付録として、この本で紹介したすべてのプログラムの完全版が、3つの言語ごとに掲載されています。タイプする際に面倒がないように、コメントや説明は省いてあります。それでもタイプするのが面倒だという方のために、この本のウェブサイトからは、プログラムをダウンロードできるようにもなっています。以下の URL を見てください。原著のサイトには、BBC マイクロビットのピン配列図や機能の完全なリストも掲載されています。

・本書のサイト
　https://shop.nikkeibp.co.jp/front/commodity/0000/P60050/

・原著（The Official BBC micro:bit User Guide）のサイト
　https://www.wiley.com/go/bbcmicrobituserguide

この本を使うために必要なもの

　BBC マイクロビットを持っていなくても、この本でマイクロビットを学ぶことができます。シミュレーターを使えば、プログラムを書いて、どのようにそれが動くかを、実際にマイクロビットに読み込ませることなく確認ができるのです。もちろん、マイクロビットを1台だけ持っているだけで、この本のほとんどの内容をより直感的に理解できるようになります。その他に、もしあればなお良いと思われる材料を以下に列挙します。

本書掲載のメインのサンプル・プログラムを動かすために、あるとよい物
・BBC マイクロビット
・マイクロ USB ケーブル
・USB ポートのあるパソコン（Windows パソコン、macOS 搭載機、Linux 搭載機）
・最新のウェブブラウザーとインターネット接続環境

第 8 章の「無線通信機能」のプログラムで使う物
・BBC マイクロビットが合計 3 台

第 9 章の「BBC マイクロビットとラズベリーパイ」のプログラムで使う物
- Raspberry Pi Model B+、Raspberry Pi Model 2、Raspberry Pi Model 3、Raspberry Pi Zero W のいずれかひとつ
- Raspberry Pi Zero W を使う場合のみ、マイクロUSB On-the-Go（OTG）変換ケーブル

第10章「電子回路を組もう」で使う物
- ワニ口クリップ、または４ミリのバナナプラグが付いたリード線数本
- 押しボタンスイッチまたはスイッチ１個
- LED１本
- 抵抗（10章で詳しく説明します）
- 可変抵抗

　これらの部品はインターネットや大きな電気部品店で購入できます。マイクロビットを扱っている店なら、大抵、これらが揃います。

書式

　本の内容を理解しやすく、また、どこに何が書かれているかを把握しやすくするように、文章に関して、いくつかの約束事があります。
　技術的な用語は、初めて登場するときだけ太字で書かれています。略語の場合は、最初は略さない形で、その後は略語の形で書かれています。長さの単位は原則としてメートル法です。
　コード（プログラム）の１行がページの横幅の都合で改行されてしまうときは、↵ が使われます。この印があるときは、エンターキーやリターンキーを押さずに１行としてタイプしてください。どうタイプしてよいか、よくわからないときは、前述したこの本のウェブサイトからテキスト形式のファイルをダウンロードしてください。これを見てタイプしてもよいですが、丸ごとコピーしてエディターに貼り付けても使えます。

私に聞いてください

　ご意見、修正の提案、質問など、読者のみなさんからの言葉を待っています。私のメールアドレスへメールしてください（microbit@halhacree.co.uk）。私のこの他の著書は、freelance.halfacree.co.uk でご覧いただけます。

　ツイッター（twitter.com/ghalfacree）でもお待ちしています。また、暗号化されたメッセージで通信されたい方は、Keybase.io/ghalfacree を使ってください。

　では、どうぞ本書をお楽しみください。BBC マイクロビットの楽しい旅が始まります。

ガレス・ハルファクリー

パート 1

BBC マイクロビット とは何か

第 1 章 初めまして、BBC マイクロビットです

第 2 章 BBC マイクロビットを始めよう

第 3 章 BBC マイクロビットでプログラミングを始めよう

第 1 章

初めまして、
BBC マイクロビットです

/こ/の/章/の/内/容/
- BBC マイクロビットとは何か、どうして作られたかを解説します。
- BBC マイクロビットの各部分を見て回り、主要な部分を解説します。

　BBC マイクロビット（BBC Micro:bit）は驚きのデバイス（装置、部品）です。教育にも遊びにも、同じように使えます。複雑なロボットやホームオートメーション・システムの頭脳として使うこともでき、ボタンを押すと笑顔が表示されるといったシンプルな遊びもできます。マイクロビットを使うことで、プログラミングや電子回路について学ぶこともできます。他のマイクロビットや、スマートフォンやタブレットなどの機器と、無線で通信したりもできます。

　BBC マイクロビットでは、いろいろな**プログラミング言語**を使ってプログラムを書くことができます。また、他の人が書いたプログラムを応用することも可能です。マイクロビットは、学校の授業でも、クラブでも、遊び場でも、家でも使えます。ゲームをプレイしたり、実際に何かに役立てたり、新しい装置を発明したり、すべてがひとつのマイクロビットで可能なのです。

　でもその前に、BBC マイクロビットとは何かを確認しておきましょう。

ボードを見て回ろう

　BBC マイクロビットは、技術的な言葉で言うと**マイクロコントローラー開発ボード**という部類に入ります。つまり、**マイクロコントローラー**が搭載された**プリント基板**であり、自分で書いたプログラムを走らせたり、他のハードウエアを接続できるという装置です。

　初期のころのマイクロコントローラーは、とても高価で、とても難しい代物でした。それから数十年間、マイクロコントローラーはどんどん安くなり、より手軽なものになっていき、ついに BBC マイクロビットが生まれるまでになったの

> ⚠️ **注意**
>
> BBCマイクロビットは頑丈に作られていますが、複雑な電子回路であることに変わりはありません。各部品の構造や働きがよく見えるように、裸のプリント基板の状態で提供されています。ケースで保護されていないので、取り扱いには少々注意が必要です。静電気で電子部品が壊れてしまわないように、できるだけボードの縁を持つようにしてください。静電気による影響については、第2章「BBCマイクロビットを始めよう」で詳しく解説します。

です。最低限の価格で、とても高機能で、経験の有無に関わらず、誰もがプログラミング（コーディング）ができるように作られています。

BBCマイクロビットは、さまざまな電子部品を搭載したプリント基板です。これには裏と表があります。表面には、**ディスプレイ**と**ボタン**があります。裏側には**マイクロUSBコネクター**や**無線**などの電子部品が並んでいます。**図1-1**は表面、**図1-2**が裏面です。

BBCマイクロビットには、**シルクスクリーン・レイヤー**と呼ばれる印字層があり、大切な部品の説明が印刷されています。表面のボタンには、区別できるようにAとBという文字が印刷されています。裏面では、**プロセッサー**（Processor）や**加速度センサー**（Accelerometer）といった重要な部品の名前が印刷されています。こうした部品については、これから詳しく解説します。

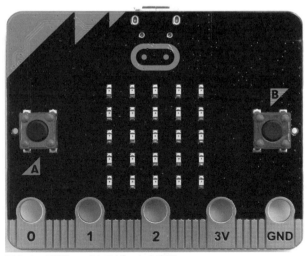

図1-1 BBCマイクロビットの表面

図1-2　BBCマイクロビットの裏面

詳しく見ていこう

　どんなに複雑なデバイスでも、単純な部品の組み合わせでできています。ボードの表面の中央にあるディスプレイは、見たとおりの単純な構造です。一方、BBCマイクロビット同士、またはスマートフォンやタブレットなどの機器と通信を行うための無線機能を担当する部分は、少々複雑になっています。こうした部品の組み合わせによって、驚くほど柔軟に、いろいろな仕事ができるようになっているのです。

　もう今すぐBBCマイクロビットを使いたくて仕方がないという人は、先に第2章へ進まれて構いません。しかし、この章を読んでおけば、マイクロビットに何ができるのかを深く理解でき、単にその使い方を知るだけでなく、将来、みなさんのスキルが高まったときに、実用的なプロジェクトのアイデアがたくさん思い浮かぶようになるはずです。

ディスプレイ

　BBCマイクロビットでいちばん目立つのが、ディスプレイです。表面の中央にあります（**図1-3**）。これは、マイクロビットの基本**出力装置**です。つまり、マイクロビットの中で走るプログラムが、外の世界とコミュニケーションをする

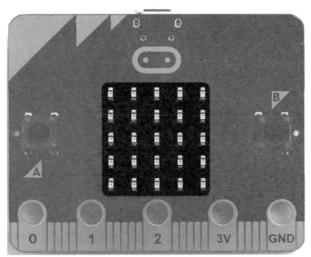

図1-3 BBC マイクロビットのディスプレイ

ためのものです。マイクロビットに搭載されたセンサーの状態を示したり、ニコニコマークを表示したり、いろいろに使えます。

　BBC マイクロビットのディスプレイの役割は、普通のコンピューターの画面と同じですが、**解像度**はとても低くなっています。一般的なコンピューターのディスプレイの場合、解像度は横が 1920 個、縦が 1080 個ほどの**ピクセル**（画素）で構成されています。しかし、マイクロビットの場合は、5×5 の合計 25 個しかありません。

　25 個では少なすぎるように思われるでしょうが、棒グラフを表示したり、簡単なゲームをプレイしたりするには十分です。メッセージも、スクロールさせれば、どんなに長いものでも表示できます。このディスプレイの使い方については、後で詳しく解説します。

　技術的な言葉を使えば、BBC マイクロビットのディスプレイは 5×5 の **LEDマトリックス**で構成されています。マトリックス（行列）の中の個々の LED は、ひとつのピクセルとして機能し、色は変わりませんが、明るさを変化させることができます。明るさを変化させて画像を高速で入れ替えれば、静止画だけでなく、アニメーションも表示が可能です。

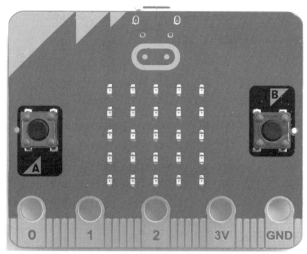

図1-4　BBC マイクロビットのボタンAとボタンB

ボタン

　ディスプレイの両脇には、BBC マイクロビットで二番目に大切な機能であるボタンがあります。ボードの表側の両端に配置されたボタンには、混乱を避けるために、それぞれ A と B と書かれています（図 1-4）。この 2 つのボタンは、マイクロビットで基本となる**入力装置**です。ディスプレイはプログラムからの情報を外に出すための出力装置でしたが、ボタンはプログラムに簡単な情報を外から与えるためのもので、たとえば、ディスプレイの画像を変えさせたり、ゲームのキャラクターをコントロールしたりできます。

　これら 2 つのボタンは、技術的には**モーメンタリー型スイッチ**と呼ばれる種類のものです。部屋の明かりを点けたり消したりするスイッチとは違い、押している間だけオンになり、押すのを止めるとオフに戻ります。照明のスイッチのように、オンにするとオフに切り替えるまでずっとオンのままというスイッチは、**ラッチング型**または**オルタネート型**と呼ばれます。

　これらのボタンは BBC マイクロビットの基板に固定されてはいますが、ボタンからの入力信号を受け取るようにプログラミングしなければ、ボタンはなんの役割も果たしません。プログラムの使用目的によって、ボタンをひとつしか使わない場合や、まったく使わない場合もあるでしょう。反対に、もっとたくさんのボタンが必要なときは、**入出力ピン**を使って増やすことも可能です。

ボタンAとボタンBの他にも、裏側にもうひとつボタンがあります。これは**リセットボタン**です。コンピューターについているリセットボタンと同じく、このボタンもBBCマイクロビットの電源を切る役割を果たします。マイクロビットが何をしていようと、これを押した瞬間に動作が止まり、保存されているプログラムが最初に戻って実行されます。新しく書いたプログラムを試すときなどで、マイクロビットが反応しなくなってしまったときは、リセットボタンが役に立ちます。ただし、正常に作動しているときに不用意に押すのは危険です。リセットボタンには別の使い方もありますが、詳しくは後で説明します。

プロセッサー

　プロセッサーはよく、コンピューターの「頭脳」だと言われます。BBCマイクロビットのプロセッサーは、**マイクロコントローラー**と呼ばれる種類のものですが、これもまた頭脳です。基板の裏面の左上にある、小指の爪よりも小さい正方形の部品がそれです。**シルクスクリーン・レイヤー**に「PROCESSOR」と書かれています。これは**集積回路**の一種です（**図1-5**）。

　とても小さな部品ですが、集積回路の中身はとても複雑にできています。この中にプログラムが保存され、この中で実行されます。普通のコンピューターの場合は、メモリーとストレージとプロセッサーは別々になっています。BBCマイ

図1-5　BBCマイクロビットのプロセッサー

クロビットのように、すべてが一体化されたプロセッサーは**システム・オン・チップ**（SoC）と呼ばれます。

BBCマイクロビットのプロセッサーは、**ARMアーキテクチャー**という名前の特別な命令のセットを使って動く、**命令セット・アーキテクチャー**という仕組みになっています。ARMとは、このプロセッサーを開発した会社の名前です。非常に少ない電力で、高い性能を発揮することができます。その性能を大いに活用したマイクロビットは、適切な電池を使えば、何カ月間も動き続けることができます。

技術的な内容を知りたい方のために説明しておきましょう。BBCマイクロビットに使われているプロセッサーはNordic nRF51822です。シングルコアのARM Cortex-M0を搭載し、16MHzで駆動します。RAMは16KB、プログラムのストレージとして256KBの不揮発性メモリーを有します。

BBCマイクロビットの裏面の右上には、何も書かれていませんが、もうひとつのプロセッサーがあります。マイクロUSBケーブルを使ってマイクロビットとコンピューターを接続するとき、この2つめのプロセッサーがコンピューターとのやりとりを担当します（第3章「BBCマイクロビットでプログラミングを始めよう」で詳しく説明します）。送られてきたプログラムの受け取りを行い、メインのプロセッサーにそれを引き渡して実行できるようにするのです。

無線

BBCマイクロビットの特長のひとつに、無線通信機能があります。マイクロビット同士だけでなく、スマートフォンやタブレットなどの機器とも通信が行えます。無線機能は、マイクロビットのメインのプロセッサーの中に内蔵されていて、システム・オン・チップの一部を構成しています。そのため、他の部品と違ってボードにその名称は書かれていませんが、「PROCESSOR」の中に隠れていると考えてください。

BBCマイクロビットの無線機能には2つの大きな働きがあります。ひとつは、他のマイクロビットとワイヤレスで通信を行う機能です。いちいちケーブルで接続しなくても、複数のマイクロビットと情報のやりとりができます。2つめは、その他の装置と通信を行う機能です。これは、**ブルートゥース・ロー・エナジー**（Bluetooth Low Energy：BLE）を使った通信です。BLEは、現代のスマートフォンやタブレットで標準的に採用されている通信規格「ブルートゥース」の省電

図1-6 BBCマイクロビットの無線アンテナ

力版です。

　ラジオ放送を聞く普通のラジオとは違って、BBCマイクロビットにはアンテナが立っていません。その代わりに、ボードの上に銅のラインで小さなアンテナが印刷されています。アンテナは裏面の左上にあり、BLE ANTENNA（BLEアンテナ）と印字されています（**図1-6**）。ちょっと目立ちませんが、光を当ててよく見ると、四角い波形の線が盛り上がっているのがわかるはずです。こうすることで、一部の国であらゆる無線送信装置に貼ることが義務づけられている規格対応証明シールが不要になっています。

加速度センサー

　BBCマイクロビットに組み込まれている2つのセンサーのうちのひとつ、**加速度センサー**（Accelerometer）は、プロセッサーよりもずっと小さなチップです（**図1-7**）。あまりにも小さいので、裏面に名前を印字しておかなければ、誰にも見向きもされないでしょう。しかし、小さくても大変に賢いセンサーです。マイクロビットがどっちにどれだけ動いたかを、これが正確に教えてくれるのです。

　スマートフォンを傾けると、画面の写真が自動的に横向きになったり縦向きになったりしますが、あれは、スマートフォンの傾きを加速度センサーが認識して、

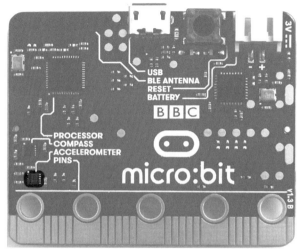

図1-7　BBC マイクロビットの加速度センサー

そのように画像を動かしているのです。BBCマイクロビットの加速度センサーも同じで、ボードの3つの座標軸方向の傾きを測定できます。左右、手前と奥、上下、つまりXYZの方向を、**固有加速度**を用いて常時監視しています。

加速度センサーは、第2章のプログラムの実験で使用します。

コンパス

BBCマイクロビットに組み込まれている、もうひとつのセンサーです。**コンパス**は、方位を調べるときに使う同じ名前の道具と、ほぼ同じ役割を果たします。このコンパスも、**磁北**を感知して自分の方位を測定します。たとえば、ロボットを作るとき、コンパスを備えていれば、ある地点から別の地点へ移動させたいときなどに役に立ちます。加速度センサーと同様、コンパスもまた、とても小さなチップなので、見逃してしまいがちです。ボードの裏面には「COMPASS」と印字されています（**図1-8**）。

針が回転するコンパスと同じく、BBCマイクロビットのコンパスも**磁場**を検知するように作られています。そのため、地球の天然の磁場だけでなく、周囲の磁場を検知することもできます。つまり、強い**磁力**が近くにあると、それを感じることもできるのです。金属の探知も行えます。反対に言えば、スピーカーのように強力な磁石を備えた物が近くにあると、コンパスとして北を探したいときに

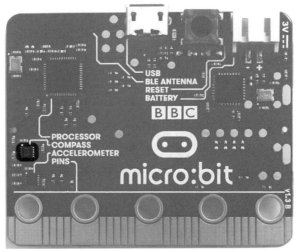

図1-8 BBC マイクロビットのコンパス

狂いが生じるという欠点もあります。

入出力ピン

　BBC マイクロビットの下の縁には、機能を拡張するための**入出力ピン**が並んでいます（**図1-9**）。ピンと言っても尖っているわけではありません。プリント基板の両面に備えられた銅の細長い板です。電子技術用語のピンとは、何かを固定するためのものではなく、リード線をつなげる場所のことを言います。

　5つの大きなピンは、その形から**パッド**とか**リング**と呼ばれることもありますが、表面にはそれぞれに、0、1、2、3V、GND と印字されています。最初の3つは基本の入出力ピンです。あとの2つは、電源とグランドをつないで電子回路を完成させるためのピンです。これらのピンには小さな穴が開いています。これは、ワニ口クリップやバナナプラグで簡単にリード線が接続できるようにするためのものです。その他にも、**導電性糸**をつないだり（第12章「BBC マイクロビットをウェアラブルにしよう」を見てください）、拡張ボードを接続するときの導電性ネジの穴としても使えます（第11章「BBC マイクロビットを拡張しよう」を見てください）。

　名前が示すとおり、入出力ピンとは、BBC マイクロビットの外部からの信号

第1章　初めまして、BBC マイクロビットです　29

図1-9　BBCマイクロビットの入出力ピン

を受け取ったり、外部へ信号を送り出したりするためのものです。たとえば、0番ピンに温度センサーを接続して、1番ピンにLEDかブザーを接続しておき、温度がある程度まで上がったらLEDが光ったりブザーが鳴ったりする、といった使い方ができます。詳しくは第10章「電子回路を組もう」で説明します。

　この5つの大きなピンの他に、BBCマイクロビットには小さなピンが20個あります。これらは大きなピンと違って穴がないので、ワニ口クリップやバナナプラグで接続することができません。第11章「BBCマイクロビットを拡張しよう」で詳しく解説しますが、これは**エッジ・コネクター**に接続するためのピンです。本書で紹介するマイクロビットのプロジェクトでは、大きな3つの入出力ピンしか使いません。小さな20個のピンは、もっと複雑で高度なプロジェクトの際に使用します。

マイクロUSBポート

　BBCマイクロビットの**マイクロUSBポート**は、裏面の上部中央にあります（**図1-10**）。これには2つの役割があります。ひとつは、バッテリーパックを接続していないときにマイクロビットに電源を供給すること。もうひとつは、コンピューターに接続してプログラムを変更したり、データをやりとりすることです。これについて、詳しくは第2章で解説します。

図1-10 BBC マイクロビットのUSBポート

　マイクロUSBポートを使うときは、優しく丁寧に扱ってください。ポート内部のコネクターは壊れやすく、マイクロUSBコネクターを上下逆に入れようとしたり、ミニUSB、ライトニング、USBタイプCなど規格の異なるコネクターを無理矢理入れようとすると、内部が破損して二度と使えなくなる恐れがあります。また、ハイスピードUSBチャージャー、充電専用USBポート、ハイパワーUSBバッテリーパックには接続しないでください。BBCマイクロビット本体が破損する恐れがあります。安全性に関する詳しい情報は、以下をご覧ください。

　`https://microbit.org/guide/safety-advice`

バッテリー・コネクター

　BBCマイクロビットは小さいながら、ディスプレイとセンサーを内蔵し、導電性糸にも対応しているので、ポータブルやウェアラブルなプロジェクトに最適ですが、コンピューターに接続して電源を供給しなければならないのであれば、ちょっと不便です。そのために、バッテリー・コネクターが用意されています。これは、裏面の右上にあります（**図1-11**）。ここに3ボルトの電池ボックスなどをつなげば、マイクロビットをどこへでも持ち歩くことが可能になります。

　このコネクターは、JSTコネクターと呼ばれるタイプのものです。ただし、JSTコネクター付きのバッテリーパックがすべて使えるというわけではありませ

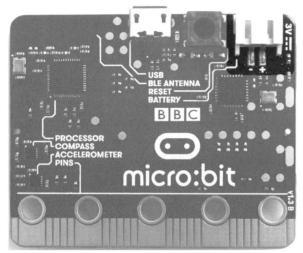

図1-11 BBC マイクロビットのバッテリー・コネクター

ん。BBC マイクロビットに対応し、安全性がテストされた製品のみを使うようにしてください。現在のところ、もっとも安全に使用できるのは、一般的なアルカリ乾電池です。充電式の乾電池の電圧は、アルカリ電池が1.5ボルトなのに対して1.2ボルトしかありません。そのため、充電式乾電池ではマイクロビットに十分な電力が供給されず、うまく動作しないか、故障の原因になる恐れがあるので注意してください。

「BBC micro:bit go」や、その他のメーカーから販売されている BBC マイクロビットのスターターキットには、電池ボックスが付属しています。もし、ご自分でバッテリーパックを購入される場合は、メーカーや販売店でマイクロビットに対応しているかをよく確かめてください。電圧が違っていたり、極性が逆になっているバッテリーパックを使用すると、マイクロビットが破損する恐れがあります。

第2章

BBCマイクロビットを始めよう

/こ/の/章/の/内/容/

- BBCマイクロビットの安全な取り扱い方法と、ダメージを与えないための保護方法を解説します。
- USBまたは電池を使ってBBCマイクロビットに電源を供給する方法を解説します。
- BBCマイクロビットの入門プログラムを試してみます。
- BBCマイクロビットの、さまざまな入力と出力について見ていきます。

第1章「初めまして、BBCマイクロビットです」ではBBCマイクロビットのハードウエアについて見てきましたが、いよいよ楽しい部分に入ります。実際にマイクロビットを動かして、使ってみましょう。電源については、コンピューターに接続する方法と、バッテリーパックを接続する方法とがあります。プログラムについては、マイクロビットにはすでにお試し用のプログラムが入っているので、それを使ってさまざまな機能を試してみます。

すでにBBCマイクロビットをお使いで、他人が作ったものではなく、自分で書いたプログラムを試してみたいという方は、どうぞ第3章「BBCマイクロビットでプログラミングを始めよう」へ飛んでください。そこでは、本体メモリーに新しいプログラムを書き込む方法を説明します。

BBCマイクロビットの扱い方

BBCマイクロビットの本体は安全に扱えるように設計されているので、回路を守るカバーが付属していません。動作電圧がとても低いため、触ってもみなさんに感電などの危害を加えることはありませんが、マイクロビットそのものは、みなさんの体と違って繊細です。

どのような電子回路も、**静電放電**（ESD）には敏感です。毛足の長いカーペッ

トの上を歩いた後、金属のドアノブに触ろうとすると、パチッと音がして指先からドアノブに青白い火花が飛ぶことがあります。これがESDです。人間にとってESDは、ちょっと不快な現象ですが、電子回路にとっては致命的なダメージになります。

BBCマイクロビットをESDのダメージから守るために、あらかじめ注意してほしいことがあります。体に静電気がたまっていることがあります。それをマイクロビットに放電してしまわないように、マイクロビットに触る前には、かならず金属に触って静電気を逃がしてください。マイクロビットを手に取るときは、両脇の縁を指で挟んでください。下部の金色のピンの部分には触れないようにします。また、裏面の黒いチップにも触れないでください。

BBCマイクロビットの電源を入れる

どの電子回路もそうですが、BBCマイクロビットも電気がなければ動きません。とても高度で賢い部品が並んでいますが、それらを働かせて楽しいことをするためには電源が必要です。

BBCマイクロビットに電源を供給する、もっとも一般的な方法は、マイクロUSBポートとコンピューターをつなぐやり方です。または、1.5ボルトの単三乾電池や単四乾電池が2本入る電池ボックスを接続するという方法もあります。

> ⚠注意
> BBCマイクロビットには、第三の電源供給方法があります。「3V」と「GND」と書かれたピンに3ボルトの電源を接続するというやり方です。ただしこの方法では、電気は、ショートや高電圧から本体を守るための保護回路を通りません。使用中にクリップがずれたりすると、本体にダメージが加わることがあるので気をつけてください。詳しくは、第10章「電子回路を組もう」で説明します。

USBポート

BBCマイクロビットのUSBポートに電源を供給するためには、マイクロUSBケーブルが必要です。これは、公式セット「BBC micro:bit go」のようなスターターキットに含まれていますが、マイクロビットを単独で買われた方は、個別に購入する必要があります。そのときは、充電専用ケーブルは避けてください。充

電専用ケーブルはデバイスに電気を送るためだけのもので、データの通信はできません。それでもマイクロビットに電源は送れますが、コンピューターからプログラムを書き込んだり、データをやりとりすることはできません。

マイクロUSBケーブルの小さい方のコネクターを、BBCマイクロビットのUSBポートに差し込みます。このとき、コネクターの向きを間違えないようにしてください。マイクロビットの裏面を上にしたとき、USBコネクターの断面の狭くなっているほうが下になります（**図2-1**）。無理矢理入れないでください。もし入りにくいときは、一度抜いて、向きを確かめてください。向きが合っているときは、軽い力で入り、カチッという感触があります。

マイクロUSBケーブルが正しく接続できたら、今度はケーブルの反対側のコネクターをコンピューターのUSBポートに差し込んでください（**図2-2**）。すると、BBCマイクロビットの裏面の、USBポートとリセットボタンの間にある黄色いLEDが点灯します。これは、マイクロビットがマイクロUSBポートから電源を供給されていることを示しています。このLEDが点灯するのは、USBでコンピューターと接続したときだけです。バッテリーパックを使ったときには点灯しません。

まだ新しいプログラムをBBCマイクロビットに読み込ませていない場合は、あらかじめ保存されているお試し用のプログラムが起動します。これについて、詳しいことは後述する「BBCマイクロビットからのご挨拶」で解説します。そ

図2-1　マイクロUSBケーブルをつなぐところ

図2-2 USBで電源をつないだBBC マイクロビット

れ以外の場合は、最後に読み込ませたプログラムが起動します。電源を切りたいときは、USB ケーブルを抜いてください。

電池からの給電

　USB からの給電は手間がかからず簡単にできますが、自由がききません。BBC マイクロビットをコンピューターから離れた場所で使いたいときは、電池を使います。乾電池などのバッテリーを安全な電池ボックスに入れて、短いケーブルでマイクロビットのバッテリー用のコネクターにつないでください。

　マイクロビットをスターターキットで買えば、マイクロ USB ケーブルといっしょに電池ボックスとケーブルが入っています。単独でマイクロビットを買われた場合は、JST 製の「PH」コネクターが付いた単三乾電池 2 本用の電池ボックスを購入してください。あらかじめマイクロビットに対応しているかどうかを確認されるとよいでしょう。

> ⚠注意
> BBC マイクロビットはアルカリ電池かマンガン電池で駆動するように設計されています。充電式の乾電池は電圧が低いので不向きです。たとえば、アルカリ電池またはマン

ガン電池は電圧が1.5ボルトあります。これらの単四電池2本で3ボルトになります。しかし、充電式の乾電池の電圧は1.2ボルトなので、2本使っても2.4ボルトにしかなりません。それでも、マイクロビットは駆動するかも知れませんが、電池の容量が減ってきたときに動作が不安定になり、外部に機器をつなげているときは、それらも動かなくなります（詳しくは第10章「電子回路を組もう」と第11章「BBCマイクロビットを拡張しよう」で説明します）。

　まず、電池ボックスに乾電池を入れましょう。たいていの電池ボックスには蓋が付いていて、矢印方向に押せば蓋が取れるようになっています。小さなネジで蓋が留められているものあります。これは、小さな子どもが電池に触れないようにするための配慮です。その場合はネジを外して蓋を開けてください。

　電池を正しい方向に入れてください。電池の「＋」マークが付いているほうがプラスです。中央に出っ張りがあります。そちらが電池ボックスの平らな金属の側に入ります。「－」マークがあるほうはマイナスです。こちらには出っ張りはありません。こちらが電池ボックスのバネになっている側に入ります（**図2-3**）。

　電池ボックスから出ている線の先のJST PHコネクターには、**コントロールキー**が付いています。これは、差し込む方向を間違えないようにするための機構です。コントロールキーとは、コネクターの上部の出っ張りのことです。BBCマイクロビットのバッテリー・コネクターには、これに対応する溝があります。マ

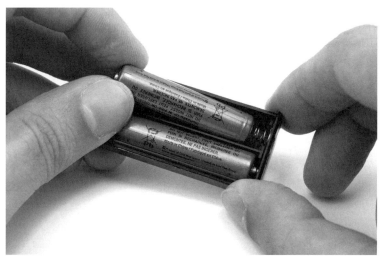

図2-3　電池の入れ方

図2-4　電池ボックスのPHコネクターを入れたところ

イクロビットのディスプレイの面を裏にして、コネクターを上向きにして机に置き、電池ボックスのコネクターの出っ張りがバッテリー・コネクターの溝に入るように揃えてください。このとき、黒い線が左側、赤い線が右側になっているはずです。そのまま差し込めば、コネクターはきっちり入ります（図2-4）。

　BBCマイクロビットには電源スイッチが付いていません。そのため、電池をつなぐだけで自動的に電源オンの状態になります（図2-5）。USBに接続したときと同じく、初めて電池をつないだときに、すぐにお試し用のプログラムが起動します。このプログラムについては、次節の「BBCマイクロビットからのご挨拶」で詳しく解説します。すでにメモリーに別のプログラムを読み込ませてある場合は、そのプログラムが起動します。電源を切りたいときは、電池ボックスのコネクターを外すだけです。電池ボックスにスイッチが付いている場合は、それをオフにしても構いません。

　BBCマイクロビットが動かないときは、電池ボックスの電池が、正しい方向に、しっかりと奥まで入っているかを確認してください。それでも動かないときは、電池が古いのかも知れません。新しい電池と交換してください。バッテリー・コネクターを使った場合は、マイクロUSBコネクターとリセットボタンとの間にある黄色いLEDは点灯しません。LEDディスプレイを使用しないプログラムが読み込まれているときは、動いていないように見えても、正常に起動していることがあります。

図2-5 BBC マイクロビットに電池ボックスをつないだところ

BBC マイクロビットからのご挨拶

　箱から出したばかりの BBC マイクロビットには、ボタン A やボタン B や加速度センサーを使ってその高度な機能を紹介するお試し用プログラムが書き込まれています。このプログラムは、USB でも電池でも起動します。初めて使うという人には、とても素晴らしいものです。

　それ以前に BBC マイクロビットを使って、別のプログラムをメモリーに読み込ませている場合は、電源をつなぐとそのプログラムが起動します。お試し用プログラムを見る必要がない方は、ここを飛ばして第 3 章に進んで構いません。別の人が使ったマイクロビットだけど、お試し用プログラムを見てみたいという方は、https://support.microbit.org で「first experience demo program」（初めてのお試しプログラム）を検索してください。そこからお試し用プログラムをダウンロードできます。プログラムのダウンロード方法は第 3 章で解説します。

　このプログラムは、BBC マイクロビットの LED ディスプレイの能力、ボタンの働き、加速度センサーの使い方、さらにより高度な入力について体験してもらうためのものです。詳しいことは後ほど解説しますが、プログラムの最後には、楽しいアニメーションが表示されます。プログラムを最初から始めたいときは、マイクロビットの裏面にあるリセットボタンを押してください。

　お試し用プログラムでは、データは何も記録されません。電源を入れるたびに、

最初からプログラムが始まります。第3章で詳しく解説しますが、別のプログラムを読み込ませたときは、BBCマイクロビットのメモリーからお試し用プログラムは削除されて、そのプログラムに置き換えられます。

ネタバレを見ずに、お試し用プログラムを体験してビックリしたいという方は、ここでいったん読むのを中断して、BBCマイクロビットに電源をつなぎ、プログラムを少なくとも1回は最後まで見て、また読み始めてください。

生きている証

お試し用プログラムの最初に現れるのは、LEDディスプレイがどんなものかを知っていただくためのアニメーションです。単色で5×5の配列では表示性能に限界があると思われるでしょうが、それでも十分に楽しいグラフィックスやアニメーションを表示することができます。プログラムの途中で出てくるように、ゲームもプレイできます。

アニメーションの後に、BBCマイクロビットからの挨拶が表示されます。ディスプレイには、「HELLO」（ハロー）という文字が右から左にスクロールします。新しいプログラミング言語を学ぶときに、最初に画面に表示させる言葉として「Hello World!」（ハロー・ワールド！：世界よ！こんにちは）が昔から慣習的に使われていますが、これはその作法に従ったものです。パート2の「BBCマイクロビットのコーディング」では、実際に「Hello World!」を表示させるプログラムを書いてみますが、今のところは、メッセージが流れるのを見て、プログラムが次のセクションに移るのを待ってください。

ボタンのテスト

アニメーションと挨拶の表示が終わると、プログラムは初めてのインタラクティブ・モードに入ります。まず、ボタンAに向かった矢印と「A」という文字が交互にディスプレイに表示されます。ここで、ボタンAを押してください。

ボタンAを押すと、その返事として短いアニメーションが表示されます。そして、今度はボタンBに向かった矢印と「B」という文字が交互に表示されます。ここでボタンBを押してください。また別の短いアニメーションが表示されたあと、プログラムは第三のセクションである動きのコントロールに移ります。

動きを使ったゲーム

　第1章で解説したBBCマイクロビットの加速度センサーは、動きを感知するだけでなく、3つの方向の傾きも感知できます。それを試すのがこのセクションです。ディスプレイに「SHAKE!」（振って！）というメッセージが現れ、アニメーションが表示されます。ここで、マイクロビットを振ってみてください。接続ケーブルが引っこ抜けて、部屋の反対側まですっ飛んでしまうほど強く振らないように。振ると、プログラムは次の段階に進みます。

　ディスプレイには「CHACE THE DOT」（点を追え）と表示されます。お察しのとおり、これはドット（点）を追うゲームです。ディスプレイの左上に光るターゲットのドットを、あなたのキャラクターである、中央で光っているドットで捕まえます。

　このゲームの操作には、ボタンは使いません。BBCマイクロビットを水平に持ち、お盆の上でビー玉を転がすような感覚で、傾けてみてください。傾けた方向に、あなたのドットが移動するのがわかるはずです。加速度センサーが本体の傾きを感知しているのです。本体をいろいろな方向に傾けながらドットを動かして、ターゲットのドットに重ねてください。ドットを捕まえると、次のドットが別の場所に現れます。これも同じようにして捕まえてください。2つのドットを捕まえたら、プログラムは最後のセグメントに移ります。

コーディングしよう

　最後のドットを捕まえると、「GREAT!」（すごい！）というメッセージが現れ、続けて、「NOW GET CODING!」（それではコーディングを始めましょう）というメッセージが表示されます。

　ここで、お試し用プログラムはおしまいです。あとは、ハートのアニメーションが繰り返し表示されます。また最初から見たいときは、本体の裏面にあるリセットボタンを押してください。プログラムが最初から再スタートします。または、電源のケーブルを抜いて再び入れ直しても構いません。

　単純なプログラムに見えるでしょうが（実際に単純ですが）、これにはBBCマイクロビットの主要な機能が数多く登場しています。LEDディスプレイでの画像やアニメーションの表示、ボタンからの入力信号の読み取り、加速度センサーによる大まかな動きや正確な角度の感知、テキスト（文字）情報のスクロール表

示などです。これらの機能は、第3章で自分のコードを書く練習をするときに使用します。

BBCマイクロビットをリセットする

お試し用プログラムだけでなく、自分で作ったプログラムを走らせるときでも、本体裏面のマイクロUSBポートとバッテリー・コネクターとの間にあるリセットボタンの使い方に慣れておくと便利です。リセットボタンを押すと、プログラムには電源を切ったときと同じ信号が送られ、すぐにプログラムが最初から再スタートします。

プログラムを中断して最初から実行し直すという操作は、いろいろな場面でよく行われるものです。そのため、リセットボタンはとても重要なボタンなのです（**図2-6**）。プログラムにバグがあり、**無限ループ**に陥って先に進まなくなってしまったときなども、リセットボタンの出番です。ここで解説したお試しプログラムも、一度だけ実行されて最後に止まるように作られているので、再スタートするにはリセットボタンを押す必要があります。プログラムを自分で書くようになれば、バグを完全に追い払うために、何度もリセットボタンを押してテストすることになります。

プログラムを再スタートさせるかどうかに関わらず、リセットボタンを使う癖

図2-6 BBCマイクロビットのリセットボタン

をつけておいてください。ケーブルを抜いたり入れたりを何度も繰り返すと、コネクターに不要な負荷をかけることになり、やがてはBBCマイクロビットにダメージを与えてしまうからです。

　リセットボタンを使えば、本体にダメージを与えることはありません。デスクトップ・コンピューターの場合は、正しい**シャットダウン**の手順を踏まなければ電源を切ることができませんが、BBCマイクロビットは、いつリセットしても電源を切っても安全です。電池ボックスやUSBのケーブルをいつ抜いても、マイクロビットが壊れることはありません。唯一の例外は、第3章で詳しく解説しますが、マイクロビットにプログラムを読み込ませているときです。とは言え、読み込ませている間にUSBケーブルを抜いても、本体にダメージを与えることはありません。プログラムが正しく読み込めず、正しく動作しなくなるだけです。そのときは、ケーブルをつなぎ直して、改めてプログラムを読み込ませれば大丈夫です。

第3章

BBCマイクロビットで
プログラミングを始めよう

/こ/の/章/の/内/容/

- BBCマイクロビットをコンピューターに接続して新しいプログラムを読み込む方法を解説します。
- ブラウザーベースのコードエディターを使って実際にプログラムを書いてみます。
- BBCマイクロビット・シミュレーターについて解説します。
- フラッシュメモリーとRAMの違いについて説明します。

　第2章「BBCマイクロビットを始めよう」で解説したお試し用プログラムで遊べば、このハードウエアがどんなものかをよく理解できるようになります。しかし、BBCマイクロビットの本当の実力は、お試し用プログラムを、みなさん自身が書いたプログラムに入れ替えることで発揮されるようになります。

　この章では、BBCマイクロビットをコンピューターに接続して新しいプログラムを読み込ませる方法、プログラムを書くためのコードエディターの使い方、フラッシュメモリーとRAMの違いを学びます。さらに、マイクロビットで使用できるプログラミング言語についても、ざっと見ていきます。この言語については、第4章「プログラミング言語」で詳しく解説します。

USBで接続する

　BBCマイクロビットの裏面の上部中央にあるマイクロUSBコネクターには、2つの役割があります。第2章では、これを使ってマイクロビットに電力を送る方法を解説しましたが、もうひとつの役割は、コンピューターからデータを送ることです。このデータとは、センサーから集めた信号や新しいプログラムのことです。

　BBCマイクロビットをコンピューターに接続するためには、マイクロUSBケーブルが必要です。マイクロビットを単体で購入して、専用のマイクロUSBケ

ーブルが付属していなかった場合でも、普通のマイクロUSBケーブルが使えます。スマートフォンやタブレットに付属しているマイクロUSBケーブルでも大丈夫です。また、インターネットショップや大きな電器店で売られているものも使えます。

ただし「充電専用」のケーブルは使えません。これは、USBポートを使ってバッテリーに充電をするためだけのケーブルで、データをやりとりするための線が入っていません。充電専用ケーブルで接続すると、普通のマイクロUSBケーブルで接続したときと同じようにBBCマイクロビットの電源は入りますが、コンピューターの画面に「MICROBIT」(マイクロビット)という名前が付いたリムーバブルディスクが現れません(このアイコンについては後で詳しく説明します)。そんなときは、充電専用でないマイクロUSBケーブルに交換してください。

また、接続するコンピューターの側には、空いているUSB Type-A(タイプエー)ポート(**図3-1**)がひとつ必要です。ノート・コンピューターの場合、通常このUSBポートは本体の側面にあります。デスクトップ・コンピューターの場合は、前面に少しと、背面にたくさん用意されているのが普通です。

コンピューターの側にUSB Type-Cポート(**図3-2**)しかない場合は、標準的なType-Aに変換するアダプターを使ってください。インターネットで「USB Type-CからType-A」と検索すれば、BBCマイクロビットでも使える安価な変換アダプターがすぐに見つかります。

図3-1 USB Type-Aポート

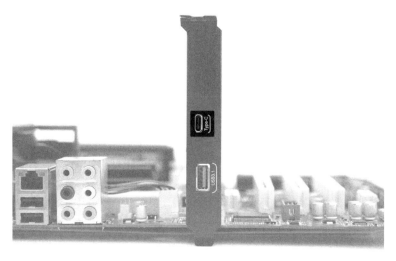

図3-2 USB Type-Cポート

> ⚠ **注意**
>
> BBCマイクロビットは、Microsoft Windows（マイクロソフト・ウィンドウズ）7かそれ以降、Apple OS X（アップル・オーエステン）10.6かそれ以降、Linux（リナックス）3.0かそれ以降のOSを搭載したコンピューターに対応しています。それよりも古いOSのコンピューターでも使える場合がありますが、問題が起きたときにはまず、以上の条件を満たしたコンピューターにつなぎ直してください。

ドラッグ・アンド・ドロップ

　一部の開発ボードでは、コンピューターからプログラムを読み込ませるときに、特別なソフトウエアやドライバーなどをインストールする必要があります。しかし、BBCマイクロビットではその必要がありません。マイクロビットは、接続するだけで、外付け記憶装置やUSBメモリーと同じように、**USBマスストレージ・デバイス**として認識されます。マイクロUSBケーブルでマイクロビットをコンピューターに接続すると、メモリーに保存されているプログラムがスタートしますが、ビックリしないでください。電源を入れると、すぐにプログラムが起動するようになっているのです。これから新しいプログラムを読み込ませようというときも、同じです。

　BBCマイクロビットにプログラムを読み込ませる作業は、プログラムの保存

用に使われている記憶装置「フラッシュメモリー」の名前から、**フラッシング**と呼ばれています。フラッシュメモリーについては、この後で詳しく解説しますが、今は、マイクロビットが一般の外付け記憶装置と同じようにコンピューターの画面上に現れることと、そこからアクセスできるのがフラッシュメモリーだということだけ覚えておいてください。

　これまで、開発ボードのマイクロコントローラーをフラッシングするには、プログラムを作るコンピューターすべてに専用のソフトウエアをインストールしなければなりませんでした。しかし、BBCマイクロビットの場合はとても簡単です。読み込ませたいプログラムを、マイクロビットにドラッグ・アンド・ドロップするだけでマイクロビットのメモリーに読み込まれます。

　BBCマイクロビットのマイクロUSBポートにケーブルの小さいほうのコネクターを差し込み、コンピューターのUSBポートに大きい方のType-Aのコネクターを差し込んでください。コンピューターのファイルマネージャーに「MICROBIT」という項目が追加されます（**図3-3**）。見た目は、USBメモリーや外付け記憶装置の項目と変わりません。そして、その項目を選択すると、DETAILS.TXTとMICROBIT.HTMという2つのファイルが表示されます。最初のファイルは、マイクロビットのファームウエアに関する技術的情報を記したものです。もうひとつには、マイクロビットのウェブサイトの中の便利なページへのリンクが記されています。

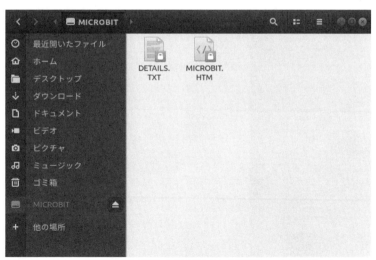

図3-3　リムーバブルドライブとして表示されたBBCマイクロビット

この2つのファイルはプロテクトがかかっているため、削除したり内容を書き換えたりすることはできません。これは、BBCマイクロビットがUSBメモリーのような通常の記憶装置とは違うことを意味しています。画面に現れているMICROBITは、コンピューターとマイクロビットのファームウエアをつなぐ窓口に過ぎません。そこに、写真やワープロソフトで作った文書ファイルなどをコピーしようとしても、次にコンピューターに接続したときには、きれいに消えています。そしてマイクロビットは、いつものとおりに起動します。

　MICROBITにコピーできる唯一のファイルは、BBCマイクロビット用に書かれたプログラムだけです。その際、すでにメモリーに保存されているプログラムは削除され、新しいプログラムに入れ替わります。マイクロビットのプログラムは、一般のコンピューターの**実行ファイル**とはちょっと違います。マイクロビットのフラッシュメモリーのどのブロックに何を保存するかを指定する、**ヘキサデシマルコード**と呼ばれる形式のプログラムです。ファイルの拡張子は .hex なので、**ヘックスファイル**と呼ばれたりもします。

　自分でプログラムを作ったときも、他の人が作ったプログラムを使うときも、ヘックスファイルはお使いのコンピューターのウェブブラウザーを使ってダウンロードできます。ヘックスファイルをダウンロードしたら、「ダウンロード」フォルダーを開き、そのファイルにマウスポインターを合わせて、マウスの左ボタン（Macの場合はボタン）を押して、そのままファイルをMICROBITドライブ

図3-4　ヘックスファイルをBBCマイクロビットにドラッグしているところ

の上までドラッグして、ボタンを離してください（**図 3-4**）。BBC マイクロビットがファイルを認識すると、内容を分析し、メモリーに読み込んで、そのプログラムをスタートさせます。

　新しいプログラムを MICROBIT にコピーすると、新しいプログラムを実行するために、BBC マイクロビットは自動的にリセットされます。このときコンピューターには、リムーバブルドライブが「不適切に取り外されました」といった内容の警告が示されることがあります。外部記憶装置などを「安全な取り外し」や「取り出す」といったコマンドを使わずに取り外すと、中に保存したデータが壊れる恐れがあるため、それを注意するためのメッセージです。しかし、マイクロビットはそうしたコマンドを使わずに取り外しても、まったく問題はありません。警告メッセージが出たときは、無視してください。

自動フラッシング

　Windows 7 かそれ以降の Windows コンピューターをお使いの場合は、BBC マイクロビットに新しいプログラムをフラッシングする方法がもうひとつあります。「アップロード・ツール」というソフトウエアです。`makecode.microbit.org/uploader` からダウンロードできます。これはバックグラウンドで実行され、新しいヘックスプログラムがないか、「ダウンロード」フォルダーを常に監視します。新しいヘックスプログラムを発見すると、それを自動的にマイクロビットにフラッシングします。

・アップロード・ツールがダウンロードできるウェブページ
　`https://makecode.microbit.org/uploader`

　ただし、ひとつのコンピューターに複数の BBC マイクロビットが接続されているときは、アップローダーは、そのすべてのマイクロビットにプログラムをフラッシングしてしまいます。それぞれに別々のプログラムが保存されていたとしても、すべてに同じ新しいプログラムに書き換わってしまいます。
　その前に読み込まれていたプログラムがコンピューターに残っていれば、この章で説明した方法でドラッグ・アンド・ドロップすれば、元に戻ります。

コードエディター

　コンピューターのプログラムは、コンピューターに何をするかを命令するための言葉を記述したシンプルなテキストファイルから始まりました。これは、Microsoft のノートパッドや LibreOffice のようなワープロソフトを使って手で書くことが可能ですが、通常は**統合開発環境**（IDE）を使って製作します。IDE には、プログラムを書くことに特化した専用のテキストエディターの他、デバッグ、コンパイルといったコーディング（プログラムの記述）に必要な機能も揃っています。

　BBC マイクロビットの場合は、コンピューターに IDE をインストールする必要もありません。**コードエディター**という名前のマイクロビットの IDE は、完全にウェブブラウザーの中だけで動くからです。コードエディターでは、いくつものプログラミング言語が使えますが、もっともよく使われているのは、Microsoft の MakeCode（メイクコード）を元に作られた JavaScript Blocks Editor（ジャバスクリプト・ブロック・エディター、以下 JavaScript ブロックエディター）です。

　まずは、ブラウザーで makecode.microbit.org を開いて、JavaScript ブロックエディターをスタートさせてください。

・JavaScript ブロックエディターのウェブページ
　https://makecode.microbit.org/

　そこにはすでに、簡単なプログラムが作られています（**図3-5**）。最初、JavaScript ブロックエディターが**ブロック**モードになっています。画面の上部にあるボタンをクリックすると、同じプログラムを別のプログラミング言語の形で見ることができます。この場合は JaveScript（ジャバスクリプト）です。その他のプログラミング言語については第 4 章で説明します。

　JavaScript ブロックエディターの左側には、BBC マイクロビットの絵が表示されていますが、これは、このエディターの大変に重要な機能のひとつ、マイクロビットの**シミュレーター**です。ここで作ったプログラムを、実際にマイクロビットに読み込ませる前に試してみることができるのです。ちょっと修正して、試してみて、という作業を、いちいちマイクロビットを使わずに行えるため、時間と手間が省けます。これを使うことで、マイクロビットが手元になくてもプログ

図3-5 JavaScriptブロックエディター

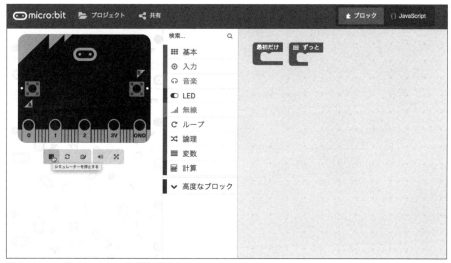

図3-6 シミュレーターの停止ボタン

ラムが作れます。ボタンAとボタンBもちゃんと機能します。絵のボタンをクリックすれば、ボタンの入力が認識されます。

　もし、作りかけのプログラムをテストしている間におかしな動作をするようになったら、「停止」ボタン（「シミュレーターを停止する」）をクリックしてください（**図3-6**）。プログラムを修正してテストを続けたいときは、また同じボタ

ンをクリックしてください。プログラムが再開されます。

プログラムをダウンロードする

　JavaScript ブロックエディターにすでに開かれているサンプルのプログラムを使って、ドラッグ・アンド・ドロップの方法で BBC マイクロビットにプログラムを読み込ませてみましょう。

　このプログラムにはまだ何も手を付けず、画面下の「ダウンロード」ボタンをクリックしてください（**図3-7**）。プログラムのヘックスファイルが自動的にコンピューターにダウンロードされ、画面には BBC マイクロビットにプログラムを読み込むための方法が表示されます。

　このヘックスファイルはとても小さいため、読み込みは数秒で完了します。BBC マイクロビットをまだコンピューターに接続していなければ、マイクロ USB ケーブルを使ってコンピューターの USB ポートにつないでください。マイクロビットは MICROBIT という名前のリムーバブルドライブとしてコンピューターのファイルマネージャーに現れます。

　ファイルマネージャー（Windows なら「エクスプローラ」、MacOS なら「ファインダー」などのファイルを管理するための画面）で、「ダウンロード」フォ

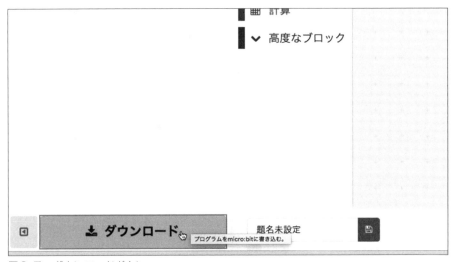

図3-7　ダウンロードボタン

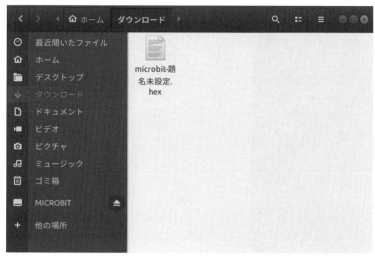

図3-8　「ダウンロード」フォルダー（Ubuntu 18.04 LTS 日本語 Remixの場合）

ルダーを開き（**図3-8**）、今ダウンロードしたヘックスファイル `microbit-題名未設定.hex` を探してください。または、MacOSの古いSafari（サファリ）ブラウザーをお使いの場合は、単にUnknown（不明）と表示されます。その場合は、この本に登場するすべてのヘックスファイルは「不明」という名前で表示されるので、気をつけてください。Safari 10.1以降にアップグレードすれば、こうした問題はなくなります。また、Safari 10以前のブラウザーをお使いの場合は、プログラムのフラッシングに時間がかかることがあります。そのときは、プログラムをMICROBITにドラッグする前に、ファイル名の後に`.hex`と拡張子を書き加えてください。

　`microbit-題名未設定.hex` のアイコンまたはファイル名にマウスポインターを合わせてマウスボタンを押し、そのままMICROBITの上までドラッグしてボタンを離してください。これでBBCマイクロビットのフラッシュメモリーにプログラムのファイルがコピー（フラッシング）され、実行されます（**図3-9**）。このとき、マイクロビット本体のマイクロUSBコネクターとリセットボタンの間にある黄色いLEDが細かく点滅します。これはコピー中であることを表しています。やがて点滅が終わって普通に点灯するようになれば、コピーは完了です。このプログラムには問題はありませんが、コピーが完了しても何も起こりません。まだ命令が書き込まれていないからです。

図3-9 プログラムをフラッシングする（Ubuntu 18.04 LTS 日本語 Remixの場合）

図3-10 Windows 10の画面に表示されたMICROBIT

これで、プログラムを BBC マイクロビットに読み込ませることに成功しました。もし、ファイルマネージャーで MICROBIT が見つからないときは、**図3-10**、**図3-11**、**図3-12** を参考にしてください。

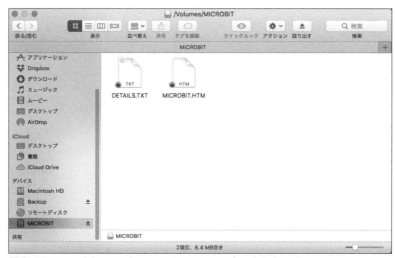

図3-11 macOS High Sierra 13.5の画面に表示されたMICROBIT

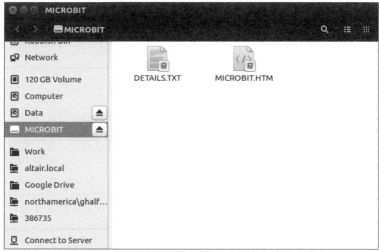

図3-12 Ubuntu Linuxの画面に表示されたMICROBIT（Ubuntu 18.04 LTS 日本語 Remixの場合）

> ⚠️ **注意**
> BBCマイクロビットを接続してもコンピューターにMICROBITが現れないときは、別のUSBポートに入れ替えて、コンピューターを再起動してみてください。
> それでもMICROBITが現れないときは、マイクロUSBケーブルを別のものに交換してみてください。モバイルバッテリーなどに付属しているUSBケーブルは、充電専用ケーブルの場合があります。これには信号を送るための線が入っていないため、BBCマイクロビットの電源は入っても、プログラムを読み込ませることができません。お使いのマイクロUSBケーブルが、通信のできる完全なものであり、それでもMICROBITが現れないというときは、microbit.orgの「サポート」を見てください。

フラッシュメモリーについて

BBCマイクロビットがプログラムを保存するフラッシュメモリーを理解するためには、コンピューターで使用される2つのメモリーのタイプ、**揮発性メモリー**と**非揮発性メモリー**について知っておくことが大切です。

揮発性メモリーとは、一時記憶装置です。何かの作業に必要な情報を頭に入れておいておくのに似ています。作業中は何度も使う情報ですが、作業が終われば必要がなくなるので忘れても構いません。なので、コンピューター（この場合はBBCマイクロビット）に電源が入っている間だけデータが保存されていて、電源を切るとメモリーの中身は空っぽになります。

不揮発性メモリーとは、その反対で、内容がずっと残る記憶装置です。忘れてはいけないことをノートに書き記しておくのに似ています。こちらは、電源を切っても保存したデータが消えることはありません。ノートパソコンなどによく使われていますが、データを保存したり、読み出したりするときに、揮発性メモリーに比べてやや時間がかかるという欠点があります。

BBCマイクロビットでは、**フラッシュメモリー**という不揮発性メモリーにプログラムを保存します。これは**プログラムメモリー**と呼ばれることもあります。プログラム専用のメモリーなので、わかりやすいですね。ここに保存したプログラムは、マイクロビットに電源を入れるとすぐに起動します。マイクロビットの電源を切って、再び電源を入れたとき、最後に読み込ませたプログラムが自動的にスタートするのは、不揮発性メモリーだからです。

また、BBCマイクロビットにプログラムを読み込ませることを**フラッシング**と呼ぶ理由も、このメモリーのタイプからきています。プログラムが起動中は、**ランダムアクセスメモリー**（RAM）という揮発性メモリーを同時に使います。

ここには、たとえばボタンを押した回数など、プログラムの動作に関わるデータが記憶されますが、リセットボタンを押したり電源を切ったりすれば、そのデータは消えてなくなります。

　すでに練習したとおり、BBC マイクロビットにプログラムをフラッシングする方法は、プログラムを MICROBIT にドラッグ・アンド・ドロップするだけという非常に簡単なものです。「フラッシング」なんて大層な名前が付いていますが、怖がることはありません。

パート 2

BBC マイクロビットの
コーディング

第 4 章	プログラミング言語
第 5 章	JavaScriptブロック
第 6 章	JavaScript
第 7 章	Python

第4章

プログラミング言語

/こ/の/章/の/内/容/
- プログラミング言語とは何か、その必要性について説明します。
- JavaScriptブロック、JavaScript、PythonというBBCマイクロビットで使える3つの代表的な言語について解説します。
- どのプログラミング言語を選べばよいかを考えます。

BBCマイクロビットの能力を最大限に引き出すためには、自分でプログラムを書く方法を学ぶ必要があります。しかし、実際にプログラムを書く前に、決めておかなければならないことがあります。JavaScriptブロック、JavaScript、Pythonという代表的な3つのプログラミング言語のうち、どれを使うかです。

プログラミング言語とは

コンピューターとは単純な装置です。言ってしまえば、オンとオフを切り替えるスイッチの集まりに過ぎません。みなさんの家にもスイッチがたくさんあるでしょうが、コンピューターの場合は、何百万の何百万倍ものスイッチがあります。それらを上手に組み合わせることで、ビックリするようなことができるようになるのです。

その組み合わせを行うのがプログラムです。BBCマイクロビットに電源を入れると、第2章「BBCマイクロビットを始めよう」で遊んだゲームがスタートします。あのゲームは、誰かがプログラムを書いて、マイクロビットに読み込ませておいたものです。プログラムがなければ、かわいいアニメーションも挨拶のメッセージも見せることができません。マイクロビットもお手上げです。

コンピューターのプロセッサーは、根っこの部分では**機械語**と呼ばれる命令によって動いています。ADD、MOV、BNEなどといった短い記号言語の連続で、プロセッサーの中の**レジスター**と呼ばれる領域で働きます。機械語で複雑なプロ

グラムを書くことも可能ですが、とても難しくて面倒です。そこで、**プログラミング言語**というものが作られました。

　プログラミング言語は、機械語と人間との間に位置しています。わかりづらい機械語を、人間にわかりやすい言葉に置き換えてくれるのです。たとえば、「print（プリント）」という命令は、機械語ならいくつもの命令を組み合わせなければなりませんが、人間にも読める言葉ひとつで済んでしまいます。しかし反対に、これではコンピューターには理解できません。プログラミング言語で書かれたプログラムを実行するためには、機械語に翻訳する必要があります。フランス語で書かれた文章を、英語しか読めない人のために訳すのと同じことです。プログラムをいちいち機械語に翻訳しなくても、上から1行ずつ実行してくれる言語を**インタープリター型**と呼びます。外国の人と通訳を交えて会話をするのと同じです。一方、プログラムをすべて書き上げた後に、まとめて機械語に変換（コンパイル）される言語を**コンパイラー型**と呼びます。すでに書かれている本を、別の言葉を話す人のために翻訳するのと同じです。

　しかし、インタープリター型とコンパイラー型との区別は、ハッキリしたものではありません。BBCマイクロビットでは、そのどちらの型の言語も使えます。通常は、完成したプログラムをコンパイルしてマイクロビットに送るという流れになりますが（第3章「BBCマイクロビットでプログラミングを始めよう」を見てください）、第9章「BBCマイクロビットとラズベリーパイ」では、インタープリター型のプログラムを使います。

BBCマイクロビットで使う3つの言語

　プログラミング言語の種類は何百とあります。その多くは、複数のプロセッサーに複雑なプログラムを配信するための言語や、画像やゲームを作るための言語のように、特別な目的のために作られたものです。しかしBBCマイクロビットでは、ウェブブラウザーで使える公式エディターを備えた、次の3つの標準的なプログラミング言語を主に使用します。

・JavaScriptブロック（ジャバスクリプト・ブロック）
・JavaScript（ジャバスクリプト）
・Python（パイソン）

JavaScript ブロック

　JavaScript ブロックは、BBC マイクロビットを使うほとんどの人が最初に目にする言語です。マサチューセッツ工科大学で開発された Scratch（スクラッチ）という言語のデザインに基づいて作られています。これは**ビジュアル（視覚的）プログラミング言語**とも呼ばれ、記憶を駆使して、または本を見て参考にしてプログラムの命令を文字で打ち込んでいくものと違い、すべての命令は**ブロック・ツールボックス**に揃っています。目的の命令をツールボックスからワークスペースにドラッグして、他のブロックとつなげてプログラムを組み立てていきます（図4-1）。

　目で見てわかりやすいので、JavaScript ブロックはプログラムの初心者、とくに小さな子どもたちに最適です。ブロック同士は、ジグソーパズルのピースのように、適切な場所にカチッとつながるので、プログラムの概念を学ぶ教材としても優れています。たとえば、**ループ**（ボタンを押したり、センサーから信号が送られてきたりする入力に対応して、同じ動作を繰り返すプログラムのグループ）は色分けされ、そこにはめ込むことができるブロックも同じ色になっています。

　Scratch を使ったことがある人は、JavaScript ブロックとの違いに注意してください。JavaScript ブロックには、**スプライト**を配置したり動かしたりする**ステージ**がありません。Scratch はコンピューターで実行するプログラムを作るためのものですが、JavaScript ブロックは BBC マイクロビットで実行するプログラ

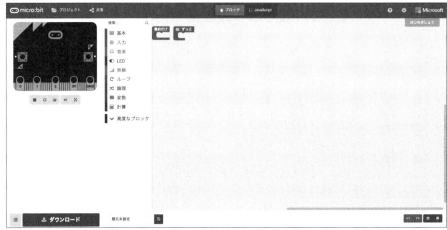

図4-1　JavaScriptブロックのエディター

ムを作るものなので、マイクロビットそのものがステージの役割を果たします。

　ブロックをドラッグ・アンド・ドロップしてプログラムを組み立てるという方式は、初心者向けのように見えますが、実際は、とても複雑なプログラムも制作できる、とても強力で本格的な言語なのです。これはまた、橋渡し的な言語でもあります。JavaScriptブロックでプログラムを組み立てると、エディターはそれを、文字によるJavaScriptのコードに密かに書き換えているのです。プログラムが完成した後、ボタンをクリックするだけで、文字に置き換わったプログラムを見ることができます。

JavaScript

　1995年に発表されたJavaScriptは、ワールド・ワイド・ウェブ（WWW）のための言語となりました。Java（ジャバ）という言語もありますが、名前は似ていてもまったく別物なので気をつけてください。JavaScriptは、柔軟で、軽くて、**クロスプラットフォーム**な言語です。つまり、大型のコンピューターからBBCマイクロビットのような小さなものまで、いろいろなコンピューターで使えます。JavaScriptは、JavaScriptブロックとは違い、基本的にキーボードから命令を1行ずつ書いていくタイプの言語です（**図4-2**）。

　JavaScriptのエディター（以下JavaScriptエディター）は、JavaScriptブロックのものとまったく同じです。それどころか、プログラムを書いている途中で、

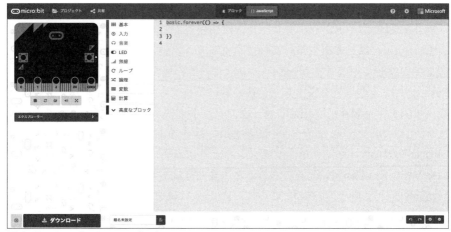

図4-2　JavaScriptのエディター

第4章　プログラミング言語　63

どちらにも切り替えることができます。JavaScriptブロックで作られたプログラムは、JavaScriptで見たり書き換えたりすることができます。その反対も、完全にではありませんが可能です。JavaScriptには、JavaScriptブロックには用意されていない命令があります。その命令は、JavaScriptブロックエディターでは、灰色のブロックとして表示されます。これは、消したり動かしたりはできますが、中身を書き換えることができません。JavaScriptブロックからJavaScriptに切り替えるだけで、視覚的言語から従来型の言語への発展を目指すことができます。

JavaScriptエディターにも、ブロック・ツールボックスがあります。JavaScriptブロックでは、命令のブロックをここからドラッグして配置しますが、同じように、命令を選んで行に挿入することができます。数値や文字を書き入れる必要がある場合は、そのためのスペースも用意されています。

JavaScriptには、JavaScriptブロックにはない機能があります。より複雑なプログラムを作る上で重要となるサブルーチンや関数は、今の時点ではJavaScriptブロックには用意されていません。これらは、ツールボックスから選択するのではなく、キーボードを使って手で打ち込む必要があります。JavaScriptは、もともとはインタープリター型言語なのですが、BBCマイクロビットではコンパイラー型言語として使っています。JavaScript（またはJavaScriptブロック）のエディターの「ダウンロード」ボタンをクリックすると、プログラムはマイクロビットにフラッシングした際に実行可能な機械語に変換されます。

Python

Pythonは、グイド・ヴァンロッサムが開発した言語で、1991年に発表されました。Pythonはとても人気の高いプログラミング言語で、学生からプロの開発者までが使っています。JavaScriptではコードの塊を「{}」で示すところを、Pythonではスペースで表すなど、初心者にとっても見た目にわかりやすい形になっています（**図4-3**）。BBCマイクロビットで使用するPythonは、厳密にはマイクロコントローラー用に特別に変更を加えたもので、正しくは**MicroPython**（マイクロ・パイソン）と呼ばれる言語です。しかし、ベースになっている言語がPythonであることに変わりはありません。

JavaScriptと違い、現在のところは、Pythonにはまだブロックがありません。昔ながらの方法で、参考書などを見ながらキーボードで命令をタイプしていきます。上級者には、すべて憶えていてスラスラとタイプできる人もいます。また、

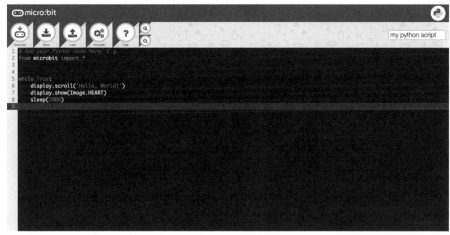

図4-3 Pythonのエディター

　Snippets（スニペット）というメニューには、よく使うコードの基本形が収められているので、そこから選ぶこともできます。JavaScriptエディターと比べると、Pythonのエディターは殺風景で難しそうに見えますが、言語そのものはとてもわかりやすく作られているので、初心者もすぐに使えるようになるでしょう。

　Pythonの強みは、この他の教育用プログラミング・プロジェクトに使われているという点です。たとえば、ワンボード・コンピューターのRaspberry Pi（ラズベリーパイ）ではPythonが多く使われていて、ラズベリーパイでプログラムの勉強をしている学校やクラブでも、Pythonが主流です。なので、Pythonに慣れている人は、BBCマイクロビットもすぐに使えるようになります。反対に、マイクロビットでPythonを使っていれば、ラズベリーパイもすんなり使えるようになるはずです。

　JavaScriptと同じく、Pythonも、もともとはインタープリター型の言語ですが、BBCマイクロビットでは、コンパイラー型言語と同じ方法が使われています。つまり、プログラムが完成した後にエディターによってヘックスファイル（hexファイル）に変換され、マイクロビットにフラッシングされるわけです。ただしひとつだけ、Pythonならではの便利な機能があります。**REPL**（リプル）です。コマンドを書き込むと、直ちにそれを実行できるので、対話型**シェル**とも呼ばれます。詳しくは、ラズベリーパイでマイクロビットをコントロールする実験を行う第9章で説明します。

プログラミング言語の比較

それぞれの言語の主要な特長を**表4-1**にまとめました。
それぞれの特長を解説しましょう。

・ブラウザーベースのエディター
　コンピューターにエディター・ソフトウエアをインストールしなくても、どんなコンピューターでもウェブブラウザーでエディターが使えるかどうかを示します。

・クロスプラットフォーム
　どんなコンピューターでも、OSが違っていても、エディターとコンパイラーが共通して使えるかどうかを示します。

・無料
　言語が無料で入手でき、エディターやコンパイラーも無料で使えるかどうかを示します。

・学習用素材
　言語の学習用の材料が、個人向けと学校向けに用意されているかどうかを示し

表4-1 BBCマイクロビットで使える言語の比較

特長	JavaScriptブロック	JavaScript	Python
ブラウザーベースのエディター	○	○	○
クロスプラットフォーム	○	○	○
無料	○	○	○
学習用素材	○	○	○
仮想環境	○	○	○
命令の解説	○	○	△
BBCマイクロビット公認シミュレーター	○	○	×
関数とサブルーチン	△	○	○
内部でのイベント対応	○	○	×
コンパイラー内蔵	○	○	○
対話型シェル	×	×	○

ます。

・命令の解説
　エディターで、よく使う命令の解説を見ることができるかどうかを示します。ここが×であっても、エディターとは別の場所に解説が用意されていることがあります。

・BBC マイクロビット公認シミュレーター
　エディターに BBC マイクロビットのシミュレーターが組み込まれていて、コンパイルしたり、ダウンロードしたり、本体にフラッシングしなくても、すぐにプログラムを実行できるようになっているかどうかを示します。

・関数とサブルーチン
　言語に関数やサブルーチンを作る機能があるかどうかを示します。関数やサブルーチンは、何度も繰り返し行う動作をまとめておき、必要なときにそれを呼び出して使うことで、同じコードを何回も記述しなくて済むようにする手法です。いわば、プログラムの中の小さなプログラムです。

・内部でのイベント対応
　メインのプログラムのループ（繰り返し）の外で起きるイベント（たとえばボタンが押されたなどの出来事）をモニターして、もしそのイベントが発生したときには、それに対応したプログラムに切り替えることができるかどうかを示します。

・コンパイラー内蔵
　エディターにコンパイラーが組み込まれているかどうかを示します。×の場合は、コンパイラー・ソフトウエアをダウンロードして、コンピューターにインストールする必要があります。

・対話型シェル
　BBC マイクロビット上で、言語が対話型シェルとして実行できるかどうかを示します。ブラウザーベースのエディターにその機能が目に見える形で用意されているかどうかに関わらず、命令を打ち込んだ途端に、それが実行されます。

プログラミング言語の選び方

どの言語を使うかについて、普通は個人の好き好きです。しかし、学校の授業やクラブ活動では、すでに使う言語が決まっていることがあります。学校やクラブが選んだひとつの言語に合わせて、授業計画やサンプルのプログラムや、いろいろな学習素材が用意されているので、家で遊んだり学んだりするときも、それと同じ言語を使うようにすると、間違いがなくてよいでしょう。

小さなお子さんや初心者には、JavaScript ブロックがお勧めです。目で見てわかりやすいように命令ブロックが色分けされていたり、簡単にブロックを組み合わせることができるようになっていたり、丁寧な説明もついています。これ以上に簡単な入門用プログラミング言語はないでしょう。命令をタイプする手間を極力省きたい人にも、お勧めです。命令の綴りを間違えたり、ループを閉じるのを忘れてエラーが起きるなどといった、初歩的な問題も避けられます。

JavaScript は、JavaScript ブロックから一段階レベルアップしたい人には、自然な選択です。命令は、JavaScript ブロックとまったく同じです。ただ見た目が違うだけです。エディターにはツールボックスも用意されています。これを使うと、命令の説明を見たり、命令の行が簡単に書ける便利な機能です。

他のプラットフォームでプログラミング言語を使ったことがあるという人なら、Python を使ってみましょう。BBC マイクロビットの Python の基本的な構造は、ラズベリーパイや一般的なデスクトップ型コンピューターやノート型コンピューターで使われている Python と変わりありません。しかし、マイクロビットの Python には、内蔵センサーやディスプレイを使うための、特別な命令が含まれています。マイクロビットを他のコンピューターとつなげて使いたいときも、どちらの側にも同じ言語でプログラムが作れるので、Python が便利です。これは第 9 章で試すことにします。

大切なのは、どの言語も同じように機能するということです。時間をかけて経験を積めば、この 3 つの言語を使って、まったく同じ仕事をするプログラムを作ることも可能です。次から始まる言語別の章を見れば、よくわかるでしょう。

その他のプログラミング言語

ここで紹介した言語は、もっとも一般的な 3 つで、マイクロビット教育財団が正式に採用したものです。しかし、BBC マイクロビットはオープンな設計にな

っているので、C（シー）、C++（シープラスプラス）、Rust（ラスト）、Forth（フォース）、Pascal（パスカル）、Ada（エイダ）といったさまざまな言語やツールが使えます。

　すでに別の言語でプログラムを習得している場合でも、それを使ってBBCマイクロビットのプログラムを作る方法があります。インターネットの検索エンジンで、「BBCマイクロビット（micro:bit）」の後にそのプログラミング言語の名前を書いて検索してみてください。

第 5 章

JavaScript ブロック

/こ/の/章/の/内/容/

- JavaScript ブロックのエディターを使ったプログラミングの方法を解説します。
- 初めての JavaScript ブロックのプログラム「Hello World!」を書きます。
- ボタンからの入力、タッチ入力、温度センサー、加速度センサー、コンパスからの信号を読み取るプログラムを書きます。
- 簡単なゲーム「フルーツキャッチャー」を作って遊びます。

　JavaScript ブロックは、小さな子どもたちやコンピューターの初心者たちにプログラミングを始めてもらうための入門用言語として、とても優れています。視覚的環境により、プログラムの仕組みがよくわかり、すでに出来上がったコードのブロックをツールボックスからクリック・ドラッグして組み合わせるだけなので、手で書き込む非視覚的環境でのプログラミングに比べて、ほとんど失敗がありません。

　この章では、マイクロソフトの MakeCode（メイクコード）という言語に基づいて作られた JavaScript ブロックのエディター（JavaScript ブロックエディター）の使い方を説明し、BBC マイクロビットが持つほとんどの機能を使ったプログラムを実際に作ってみます。最後は、どんどん降ってくるフルーツを地面に落ちる前にキャッチするという、簡単なアクションゲームを作ります。

JavaScript ブロックエディターの紹介

　JavaScript ブロックエディターは、JavaScript ブロック言語のために作られた、プログラミングに必要なすべての要素を備えた開発環境です。普通のコンピューターのウェブブラウザーの中で使えるので、コンピューターにソフトウエアをインストールする必要は一切ありません。インターネットに接続されているコンピューターでウェブブラウザーを開き、アドレスバーに `makecode.microbit.`

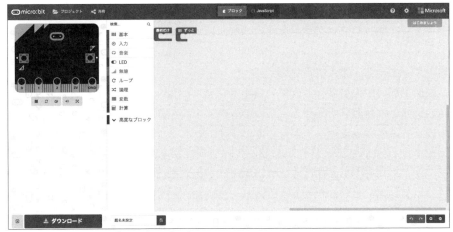

図5-1 JavaScriptブロックエディター

orgとタイプして、エンター（リターン）キーを押してください（**図5-1**）。エディターが開けば、後はもう、コンピューターをインターネットから外した（ネットへの接続をやめた）としても、エディターはそのまま使えます。

JavaScriptブロックエディターの主な機能は次のとおりです。

・プロジェクト・ボタン

画面の左上にあるフォルダーの形をしたアイコンで示されたボタンをクリックすると「プロジェクト」メニューが開きます。ここから、新しいプロジェクト（プログラム）や、前に作ったプロジェクトを開くことができます。

プロジェクトのファイルは、ウェブブラウザーで保存先に指定された場所に保存されます。これは、あなたのコンピューターの中に保存されるため、公開することを選択しない限り、他のコンピューターからは見えません。ただし、ブラウザーに指定した保存先によっては、ブラウザーの履歴の消去を行うと、このプロジェクト・ファイルが消えてしまう恐れがあります。かならず保存ボタンを使って保存しておくようにしましょう。「プロジェクト」タブには、さまざまな楽しいプロジェクトの実例の説明が、「サンプル」タブの中にはサンプルのプログラムが入っています。

・共有ボタン

「プロジェクト」メニューの右側にある「共有」ボタンです。3つの丸が2本

の線でつながったアイコンが添えられています。これをクリックすると、このエディターで作ったプログラムを他の人たちに公開することができます。

・エディター切り替えボタン

　画面上部の中央に2つ並んでいるボタンです。JavaScript ブロックの画面と、JavaScript の画面を切り替えるためのものです。左側のボタンにはジグソーパズルのピースのようなマークが付いています。これをクリックすると、ビジュアル環境でプログラミングができる JavaScript ブロックの画面になります。エディターは、最初はこの画面になっています。その右側にあるボタンをクリックすると、JavaScript でプログラムをするための画面に切り替わります。JavaScript の画面については、第6章で詳しく解説します。

・ヘルプ・ボタン

　画面右上の、丸の中に？マークが書かれているボタンです。これをクリックすると、エディターに関するヘルプを見ることができます。ここから、チュートリアルやサンプルのプロジェクトを開くことができます。また、チュートリアルは、画面右上にある「はじめましょう」というオレンジ色のボタンをクリックして始めることもできます。

・その他ボタン（設定ボタン）

　ヘルプの右側にある歯車の形をしたボタンです。ここでは、プロジェクトの設定を変更したり、外部のハードウエアを接続して使うときのライブラリーなどのパッケージを追加したり、プロジェクトを削除したりできます。また、このエディターのプライバシーポリシーや利用規約を読んだり、意見（フィードバック）を送ったりもできます。

・シミュレーター

　画面の左側に表示されます。小さな画面では、画面の左下に現れます。BBCマイクロビットをそのまま絵にしたものですが、プログラムを作ると、マイクロビットで起動したときとまったく同じに動作します。いちいちヘックスファイル（以下 hex ファイル）にコンパイルしてマイクロビットにフラッシングしなくても、プログラムを作るそばから試すことができるので便利です。

　ボタンもちゃんと機能します。ボタン A を押したいときは、ボタン A をクリ

ックしてください。プログラムにセンサーを使った場合は、それが試せるように、いろいろなコントローラーが現れます。たとえば、温度センサーを使うようにプログラムを組めば、温度調整用のスライダーが現れます。加速度センサーやコンパスを使うプログラムなら、マイクロビットの角度を変えられるようになります。

・ブロック・ツールボックス

　画面の中央からやや左にある縦に長いボックスです。ここに収められているブロックを使って、プログラムを組み立てます。コードのブロック（ジグソーパズルのピースのような形をしたもの）をクリックしてからワークスペースにドラッグして配置してください。

　ブロックは、次のカテゴリーに分類されています。基本、入力、音楽、LED、無線、ループ、論理、変数、計算、です。その下の「高度なブロック」をクリックすると、さらに多くのカテゴリーが現れます。

・ワークスペース

　画面の中で、いちばん大きな面積を占めているのがワークスペースです。小さな＋マークが並んだ模様になっています。ワークスペースは、プログラムを組み立てる場所です。「新しいプロジェクト」を開くと、[最初だけ]と[ずっと]という2つのブロックが始めから置かれています。

・ダウンロード・ボタン

　プログラムが完成して、BBCマイクロビットでそれを走らせたいときは、画面の下にある「ダウンロード」ボタンをクリックしてください。エディターがプログラムをコンパイルして、hexファイルに変換します。このファイルをMICROBITドライブにドラッグしてください（詳しくは第3章を読んでください）。

・プロジェクト名

　新しいプロジェクトを開始するとき、最初に行う作業は、プロジェクトに名前を付けることです。プロジェクト名は「ダウンロード」ボタンの右側にあるボックスで変更できます。最初は「題名未設定」となっているので、ここを書き換えてください。将来プロジェクトがたくさん溜まったとき、すぐに見分けが付くように、プロジェクトに名前を付ける習慣を身につけましょう。

・保存ボタン

　プロジェクト名のすぐ隣にあるのが保存ボタンです。これをクリックすると、プロジェクトのコピーをコンピューターに保存できます。たとえば、学校で作ったプロジェクトの続きを家でやりたいとき、あるいはその反対に家で作ったプロジェクトの続きを学校でやりたいときなど、保存ボタンが役に立ちます。保存したファイルをエディターで開くには、「プロジェクト」メニューを開いて、「ファイルを読み込む」ボタンをクリックしてください。

・元に戻すとやり直しボタン

　丸くなった矢印のマークが描かれたボタンです。左側が「元に戻す」ボタンです。間違えてしまったときにこれをクリックすると、元に戻ります。右側は「元に戻すのやり直し」ボタンです。元に戻してしまった操作が間違いだったときに、それを取り消すことができます。

・拡大縮小ボタン

　ワークスペースのブロックの表示サイズを変更できます。大きくて複雑なプログラムの全体像を見たいときは「縮小表示」ボタンをクリックすると便利です。また、ブロックに書かれている文字が小さくて読みづらいときは「拡大表示」ボタンを使ってください。

　JavaScriptブロックエディターの使い方を確認したい場合は、ヘルプ・ボタンをクリックして「はじめに」を選ぶか、オレンジ色の「はじめましょう」ボタンをクリックしてください。チュートリアルが始まります。準備ができたら、いよいよBBCマイクロビットでプログラムを作ってみましょう。

プログラム1：「Hello, World!」

　「Hello World!」は、新しいプログラミング言語を試すときに最初に作るプログラムとして、昔から親しまれてきました。ごく簡単なプログラムですが、その言語の使い勝手がどんな感じかを知るのにちょうどよいのです。メッセージを表示するので、そのプログラムがきちんと機能しているかどうかもわかります。

　まずは、ウェブブラウザーを開き、makecode.microbit.org にアクセスして、JavaScriptブロックエディターを開いてください。すでにプロジェクトを始めている場合は、「プロジェクト」メニューの「新しいプロジェクト」を選択し

てください。新しいプロジェクトが開いたら、画面下に表示されているプロジェクト名を「Hello World」と書き換えてください。

「Hello World」は、［最初だけ］と［ずっと］に、ブロックをひとつ加えるだけで完成する、ごく簡単なプログラムです。ブロック・ツールボックスの「基本」をクリックして、［文字列を表示［"Hello!"]］と書かれたブロックをドラッグして、ワークスペースに置いてください（**図5-2**）。

ミニ解説

　間違えて、違うブロックをワークスペースに置いてしまったときは、画面右下にある「元に戻す」ボタンをクリックすれば、そのブロックはツールボックスに戻ります。または、ブロックを右クリックしてメニューを開き、「ブロックを削除する」を選択すれば、ブロックは消えます。

［文字列を表示［"Hello!"]］ブロックは、ワークスペースに置くとブロックの表面が斜めの格子模様になるはずです。これは、このブロックがまだ**コントロール・ブロック**に組み込まれていないため実行できない状態にあることを示しています。

　コントロール・ブロックとは、いろいろなブロックを挟み込んで、その機能を

図5-2　［文字列を表示］ブロックをワークスペースに置いたところ

いつ、どのように発揮させるかを決めるものです。ブロックはそれぞれ、ジグソーパズルのピースのような形をしていて、正しく組み合わせられるブロックだけにしかつながらないようになっています。コントロール・ブロックは、右側に大きな穴があり、そこに別のブロックが入るようになっています。今ワークスペースに置いた［文字列を表示［"Hello!"］］ブロックには、左上に小さな凹みがあり、コントロール・ボックスの穴にピッタリとはまる形をしています。

　［文字列を表示［"Hello!"］］ブロックをクリックして、マウスボタンを押したまま［最初だけ］ブロックの上にドラッグして、マウスボタンを離してください。ブロック同士がかっちりと合わさるはずです。うまく入らないときは、もう一度やってみてください。うまく入ると、［文字列を表示［"Hello!"］］ブロックの格子模様が消えます（**図5-3**）。

　この瞬間、シミュレーターが動き出します。［最初だけ］ブロックに［文字列を表示］ブロックをはめ込んだだけで、プログラムが完成したのです。シミュレーターのディスプレイでは、「Hello!」という文字がスクロールします。これをBBCマイクロビットにフラッシングしたときと、まったく同じ動作を示します。しかし、もう少しプログラムをいじってみましょう。

　［文字列を表示［"Hello!"］］ブロックのHello!と書かれている部分をクリックして、ハイライトさせてください。ここには好きな文章を書き込むことができます（訳注：ただし、表示できるのは半角のローマ字と数字と記号だけです）。Hello, World!と書き換えてみましょう。すると、すぐにシミュレーターの表示も変化します。そして、［文字列を表示［"Hello!"］］ブロックも、［文字列を表示［"Hello, World!"］］に変わります（**図5-4**）。

　このようにブロックの内容を変えると、シミュレーターは自動的にプログラムを再起動して、書き換わった新しいメッセージであるHello, World!がスクロール表示されます。ここを、みなさんの好きな色やお誕生日など、いろいろに書き換えてみてください。

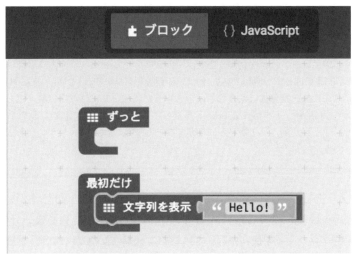

図5-3 ［文字列を表示［"Hello!"］］ブロックをはめ込んだところ

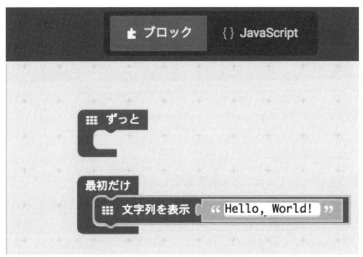

図5-4 ［文字列を表示［"Hello!"］］の文章を書き換えたところ

> **ミニ解説**
>
> 　プログラミングでは、「Hello, World!」のような文章を**文字列**（string）と呼びます。文字列は、文字、数字、記号を使った表示用の文字のことを言います。文字列はメッセージを表示するにはとても便利ですが、使い方に制限があります。たとえば、文字列で「１」と書いても、これを計算式に使うことはできません。私たちには数字に見えても、プログラミング言語からすればただの文字だからです。計算には、通常の数を示す**整数**（integer）や、真か偽か（１か０か）を示す**ブーリアン**（boolean）という形式の文字が使われます。

　どんなメッセージを書いても、ディスプレイにはそれが１回だけスクロール表示されて、それきり出てこなくなります。これは、[文字列を表示 ["Hello, World!"]]ブロックが[最初だけ]ブロックに入っているからです。[最初だけ]ブロックの中のプログラムは、プログラムがスタートしたときに１回だけ実行されるようになっています。もう一度実行させたいときは、シミュレーターをリセットしなければなりません。

　リセットは、BBC マイクロビットの絵の下にある、２つの矢印が丸くなったアイコンの「シミュレーターを再起動する」ボタンをクリックしてください。しかし、いちいちプログラムを再起動するのは面倒なので、何回も続けて表示するようにプログラムを変更してみましょう。

ループ

　[最初から]に入っている[文字列を表示]ブロックをドラッグして、[ずっと]ブロックに移動してください（**図5-5**）。シミュレーターを見ると、いつものようにプログラムが再起動されて、メッセージがスクロールします。しかし、今回は１回スクロールして止まるのではなく、何度も繰り返し表示されるようになったはずです。

　プログラムの世界では、これを「輪」という意味の**ループ**（loop）と呼びます。プログラムが終わりまでいくと（この場合は[文字列を表示 ["Hello, World!"]]ブロックの Hello, World! のスクロール表示が終わったとき）、プログラムは先頭に戻ってまた実行されます。ブロックの名前が[ずっと]というのは、ずっと繰り返すという意味です。プログラミング用語では**無限ループ**とも呼ばれます。

　スクロール表示を止めたいときは、[文字列を表示 ["Hello, World!"]]ブ

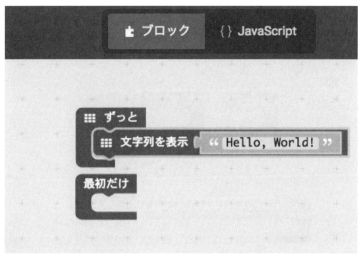

図5-5 ［文字列を表示 ["Hello, World!"]］ブロックをループさせる

ロックを外すか、シミュレーターの下にある四角い停止ボタンをクリックしてください。

> **ミニ解説**
>
> ここで憶えておくべき重要なことは、［最初から］ブロックと［ずっと］ブロックの違いです。［最初から］は、プログラムが起動されたときに最初に1回だけ実行されます。［ずっと］は、プログラムが永遠にループします。

このプログラムが、実際のBBCマイクロビットでどのように見えるかを試したいときは、「ダウンロード」ボタンをクリックして、プログラムを .hex という拡張子を持つhexファイルに変換し、それをMICROBITドライブにドラッグしてください。わからないときは、第3章を読み返してください。

プログラム2：ボタン入力

「Hello, World!」では、BBCマイクロビットのディスプレイを使って「出力」を行う実験をしました。しかし、プログラムにはもうひとつ重要な役割があります。それは「入力」です。マイクロビットには、ディスプレイの両脇にボタンAとボタンBという入力装置があります。これから、このボタンを使うプログラ

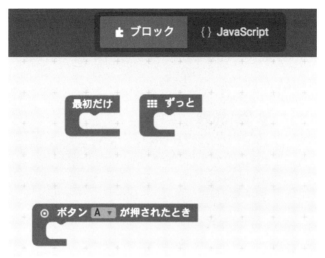

図5-6 ［ボタンAが押されたとき］ブロック

ムを作ってみましょう。

　まずは、前に作った「Hello, World!」プロジェクトが失われないように、「プロジェクト」メニューから「新しいプロジェクト」を開いてください。前の章の図5-1のように、［最初だけ］と［ずっと］という2つのブロックが現れます。これは別のプロジェクトなので、ここで何を作っても、前のプロジェクトには影響しません。2つのプロジェクトが区別できるように、この新しいプロジェクトに名前を付けておきましょう。画面下の「題名未設定」と書かれているところをクリックして「ボタン入力」と書き換えてください。

　では、ブロック・ツールボックスの「入力」をクリックし、［ボタンAが押されたとき］ブロックをクリックしてください。これがワークスペースに置かれます。このブロックは、［文字列を表示］ブロックのときと違い、斜めの格子模様になりません。よく見ると、コントロール・ブロックの形をしています（図5-6）。［ボタンAが押されたとき］ブロックは**イベント・ブロック**です。これまで使ってきたブロックとは、ちょっと性格が違います。イベント・ブロックは、メインのプログラムの外に存在し、普段は何もしません。しかし、**トリガー**が発生したとき、その中のプログラムが実行されます。トリガーとは、［ボタンAが押されたとき］ブロックの場合はボタンAが押されることです。このようにイベント・ブロックのプログラムを実行させるきっかけのことをトリガーと言います。トリガーが発生すると、プログラムは直ちに［ボタンAが押されたとき］ブロック

に飛び、そこに含まれるプログラムが実行されます。

　今はまだ、[ボタンAが押されたとき] ブロックには何も入っていないので、ツールボックスの「基本」の中にある [アイコンを表示] をクリックしてください。このブロックにはハート模様が描かれています。文字列をスクロール表示するのではなく、その模様をディスプレイに表示します。ワークスペースに現れた [アイコンを表示] ブロックを [ボタンAが押されたとき] ブロックの上にドラッグしてはめ込んでください。ハートのアイコンをクリックすると、アイコンのリストが開くので、そこから「うれしい顔」を選んでください（図5-7）。

　シミュレーターのボタンAをクリックすると、プログラムの結果がすぐに見られます。うれしい顔のアイコンがディスプレイに表示されます。このアイコンは、ボタンAを離しても消えません。なぜなら、表示するようにしか命令していないからです。他のアイコンを表示するとか、アイコンを消すとか、そういう命令はひとつも加えられていません。なので、シミュレーターをリセットするまで、ずっとうれしい顔が表示されたままになります。

　イベント・ブロックは、トリガーが発生したときにだけ実行されますが、トリガーが発生すれば、その度ごとに実行されます。ボタンAを1回押すと、イベント・ブロックは1回実行されます。ボタンAを2回押すと、2回実行されます。3回押すと、3回実行され……といった具合です。

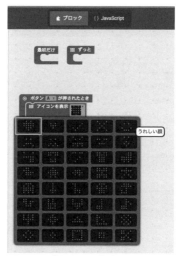

図5-7　「うれしい顔」を選択

2つのボタン

　ボタンが使えるというのはとても便利なことですが、BBCマイクロビットには、ボタンがもうひとつあります。ありがたいことに、もうひとつのボタンも、ボタンAのときとまったく同じ手順でプログラムできます。ツールボックスの「入力」を開き、[ボタンAが押されたとき]をクリックしてください。そして、「入力」の[アイコンを表示]をクリックしてください。

　ワークスペースで[アイコンを表示]ブロックを[ボタンAが押されたとき]ブロックの上にドラッグしてはめ込んでください。そして、アイコンを「かなしい顔」に変え、さらに、[ボタンAが押されたとき]ブロックの「A」のところをクリックして「B」に変更してください。これでこのブロックでは、ボタンAではなく、ボタンBが押されたときにトリガーが発生するようになります(**図5-8**)。

　シミュレーターのボタンAをクリックすると（またはBBCマイクロビットにプログラムをフラッシングした場合は、マイクロビットのボタンAを押すと）、これまでのとおり「うれしい顔」がディスプレイに現れます。Bボタンを押すと、表示は「かなしい顔」に切り替わります。このプログラムでは、AとBのボタンの入力を感知して、それぞれのブロックを実行するようになりました。

　この2つのボタンには、第三の使い方があります。両方同時押しです。[ボタンAが押されたとき]または[ボタンBが押されたとき]ブロックのAまたは

図5-8　2つのボタンを使うプログラムの完成

Bをクリックするとメニューが開き、「A+B」という選択肢も現れます。［ボタンA+Bが押されたとき］ブロックにすると、ボタンAとボタンBが同時に押されたときにだけ実行されるプログラムを作ることができます。つまり、2つのボタンで3とおりの使い方ができるのです。

試しにもうひとつ［ボタンAが押されたとき］ブロックを追加して、「A」を「A+B」に変更し、そこに［アイコンを表示］を入れて別のアイコンを選択してください。このプログラムをBBCマイクロビットにフラッシングして、AとBのボタンを同時に押すと、そのアイコンが表示されるようになります。シミュレーターでは、マウスで2つのボタンを同時に押すことができないので、「A+B」を指定したときは、ボタンBの下に「A+B」というボタンが現れます。これをクリックしてください。

プログラム3：タッチ入力

BBCマイクロビットでは2つのボタンを使って3とおりの入力方法が可能ですが、それだけでは物足りないと感じられるかもしれません。そこで、入出力ピンにご登場願いましょう。マイクロビットの下に並んでいる銅色の部分は、外部の機器をつなぐためのピン（端子）ですが、マイクロビットは、そこを指で触っても入力として感じることができます。これはとても楽しい入力方法になります。わざわざ新しいボタンを買ってきて追加する必要もありません。

では、さっきのボタンのプロジェクトを取っておけるように、また新しいプロジェクトから始めましょう。「プロジェクト」メニューの「新しいプロジェクト」をクリックしてください。「題名未設定」のところをクリックして、プロジェクト名を「タッチ入力」と書き換えてください。

ミニ解説

これまでに作ったプロジェクトは、「プロジェクト」メニューの「自分のプロジェクト」に保管されています。いちばん最近、手を加えたプロジェクトが、いちばん上にあります。そして新しい順に、下に並んでいます。

端子の感知も、ボタンを使うときとほぼ同じです。ブロック・ツールボックスの「入力」で、［端子P0がタッチされたとき］をクリックしてください。これ

はイベント・ブロックなので、[最初だけ]や[ずっと]に入れ込む必要はありません。この中のプログラムは、イベントのトリガーが発生したときにだけ実行されます。この場合、トリガーはボタンではなく、0番端子（P0）に触ったときに発生します。

変数

では、このイベント・ブロックに仕事を与えましょう。ツールボックスの「変数」で[変数[変数]を[1]だけ増やす]をクリックしてください。このブロックは、ワークスペースでは斜めの格子模様が入っています。つまり、コントロール・ブロックやイベント・ブロックの中に入れないと、プログラムとして働くことができないブロックです。これを[端子P0がタッチされたとき]の上にドラッグして入れ込んでください。斜めの格子模様が消えるはずです（**図5-9**）。

ここで「変数」という新しい要素が出てきました。変数ブロックは、その名前が示すとおり、**変数**を操るためのブロックです。変数とは、プログラム実行中に内容が変化するものを意味します。数字でも、文字列でも、絵を描くためのデータでも、なんでも変数にすることができます。

変数は、**名称**と**データ**を持っています。最初は、名称は「変数」となっています。これでは紛らわしいので、このブロックをクリックして「変数」を「タッチ」

図5-9 変数ブロックを入れたところ

と書き換えておきましょう。こうしておけば、後でプログラムを見返したときに、この変数の役割を思い出しやすくなります。

> **ミニ解説**
>
> 　変数の名称は、プログラムの中でも役割がわかるよう、できるだけわかりやすい言葉にするのが基本です。しかし、命名の方法にはいくつかの制約があります。まず、プログラミング言語の中で命令として登録されている言葉は使えません。また、数字で始まる言葉も使えません。スペースや記号を含めることもできません（訳注：変数名には日本語も使えます）。
>
> 　いくつかの言葉を組み合わせたいとき、スペースを使わずに書くためによく使われるのが「キャメルケース」という記述方法です。たとえば「Number of Fish」（魚の数）という意味の変数名にしたいときは、キャメルケース方式で「numberOfFish」と書きます。「Age of User」（ユーザーの年齢）なら「ageOfUser」となります。キャメルケース自体、わかりやすいように、英語で「camelCase」と書かれることもあります（訳注：キャメルはラクダで、ケースは大文字と小文字の区別です。大文字と小文字の並び方がラクダのコブのように見えるので、そう呼ばれています）。

　［変数［タッチ］を［1］だけ増やす］ブロックは、読んで字のごとく、イベント（P0に触る）が発生したときに変数「タッチ」の中の数値をひとつだけ増やすことです。変数「タッチ」の中身は、最初は0になっています。他のプログラミング言語には、プログラムの冒頭に**初期化**という処理によって変数の中身を0にしておく必要がありますが、JavaScript ブロックは、それを自動的に行います。

　これだけで、このプログラムは形の上では成り立っていますが、なんの役にも立ちません。P0に触るごとに変数「タッチ」の中の数はひとつずつ増えていくのですが、それがわからなければ面白くありません。プログラムには出力が必要です。そこで、ツールボックスの「基本」にある［数を表示［0］］ブロックをクリックしてください。このブロックも、コントロール・ブロックやイベント・ブロックの中でしか働けないため、［端子 P0 がタッチされたとき］の中の［変数［タッチ］を［1］だけ増やす］の下に入れてやりましょう（**図5-10**）。

　さて、これがみなさんにとって、初めての2行にわたるプログラムとなりました。イベントがトリガーされるごとに、この中のプログラムが上から順番に実行されていきます。このようにして、どんどん長くて複雑なプログラムが組めるようになっています。ブロックの左側の上下にある凹みと出っ張りは、こうしてつないでいくためのものです。

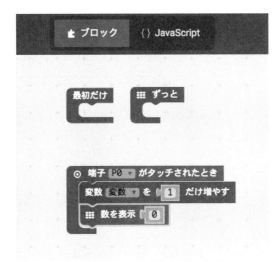

図 5-10 ［数を表示］ブロックを入れたところ。

　まだ終わりではありません。BBCマイクロビットには、P0に触ったら変数「タッチ」の数をひとつ増やし（プログラミング用語では**インクリメント**（Increment）と言います）、数字を表示するように命令しました。しかし、ディスプレイには0しか表示されません。［数字を表示［0］］ブロックをよく見ると、「0」のところは小さなブロックの形をしているのがわかります。これは、ここで数字を書き換えることもできますが、変数に入れ替えられることも表しています。

　ツールボックスの「変数」を開き、［変数］ブロックをクリックしてください。これは変数を指定するためのブロックです。「変数」と書かれているところをクリックするとメニューが開きます。その中に今作った「タッチ」が入っているので、それを選択してください。このブロックの左側は、［数を表示］の中にあるブロックと同じ形をしています。これは、コントロール・ブロックやイベント・ブロックに直接入れるのではなく、その中のブロックの内容を変更するためのブロックであることを示しています。

　では、［変数］ブロックの「タッチ」を［数を表示］ブロックの「0」のところにドラッグしてください。ブロックが入れ替わります。変数名が「タッチ」になっていることを確認してください。なっていなければ（「変数」のままであれば）、変数名の右端にある▼をクリックして表示されるメニューから「タッチ」を選択してください。これで、［数を表示］ブロックは［数を表示［タッチ］］となったはずです（**図 5-11**）。

図5-11 完成したプログラム

「数を表示タッチ」とは、なんだか変な文章ですが、コンピューターの目から見てみましょう。「数を表示」は、文字列ではなく、数をディスプレイに表示しなさいという命令です。「タッチ」は数ではありませんが、これは数を**格納**した変数です。なので、このブロックが実行されると、この変数の中に格納された数がディスプレイに表示されるというわけです。

このプログラムをシミュレーターで実行するときは、0番端子をクリックしてください。するとディスプレイの数字が1に変わります。もう一度クリックすると2になります。さらにクリックすると3になります。0番ピンをクリックするごとに数がひとつずつ増えていきます。0に戻したいときはリセット（シミュレーターを再起動する）ボタンをクリックしてください。

BBCマイクロビットにこのプログラムをフラッシングして試すときは、0番ピンに触るだけでは動作しません。マイクロビットは、タッチしたかどうかを**抵抗**という電気の特性を利用して感知します。そのためには、回路（この場合はみなさんの体）が**接地**している必要があります。右手の人差し指でマイクロビットのいちばん右側にある「GND」（グラウンド）ピンに触りながら、左手の人差し指で0番ピンに触ってください。1回触るとディスプレイに「1」と表示されます。触るごとに数が増えていきます。

これは**抵抗膜タッチ・センシング**という構造によるもので、BBCマイクロビットでは、0番、1番、2番ピンにその機能があります。つまりマイクロビット

では、ボタンAとボタンBとボタンA+Bに加えて、この3つのタッチ・センサー・ピンの合計6つの入力が使えるということです。

> <u>ミニ解説</u>
>
> 　リンゴや梨の数を数えるときは、1から数えますよね。しかし、コンピューターは0から数えます。BBCマイクロビットのメインの端子が1番からではなく0番から始まっているのもそのためです。プログラムの中でも同じです。たとえば、プログラムのループを9回させようとして9という数を指定すると、コンピューターは0から数え始めるので、0、1、2、3、4、5、6、7、8、9と全部で10回ループしてしまいます。これに慣れるまでには、ちょっと時間がかかると思います。だから、今はあまり気にしなくて大丈夫です。

　BBCマイクロビットのピンのもっといろいろな使い方は、第10章「電子回路を組もう」、第11章「BBCマイクロビットを拡張しよう」、第12章「BBCマイクロビットをウェアラブルにしよう」で紹介します。

プログラム4：温度センサー

　BBCマイクロビットには、ボタンとタッチ・センサー・ピンの他にも入力用の装置があります。なかでも、いちばんシンプルなのが温度センサーです。つまり、今の気温が摂氏何度かを教えてくれる温度計です。

　とは言え、周囲がどれくらい温かいのか寒いのか、だいたいの温度はわかるものの、それほど正確なものではありません。この温度センサーは、もともとBBCマイクロビットのプロセッサーの温度を測るためにプロセッサーに内蔵されたもので、気温を測るためのものではないからです。これがもしデスクトップ・コンピューターだったら大変です。デスクトップ・コンピューターのプロセッサーは、とくに頑張って働いていないときでも温度が周囲の気温よりもずっと高いため、大きな金属製の放熱板やファンを必要とします。マイクロビットの場合は、周りの気温 ― **周囲温度** ― に近い温度で作動するため、気温との差は1度か2度程度しかありません。

> **ミニ解説**
>
> 　なるべく正確な気温が知りたいときは、プログラムをできるだけシンプルなものにしてください。複雑なプログラムでプロセッサーにたくさんの計算をさせてしまうと、プロセッサーの温度が上がり、センサーが示す温度も周囲の気温よりも高くなってしまいます。

　まずは、いつもの手順で準備しましょう。前のタッチ入力のプロジェクトを壊してしまわないように、「プロジェクト」メニューから「新しいプロジェクト」を開き、プロジェクト名を「温度センサー」と書き換えましょう。

　ブロック・ツールボックスの「入力」を開き、[温度（℃）]をクリックしてワークスペースに置いてください。このブロックには斜めの格子模様があります。他のブロックの中に入れ込まないと、単独では使えないブロックであることがわかります。形は、タッチ入力のプログラムで使った変数ブロックと同じです。温度は変数だからです。この変数は、温度センサーから送られてくる信号を読み取ることで、常に変化しています。

　変数のブロックは、コントロール・ブロックに直接入れることはできません。別のブロックを入れてから、その中にはめ込むことになります。ツールボックスの「基本」を開き、[数を表示［0］]をクリックしてワークスペースに追加し、これを[ずっと]ブロックに入れてください。[最初だけ]だと、温度センサーからの温度の情報を1回だけしか読み込まないので、温度計としては役に立ちません。[数を表示［0］]の「0」のところに[温度（℃）]ブロックをドラッグして入れ込んでください（**図5-12**）。

　これでシミュレーターが動き始め、ディスプレイに温度が表示されるようになります。同時に、シミュレーターの上には、21度に設定された温度のスライダーが現れます。シミュレーターには本物の温度センサーが付いていないので、このスライダーで温度を変化させて表示を確かめる仕組みになっています。スライダーを上にドラッグすると架空の気温が上がり、下にドラッグすると気温が下がります。それにつれて、表示される数値も変わります。

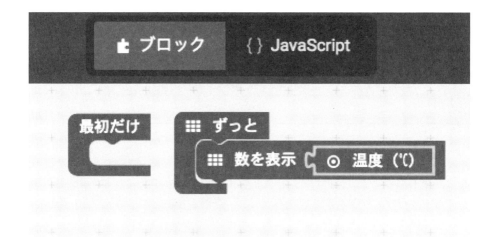

図5-12 温度センサーから信号を読み込むプログラム

出力の形を整える

　これでプログラムとしては完結していますが、今のままでは温度を読み取るのが困難です。数字がつながったままスクロールするので、21度なのか12度なのか22度なのか、あるいは212121度なのかわかりません。そこで、ツールボックスの「基本」で［文字列を表示［"Hello!"］］をクリックしてワークスペースに追加し、Hello!の部分をクリックしてCelsiusと書き換えてください（訳注：Celsiusとは摂氏のことです）。Cの前にスペースを入れるのをお忘れなく（**図5-13**）。

　すると表示が途端に変わり、これまで数字がくっついてスクロールしていたのが、数字、スペース、Celsius、スペース、数字という順番で表示されるようになります。Celsiusの前にスペースを入れたおかげで、こうなりました。ブロックは［文字列を表示［" Celsius"］］となっているはずです。

　BBCマイクロビットにこのプログラムをフラッシングして走らせたときは、まず大きな金属に触れて体の静電気を逃がしてから（第2章を見てください）、マイクロビットの「PROCESSOR」というラベルで示された黒い小さな四角チップに指でやさしく触れてみてください。しばらくすると、ディスプレイに表示される温度が上がるはずです。指を放してまたしばらく待つと、温度は元に戻ります。

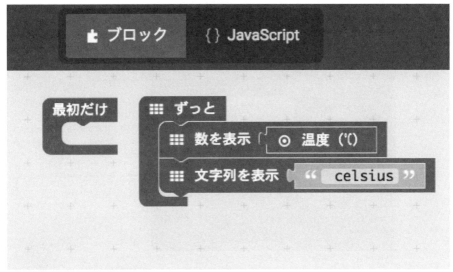

図5-13 プログラムの出力を整えたところ

> ⚠️ **注意**
> BBCマイクロビット本体の部品に触るときは、その前にかならず大きな金属に触れて体の静電気を逃がしてください。指先からマイクロビットにバチっと静電気が流れると、マイクロビットの繊細な回路が壊れてしまうことがあるので注意してください。

プログラム5：コンパス・センサー

　BBCマイクロビットの磁気コンパスは、本体裏面に印字されている2つのセンサーのうちのひとつで（もうひとつは次の章で使う加速度センサーです）、とても面白いセンサーです。地球上の磁場を三次元的に検知して、BBCマイクロビットが磁北に対してどちらを向いているかを教えてくれます。同じものがスマートフォンにも搭載されています。地図ソフトなどで自分が向いている方角を知らせてくれるのは、そのおかげです。

　プロジェクトの始め方は、もう憶えましたね？　「プロジェクト」メニューで「新しいプロジェクト」をクリックして空っぽのプロジェクトを開き、画面下に表示されているプロジェクト名をクリックして、「コンパス・センサー」と書き換えましょう。こうしておけば、後で開きたいときに、すぐにわかります。「題名未設定」だらけだったら困りますからね。

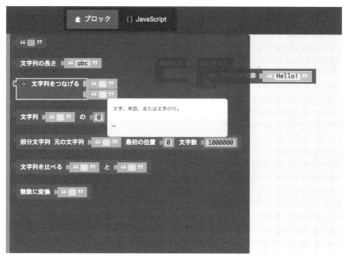

図5-14 ［文字列をつなげる］ブロック

　次に、ブロック・ツールボックスの「入力」にある［方角（°）］ブロックをクリックしてください。これは、前の章で使った［温度（℃）］ブロックと同じ変数ブロックなので、これを入れ込む別のブロックが必要です。ツールボックスの「基本」にある［文字列を表示 ["Hello!"]］ブロックをクリックしてください。ワークスペースでは［文字列を表示 ["Hello!"]］ブロックは斜めの格子模様になっています。これを［ずっと］ブロックに入れてください。シミュレーターでは、すぐにHello!という文章が繰り返しスクロール表示されますが、今は無視してください。

　さて今回は、［文字列を表示 ["Hello!"]］ブロックの中に［方角（°）］ブロックを入れて、ただ方向を表示させるのではなく、ちょっと高度な技を使ってみましょう。ツールボックスの「高度なブロック」をクリックし、「文字列」の中にある［文字列をつなげる [" "] [" "]］ブロックを選択してください。このブロックの中には、ダブルクオーテーション（" "）で囲まれたスペースが上下に2つ並んでいます（**図5-14**）。

　温度センサーのプログラムでは、［数を表示 [温度（℃）]］と［文字列を表示 ["Celsius"]］という2つのブロックを使って出力の形式を整えました。［文字列をつなげる [" "] [" "]］ブロックも、同じように出力を整えるためのものですが、これは2つの出力をひとつのブロックで行います。［文字列をつなげる [" "] [" "]］ブロックを、［文字列を表示 ["Hello!"]］ブロックのHello!の上にドラッグ

してください。[文字列を表示 [文字列をつなげる [" "] [" "]]] というブロックができあがります。シミュレーターは Hello! の表示をやめて、新しい文字列の表示を始めます。と言っても、空白が2つ並んでいるだけなので、実際には何も表示されません。

[方角（°）] ブロックを [文字列を表示 [文字列をつなげる [" "] [" "]]] ブロックの下の [" "] のところへドラッグしてください。これで [文字列を表示 [文字列をつなげる [" "] [方角（°）]]] となります。シミュレーターは、磁北を0°とした現在の方角の表示を始めます。では、出力の形を整えましょう。[文字列をつなげる] の上の [" "] のところに、Heading:（方角という意味）とタイプしてください。最後のコロンの後にスペースを忘れずに。これで、文字列と数字の間に隙間ができて読みやすくなります（**図5-15**）。

シミュレーターでは、BBCマイクロビットのロゴマークの右側が尖って、その下に「90°」と表示されます。このロゴマークをクリックして、マウスボタンを押したままドラッグすると、ロゴマークが回転します。真上に向けると磁北の0°になります。BBCマイクロビットを使うときは、本体を回転させてみてください。電源のケーブルが抜けないように気をつけて。

図5-15 完成したプログラム

ミニ解説

BBCマイクロビットでコンパスを初めて使うとき、または前に使った場所と違う場所で使うときは、**調整**（Calibrate）を指示されることがあります。このコンパス・センサー・プログラムをフラッシングしたとき、ディスプレイに「DRAW A CIRCLE」（円を

> 描いて）と表示されたら、ディスプレイの中央に光るドットを、BBCマイクロビット本体を傾けながら動かし、ディスプレイいっぱいに円を描いてください。円が完成すると調整は完了です。すぐにコンパス・センサー・プログラムがスタートします。
> 　調整を行っても、それを行う場所によって精度が違ってきます。金属で囲まれた場所や強い磁石の近く、たとえば金属の机の上とか、大きなスピーカーの近くでは、コンパスの調整が正しく行われない場合があります。正確に調整するためには、できるだけ、実際にBBCマイクロビットを使用する場所の近くで行ってください。

　［文字列をつなげる［" "］［" "］］ブロックの面白いところは、［文字列をつなげる［" "］［" "］］の中に［文字列をつなげる［" "］［" "］］を入れて使える点にあります。上下どちらの［" "］に入れても構いません。両方に入れることもできます。

　さらに、中に入れた［文字列をつなげる［" "］［" "］］の中に［文字列をつなげる［" "］［" "］］を入れることも可能です。今作ったプログラムの［文字列をつなげる［" "］［" "］］に［文字列をつなげる［" "］［" "］］を入れ込んで、新しい［文字列を表示［"Hello!"］］ブロックを追加せずに、表示メッセージを増やしてみてください。

プログラム6：加速度センサー

　BBCマイクロビット本体裏面に、「COMPASS」の下に書かれているのが、もうひとつのセンサーである**加速度センサー**（Accelerometer）です。コンパスは磁場を検知してマイクロビットが向いている方角を教えてくれるセンサーでしたが、こちらはXYZの三次元空間の各方向の相対的な加速度を測るセンサーです。検知した値を知らせるのはもちろんですが、これを利用すれば、動きによる入力方法である**ジェスチャー**（gesture）も使えるようになります。今のところ、これがもっとも簡単な入力方法です。

　加速度センサーは、とても便利なセンサーです。動きを感知する以外にも、重力方向に対する角度、つまり地球の中心に対する角度を常に知ることができます。机の上に置いてあっても、手に持っているときでも、いつも重力方向を確認しています。これは、スマートフォンやタブレットを縦にしたり横にしたりしたときに、それに合わせて画面の角度が自動的に切り替わる機能に利用されています。

　まずは、「プロジェクト」メニューの「新しいプロジェクト」をクリックして、

新しいプロジェクトを開いたら、画面下の「題名未設定」と書かれているところをクリックして「加速度センサー」とプロジェクト名を書き換えてください。手順は毎度同じじゃないか、と思われるでしょうが、それでいいんです。これを何度も繰り返して、新しいプロジェクトを開いたときに、かならずプロジェクト名を書き換える癖をつけてください。そうすれば、前に作っておいたプロジェクトを壊してしまったり、たくさんのプロジェクトの中から目的のものを探し出すのに苦労することもなくなります。

このプロジェクトでは、［最初だけ］ブロックも［ずっと］ブロックも使いません。これまでは、使わないブロックもワークスペースに置いたままにしていましたが、今回は邪魔にならないように削除します。いずれにせよ、ブロックが何も入っていないコントロール・ブロックは、プログラムを実行したときに無視されるだけです。

［最初だけ］ブロックを右クリックして、メニューの「ブロックを削除する」をクリックしてください。または、［最初だけ］ブロックをツールボックスの上にドラッグしてください。するとツールボックスはゴミ箱に変わります。そこでマウスボタンを離せば、ブロックは削除されます。同じ方法で［ずっと］ブロックも削除してください。

ブロックを右クリックすると現れるメニューには、削除の他にも、いくつかの項目があります。

「複製する」は、同じブロックをもうひとつワークスペースに追加します。いちいちツールボックスからドラッグする手間が省けます。

「コメントを追加する」は、そのブロックの説明を書くためのものです。しばらくしてこのプログラムを見るときや、他の人にプログラムを見せるときなどのために、このブロックの役割を書いておけば安心できます。コメントは、人が読めるようにプログラム中に記入されますが、プログラムの実行には影響しません。

「ヘルプ」をクリックすると、このブロックに関する情報が表示されます。

> **ミニ解説**
>
> 　コメントがしっかり書かれているプログラムは、よいプログラムです。この章では、コメントを書くようには指示していません。コメントがなくても、プログラムはきちんと動くからです。しかし、コメントを書く癖をつけておくと、後々とても役に立ちます。自分で書いたプログラムを、今は理解できても、数カ月後にまた開いて見たときにチンプンカンプンというのはよくあることです。また、他の人にプログラムを渡して作業してもらうときも、コメントがなければ、何がどうなっているのか意味がわからないということも珍しくありません。コメントはいくら書き入れても、プログラムの処理速度が遅くなるようなことはありません。どんどん書きましょう。自分のためでもあり、それを使う別の人たちのためでもあります。不要なトラブルを避けるためにも、コメントは重要です

　ツールボックスの「入力」にある［ゆさぶられたとき］ブロックをクリックしてください。これは、［ボタンAが押されたとき］ブロックや［端子P0がタッチされたとき］ブロックと同じ、イベント・ブロックです。他のプログラムの流れからは独立しています。だから、［最初だけ］と［ずっと］を削除しても大丈夫なのです。イベント・ブロックがトリガーされると、メインのプログラムで何をしていようと関係なく、その中のプログラムが実行されます。メインのプログラムがまったく存在していなくても、同じように作動します。

　イベント・ブロックがトリガーされたかどうかを確認できるように、ブロックを追加しましょう。ツールボックスの「基本」で［アイコンを表示］をクリックしてください。ワークスペースで［アイコンを表示］を［ゆさぶられたとき］ブロックにドラッグしてはめ込み、現在ハートのアイコンが表示されている部分をクリックしてアイコンのメニューを開いてから、「びっくり顔」を選んでください（**図5-16**）。

　これでテストできるようになりました。プログラムに［ゆさぶられたとき］ブロックを追加すると、シミュレーターの上には「SHAKE」（ゆさぶる）と書かれたボタンが現れます。このボタンをクリックすると、シミュレーターがゆさぶられたことになり、「びっくり顔」がディスプレイに現れます。BBCマイクロビット本体を使うときは、本体を手でもってゆさぶってください。

　このプログラムでは、加速度センサーは「ゆさぶる」という**ジェスチャー**に反応するようになっています。［ゆさぶられたとき］ブロックの「ゆさぶられた」と書かれた部分をクリックすると、ジェスチャーのメニューが開き、次の項目が

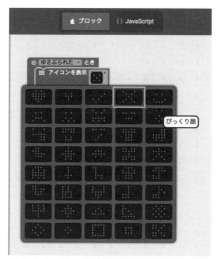

図5-16 びっくり顔アイコン

示されます。

・ゆさぶられた

　最初はいつもこれになっています（最初の状態のことを「デフォルト」と言います）。BBCマイクロビットを激しくゆさぶったときにトリガーされます。電源ケーブルが抜けないように気をつけて。部屋の反対側まですっ飛んでいくほど、強くゆさぶる必要はありません。

・ロゴが上になった

　加速度センサーは常に地球の重力の方向を見ているので、BBCマイクロビットの向きを知ることができます。これは、BBCマイクロビットのロゴの位置が上になったときにトリガーされます。

・ロゴが下になった

　「ロゴが上になった」の反対です。BBCマイクロビットのロゴが下になったときにだけトリガーされます。

・画面が上になった

　「ロゴが上になった」と同じ原理で、BBCマイクロビットのディスプレイが上

第5章　JavaScriptブロック　　97

向きに置かれたときにトリガーされます。

- 画面が下になった
「画面が上になった」と反対です。ディスプレイが下向きになったときにトリガーされます。

- 右に傾けた
BBCマイクロビットの傾きを使ったジェスチャーです。マイクロビットが向かって右側に傾いたときにトリガーされます。

- 左に傾けた
「右に傾けた」の反対です。向かって左側に傾いたときにトリガーされます。

- 落とした
自由落下の状態になるとトリガーします。つまり、落ちている状態のことです。このジェスチャーは、空を飛ぶロボットやモデルロケットのプロジェクトなどで重宝します。

- 3g
特定の方向に重力の3倍の加速度がかかったときにトリガーされます。次に示す6gや8gよりも、ゆっくりとした動きです。

- 6g
3gと、次に示す8gの中間の速さの動きでトリガーされるジェスチャーです。

- 8g
特定の方向に重力の8倍の加速度がかかったときにトリガーされます。これは、とても速い動きです。

遅くする

ちょっと手を加えるだけで、プログラムはもっと面白くなります。ツールボックスの「基本」にある［アイコンを表示］ブロックをクリックし、それを、［ゆ

さぶられたとき］ブロックの、前に入れた［アイコンを表示］ブロックの下に入れてください。そして、アイコンを「ねてる顔」に切り替えてください。

　これで、シミュレーターの「SHAKE」ボタンをクリックすると、ディスプレイにはびっくり顔が表示され、すぐにねてる顔に切り替わります。何度もボタンを押すと、その都度、びっくり顔とねてる顔が交互に表示されます。でも、これではリアルではありません。だって、体をゆさぶられて起きたとき、次の瞬間にまた眠れるなんてことはありませんからね。

　これを解決するには、2つの［アイコンを表示］ブロックの間に**ディレイ**を入れます。ディレイ（delay）とは、遅らせるという意味です。次のブロックを実行するまで、指定した時間だけそこで一時停止させます。ツールボックスの「基本」にある［一時停止（ミリ秒）［100］］ブロックをクリックしてください。これを、［ゆさぶられたとき］ブロックの2つの［アイコンを表示］ブロックの間にドラッグしてください。2つのブロックは自動的に間をあけて、そこに［一時停止（ミリ秒）［100］］ブロックが入ります。さらに、100と書かれている部分をクリックして1000に書き換えてください。これで、［一時停止（ミリ秒）［1000］］となるはずです。

　シミュレーターの「SHAKE」ボタンをクリックしてみてください。実際にBBCマイクロビットをゆさぶっても結構です。今度は、ねてる顔に戻るまでに、少し時間がかかるようになりました。（ミリ秒）の数値を増やせば、もっと時間がかかるようになります。反対に減らすと、もっと早くねてる顔に切り替わるようになります。

　［一時停止（ミリ秒）［1000］］の数値は**ミリ秒**です。つまり、1000分の1秒の単位で示されています。だから、1000ミリ秒とは1秒のことです。2000ミリ秒は2秒。500ミリ秒は0.5秒です。BBCマイクロビットに使われているようなプロセッサーは、1秒間に何百万回もの計算を行える、とても高性能なもので、人間の感覚をはるかに超えています。プログラムの中のディレイの役割は、もっぱら人間の操作が追いつかないときに、人間のために使われるのです。

　もう少し、このプログラムを改良してみましょう。［最初だけ］ブロックを追加して、その中に［アイコンを表示］ブロックを入れて、アイコンを「ねてる顔」にしてみてください（**図5-17**）。こうすると、プログラムは真っ黒なディスプレイではなく、最初に寝ている顔からスタートするようになります。

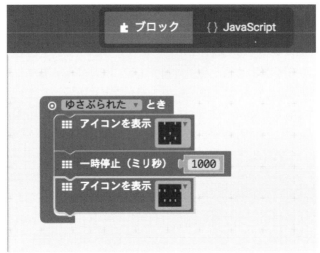

図5-17 完成したプログラム

加速度センサーの数値を読み出す

　ジェスチャーを使えば、BBCマイクロビットの加速度センサーをとても簡単に利用できますが、加速度センサーにはもっと重要な役割があります。加速度センサーからは、生の数値データを読み出して利用できるのです。その実験を行うために、新しいプロジェクトを開きましょう。「題名未設定」のところを「加速度センサーのデータ」と書き換えて、先ほどのジェスチャーの実験に使った「加速度センサー」のプロジェクトと区別しておきます。

　［最初だけ］ブロックを右クリックしてメニューで「ブロックを削除する」をクリックするか、ツールボックスの上にドラッグして削除してください。次にツールボックスの「基本」にある［文字列を表示 ["Hello!"]］をクリックし、ワークスペースでこれを［ずっと］ブロックの中に入れてください。シミュレーターではすぐにメッセージがスクロールを開始しますが、今は気にしないでください。

　ツールボックスの「高度なブロック」クリックして開き、「文字列」の中の［文字をつなげる [" "] [" "]］ブロックをクリックしてください。この［文字をつなげる [" "] [" "]］ブロックを［文字列を表示 ["Hello!"]］ブロックのHello!のところにドラッグして入れ込み、上の空欄にX:と書き込んで、［文字をつなげる ["X: "] [" "]］となるようにしてください。

　ツールボックスの「入力」にある［加速度 (mg) X］ブロックをクリックして、

［文字をつなげる［"X:"］［""］］の下の空欄にドラッグしてください。［文字をつなげる［"X:"］［" 加速度（mg）X"］］となります。これで、「X:」のあとに現在の X 軸方向の加速度の値が示されるようになったので、試しにシミュレーターの上でマウスポインターを動かして、数値の変化を見てください。

　加速度センサーが感知できるのは X 軸の動きだけではありません。残りの軸方向の動きも表示させて、三次元に対応させましょう。［文字列を表示］を右クリックして「複製する」をクリックしてください。［文字列を表示［文字をつなげる［"X:"］［" 加速度（mg）X"］］］という大きなブロックがもうひとつ現れます。これを、［文字をつなげる［"X:"］［" 加速度（mg）X"］］の下にドラッグして入れ込んだら、再びこれを右クリックしてメニューを開き「複製する」をクリックしてもうひとつ作ります。これを続けて［文字をつなげる［"X:"］［" 加速度（mg）X"］］の下にドラッグして入れ込んでください。

　これにより、ディスプレイには X 軸方向の加速度が 3 回表示されるようになりますが、どれも同じなので区別がつきません。そこで、2 つめの［文字をつなげる［"X:"］［" 加速度(mg) X"］］の上の欄の X: をクリックし Y: に書き換え、その下の欄の加速度（mg）X の X をクリックして Y に変更してください。これで 2 つめのブロックは［文字をつなげる［"Y:"］［" 加速度（mg）Y"］］となります。同じ方法で、3 つめのブロックにも変更を加えて、［文字をつなげる［"Z:"］［" 加速度（mg）Z"］］となるようにしてください（**図5-18**）。

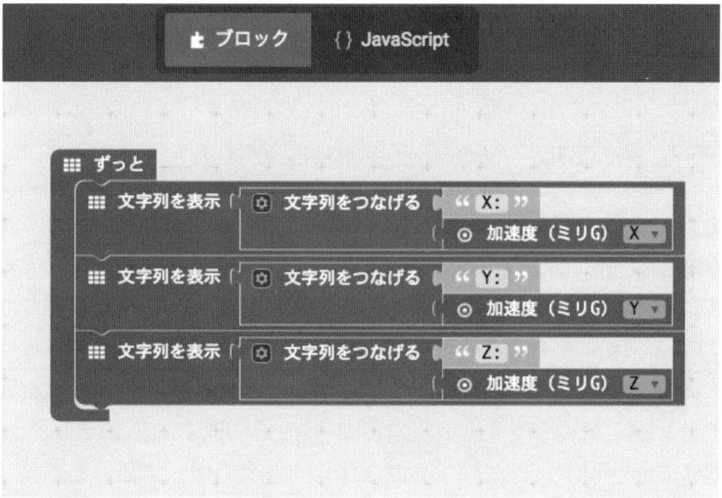

図5-18　完成したプログラム

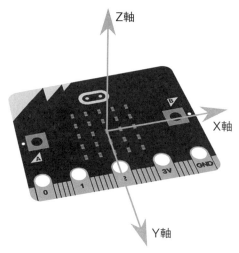

図5-19 加速度センサーの3つの軸方向

　BBCマイクロビットには、3つの軸方向の加速度が数値で示されます（X、Y、Zの順番に繰り返しスクロール表示されます）。シミュレーターを動かすと数値が変わるのがわかります。BBCマイクロビットにプログラムをフラッシングすれば、**マイクロg**を単位とする数値の変化を詳しく観察できます。マイクロビットを目の前に立てて持ち、左に傾けるとXの値が小さくなります。右に傾けるとXは大きくなります。上をこちらに傾けるとYの値が小さくなり、あちらに傾けると大きくなります。さらに、上に持ち上げるとZの値が大きくなり、下に下げると小さくなります（**図5-19**）。

プログラム7：フルーツキャッチャー・ゲーム

　これまで作ってきたプログラムは、BBCマイクロビットの基本的な使い方を学ぶためのもので、ひとつのプログラムが、ひとつだけの仕事をするという単純なものばかりでした。しかし、これから作るプログラムは、少々複雑です。ディスプレイのいちばん下で光るピクセル「プレイヤー」を動かして、上から次々と落ちてくる「フルーツ」（上から次々と落ちてくるもうひとつのピクセル）をキャッチするというゲームです。

　ここでは、ツールボックスの「高度なブロック」の中にある、まだ使ったことがない「ゲーム」カテゴリーのブロックを使用します。この中にあるブロックは、

とくにゲーム用に作られています。得点を数えたり、「GAME OVER」と表示させたり、ピクセルひとつ分の**スプライト**（画面の中を動き回るオブジェクト）を作ったり、スプライト同士、またはスプライトが画面の端にぶつかったことを判定したり、そうした処理を行います。

「フルーツキャッチャー」は単純なゲームですが、プログラムはそれなりに大きなものになります。これまで、休まずにこの章を読んでこられた方は、ここで一休みされるとよいでしょう。ちょっと気分転換をしてから、戻ってきてください。

いつものとおり、「プロジェクト」メニューから「新しいプロジェクト」を開き、「題名未設定」となっているプロジェクト名のところをクリックして「フルーツキャッチャー」と書き換えてください。今回は［最初だけ］ブロックと［ずっと］ブロックの両方を使います。うっかり削除してしまった人は、「元に戻す」ボタンを使って戻すか、ツールボックスの「基本」カテゴリーから追加してください。

> ミニ解説
>
> 　先にプログラムを一気に作ってしまって、あとから各ブロックの説明を読みたい場合は、付録A「JavaScriptブロックのレシピ」に完成したプログラムの写真があるので、それを見て組み立ててください。

最初の設定

ゲームではまず、プレイヤーを表すキャラクターのスプライトを設定して、得点を初期化する必要があります。ツールボックスの「変数」にある［変数［変数］を［0］にする］ブロックをクリックし、［最初だけ］ブロックにドラッグしてください。そして、「変数」と書かれているところをクリックしてメニューを開き、「変数の名前を変更…」クリックして、変数名を付けてください。ここでは、わかりやすいように「player」としておきましょう。

player変数をスプライトにします。ツールボックスの「高度なブロック」をクリックして開き、「ゲーム」カテゴリーの中にある［スプライトを作成 X:［2］Y:［2］］をクリックしてください。このブロックを、［変数［player］を［0］にする］ブロックの0のところにドラッグして入れ込んでください。これで、［player を［スプライトを作成 X:［2］Y:［2］］にする］となったはずです。そして、Y:の数値を4に変更してください。

［スプライトを作成 X:［0］Y:［0］］の中の数値は、スプライトがBBCマイ

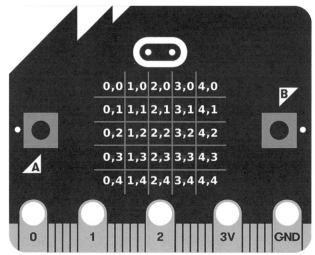

図5-20 BBCマイクロビットのディスプレイの座標位置

クロビットのディスプレイのどの位置に現れるかを示す、とても重要なものです。ディスプレイのピクセルは、すべて、X軸方向（横方向）とY軸方向（縦方向）の数値で位置がわかるようになっています。図5-20は、ディスプレイの25個それぞれのピクセルのXY座標値を示したものです。

　［スプライトを作成 X:2 Y:4］という命令は、プレイヤーのスプライトを、X軸方向の2の位置、Y軸方向の4の位置に作るように指示しています。つまり、いちばん下の列の真ん中です。

　さて次に、ツールボックスの「ゲーム」にある［点数を設定する［0］］ブロックをクリックし、これを［player を［スプライトを作成 X:［2］Y:［4］］にする］の下に入れてください。このブロックは、ゲームを開始するときに得点を0に戻すためのものです。0を10とか100とかに書き換えれば、最初から高得点で始めることができますが、それでは面白くないでしょう？

　最後に、ツールボックスの「変数」にある［変数［変数］を［0］にする］をクリックし、［最初だけ］ブロックの［点数を設定する［0］］の下に入れてください。そして、「変数」のところをクリックして、「delay」という変数名に書き換え、0になっている数値を1000に変更してください（図5-21）。

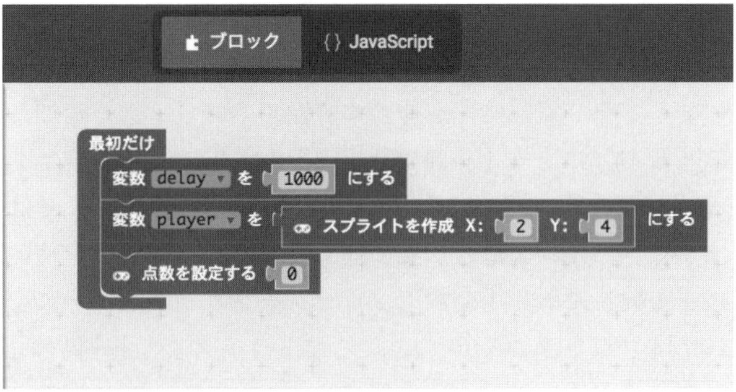

図5-21 ［最初だけ］ブロックが完成したところ

メインのプログラム・ループ

　次はいよいよゲーム本体に取りかかります。ツールボックスの「変数」にある［変数「変数」を［0］にする］をクリックし、これを［ずっと］ブロックにドラッグして入れてください。「変数」のところをクリックして変数名を「fruit」（フルーツ）と書き換えましょう。playerスプライトのときと同じく、ツールボックスの「ゲーム」にある［スプライトを作成 X:［2］Y:［2］］をクリックし、これを［変数［fruit］を［0］にする］ブロックの0のところにドラッグして、［変数［fruit］を［スプライトを作成 X:［2］Y:［2］］にする］となるようにします。

　ゲームを始めたときにフルーツがいつも同じ場所に現れるのでは、面白くありません。もっとゲームらしくしましょう。ツールボックスの「計算」カテゴリーにある［0～［4］の範囲の乱数］ブロックをクリックして、［スプライトを作成 X:［2］Y:［2］］にする］ブロックのXの2のところにドラッグしてください。そして、Yの2を0に変更してください。

　［0～［4］の範囲の乱数］は、0から指定した数値の間のいずれかの数をランダムに作り出すというブロックです。指定した数値は、デフォルトでは4になっています。つまり、デフォルトの［0～［4］の範囲の乱数］は、0から4までの5つの数をランダムに発生するので、BBCマイクロビットのディスプレイのXY座標にそのまま使えます。ゲームが始まると、フルーツはディスプレイのいちばん上の列（Y座標が0の列）、左右は0から4までのどこか（X座標の0から4）にランダムに現れるようになります。

　BBCマイクロビットの処理速度は大変に高速なので、フルーツはプロセッサ

ーが処理できる最大の速度で落ちてきます。それは人間の目には見えない速さです。恐らく、ゲームが始まってから目に見えるのは「GAME OVER」のメッセージだけでしょう。そこで、処理を遅くするためのブロックを追加します。ツールボックスの「基本」にある［一時停止（ミリ秒）［100］］ブロックをクリックして、［ずっと］ブロックのいちばん下に入れてください。ここでは、数値を指定するのではなく、ゲームが進むごとに速くできるように変数を使います。ツールボックスの「変数」にある［変数］ブロックをクリックし、それを［一時停止（ミリ秒）［100］］ブロックの 100 のところにドラッグして［一時停止（ミリ秒）［変数］］となるように入れてください。そして、「変数」のところをクリックしてメニューを開き、［最初だけ］で作った変数 delay を選択してください。

ここまでで、プログラムは図 5-22 のようになっているはずです。

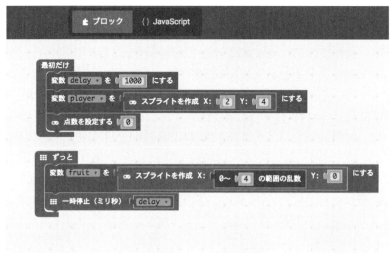

図 5-22 ［ずっと］ブロックのここまでの形

条件ループ

これまで使ってきたループは、「無限ループ」でした。いつまでもプログラムを繰り返すというループです。今回は、もっとパワフルなループを使います。**条件ループ**です。条件ループとは、指定された条件が満たされたかどうかをテストして、それが満たされたとき（「真」であるとき）にだけ実行されるループです。たとえば、ひとつの変数が、もうひとつの変数と同じ値になったとき、といった

具合です。

　ツールボックスの「ループ」カテゴリーにある［もし［真］なら繰り返し］ブロックをクリックしてください。これを［ずっと］ブロックのいちばん下にドラッグして入れてください。今のデフォルトの状態では、真が「真」であるかどうかを確認しているので、かならず条件が満たされています。なので、無限ループと変わりません。

　これを変更するために、ツールボックスの「論理」カテゴリーにある[[0]=[0]]ブロックをクリックして、これを［もし［真］なら繰り返し］の「真」のところにドラッグして入れ込んで、［もし[[0]=[0]]なら繰り返し］としてください。ここでは、落ちてくるフルーツがいちばん下に到達していない間だけループさせるようにします。そこで、ツールボックスの「ゲーム」にある［スプライト［変数］のX］をクリックして、［もし[[0]＝[0]]なら繰り返し］の左側の0のところへドラッグして入れ込んでください。そして、「変数」をクリックしてメニューを開き「fruit」を選択してください。その右側のXはYに変更しましょう。これで、スプライトfruitはY軸上を動く（縦移動する）ようになります。

　フルーツが地面に落ちたかどうかを確認できるように、［もし[[スプライト[fruit]のY]＝[0]]なら繰り返し］ブロックの0のところを4に変更してください。4とは、ディスプレイのY軸の上から5番目（0から始まりますからね）、つまりいちばん下を表します。続けて「=」をクリックしてメニューを開き「<」に変更してください。これで、［もし[[スプライト[fruit]のY]<[4]]なら繰り返し］となります。これは、スプライトfruitのY軸上の位置が4より小さいときは、この中のプログラムを繰り返し実行する、という意味になります。スプライトfruitのYが4より大きくなったとき、つまりディスプレイのいちばん下から消えたとき、このループが終わってメインのループに戻ります。

　しかし、今のままでは条件ループの中に何も入っていません。条件が満たされていても、何も起こらない状態です。そこで、ツールボックスの「ゲーム」にある［スプライト［変数］のXを[1]だけ進める］をクリックし、これを［もし］ブロックの中に入れてください。「変数」をfruitに変更して、XをYに変更しましょう。これで、［スプライト[fruit]のYを[1]だけ進める］となり、［もし］の条件であるfruitのYの値が4以下であるときは、fruitのYの値を1だけ増やす（インクリメントさせる）というブロックができました（**図5-23**）。これにより、フルーツが上から下に落ちるアニメーションが表示されるようになります。

第5章　JavaScriptブロック　　107

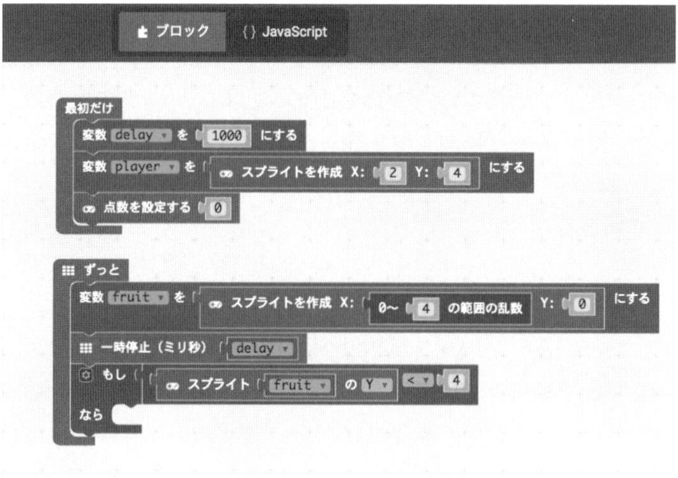

図5-23 条件ループ

　しかし、これでは落ちる様子は速すぎて見えません。ここにも処理を遅らせるブロックを入れる必要があります。[もし]の上にある[一時停止（ミリ秒）[delay]]ブロックを右クリックしてメニューを開き、「複製する」で複製してください。これを、[もし]の中のいちばん下に入れてください。これで、スプライト fruit は、[最初だけ]ブロックで設定した変数 delay の値だけ、次の処理を待つことになります。今は1000ミリ秒となっているので、フルーツは1秒に1ピクセルの速さで落ちてきます。

条件文

　条件を付けて実行できるブロックは、ループだけではありません。「もし〜なら、〜でなければ」という**条件付き制御フロー**という強力な命令があります。これを使うと、条件に一致したとき（真のとき）にあるブロックを実行し、そうでないとき（偽のとき）に別のブロックを実行させるということが可能になります。条件ループと違って、この場合は、ループ・ブロックの中にあるときを除いて、実行されるのは一度だけです。

　ツールボックスの「論理」にある[もし[真]なら でなければ]ブロックをクリックし、これを[ずっと]ブロックのいちばん下に入れてください。このブロックでは、2つのプログラムを実行できます。「なら」の隣には、条件に一致

したときにだけ実行するブロックが入ります。「でなければ」は、そうでないとき（偽のとき）にだけ実行するプログラムが入ります。これには、もうひとつ、[もし [真] なら] という簡単なブロックもあります。このゲームでも後で使いますが、こちらは条件に一致しないときは、次のブロックに飛ぶようになります。

　ツールボックスの「ゲーム」にある [スプライト [変数] が他のスプライト [ ] にさわっている？] ブロックをクリックし、これを [もし] ブロックの「真」のところに入れてください。「変数」のところをクリックしてメニューを開き、「player」を選択してください。ツールボックスの「変数」にある [変数] ブロックをクリックして、これを「他のスプライト [ ] にさわっている？」の [ ] の中に入れ、「変数」に「fruit」を選択してください。これで、[スプライト [player] が他のスプライト [fruit] にさわっている？] となります。

　[スプライト [player] が他のスプライト [fruit] にさわっている？] は条件の判定を行うブロックです。ゲームの最初で作ったスプライト player が、スプライト fruit が画面の下まで落ちてきたときにそれと接触しているかを判定します。player と fruit が重なれば、プレイヤーはフルーツをキャッチしたことになり、重なっていなければ失敗したことになります。

　プレイヤーがフルーツをキャッチしたら、得点を加算しましょう。ツールボックスの「ゲーム」にある [得点を増やす [1]] ブロックをクリックして、[もし [スプライト [player] が他のスプライト [fruit] にさわっている？] なら でなければ] ブロックの「なら」の隣に入れてください。

　プレイヤーがキャッチに失敗したときは、ゲームオーバーとなります。ツールボックスの「ゲーム」にある [ゲームオーバー] ブロックをクリックして、[もし [スプライト [player] が他のスプライト [fruit] にさわっている？] なら〜でなければ] ブロックの「でなければ」の隣に入れてください。これで、[もし [スプライト [player] が他のスプライト [fruit] にさわっている？] なら [得点を増やす [1]] でなければ [ゲームオーバー]] となります。

　ゲームのメイン・ループには、あと2つのブロックを使います。ツールボックスの [ゲーム] にある [スプライト [変数] の [X] に [0] を設定する] をクリックして、[ずっと] ブロックのいちばん下に入れてください。その「変数」を「fruit」に変更して、「X」をクリックしてメニューを開き、「明るさ」を選択してください。これで、プレイヤーがフルーツをキャッチすると、フルーツの明るさが0になってディスプレイから見えなくなります。

　もうひとつは、ツールボックスの「変数」カテゴリーにある [[変数] を 0 に

する］です。これをクリックして、［ずっと］ブロックのいちばん下に入れてください。「変数」は「delay」に変更しましょう。次に「計算」カテゴリーにある［［0］-［0］］ブロックをクリックし、［変数［delay］を［0］にする］の 0 のところに入れ込んでください。さらに、「変数」カテゴリーの［変数］ブロックをクリックし、［［0］-［0］］ブロックの左側の 0 のところに入れ、［［delay］-［0］］となるよう、「変数」を「delay」にしましょう。

［［delay］-［0］］の紫色の部分を右クリックしてメニューを開き、「複製する」をクリックしてこのブロックを複製してください。これを、［ずっと］に入っている［［delay］-［0］］の 0 のところに入れてください。そして、今入れた［［delay］-［0］］の - を ÷ に変更して、0 を 10 にしましょう。

これで［［delay］を［［delay］-［delay ÷ 10］］にする］となります。これは、フルーツのキャッチに成功したとき、フルーツが落ちてくる時間を速くするためのブロックです。変数 delay の値を、次の式の解に変更しなさいという命令になっています。式は、今の delay の値から、今の delay の値を 10 で割った値を引け、というものです。つまり、フルーツをキャッチするごとに、今の delay の値が 10 パーセントずつ小さくなっていくのです。ゲームの速度は 10 パーセントずつ速くなります。

これでメインのループが完成しました（**図 5-24**）。シミュレーターにはゲームが表示されていますが、ひとつ問題が残っています。このままでは、スプライ

図 5-24 完成した［ずっと］ループ

トplayerのコントロールができません。

コントロール・イベント

　フルーツをキャッチするためには、プレイヤーをディスプレイのいちばん下の列で左右に移動させる必要があります。都合のいいことに、BBCマイクロビットには、左にボタンA、右にボタンBがあります。このボタンを使ってスプライトplayerを動かすには、前に作った「ボタン入力」のプログラムが応用できますが、もう少し手を加えなければなりません。

　まず、ツールボックスの「入力」カテゴリーにある［ボタンAが押されたとき］ブロックをクリックしてください。これを、ワークスペースの何もない場所に移動しましょう。次に、「論理」カテゴリーの［もし〜なら］ブロックをクリックし、［ボタンAが押されたとき］の中に入れてください。

　この［もし〜なら］ブロックの条件を決めましょう。ツールボックスの「論理」カテゴリーにある［［0］＜［0］］ブロックをクリックして、「もし」の隣に入れてください。続けて、「ゲーム」カテゴリーの［スプライト［変数］のX］ブロックをクリックし、［［0］＜［0］］ブロックの左側の0のところにドラッグして入れてください。「変数」は「player」に変更しましょう。最後に、＜（小なり）を≧（大なりイコール）に変更してください。

　この［もし［player］のX≧0］という条件は、スプライトplayerがディスプレイの左端を突き抜けて進んでしまわないようにするためのものです。スプライトplayerのX軸上の位置を常に見ていて、Xが0以上のときは、スプライトplayerは左に進むことができます。もし0よりも小さい値になったら、スプライトplayerは左に進めません。

　では、スプライトplayerが実際に動けるようにしましょう。ツールボックスの「ゲーム」カテゴリーにある［スプライト［変数］のXを［1］だけ増やす］ブロックをクリックし、［もし［player］のX≧0］ブロックの「なら」に入れてください。そして、1をクリックして-1に変更してください。これで、［スプライト［player］のXを［-1］だけ増やす］となります。シミュレーターのボタンAをクリックすると、スプライトplayerは画面の真ん中にあるので、Xの値が1だけ減って、左にひとつ移動します（数を減らすことを「ディクリメント」と言います。インクリメントの反対です）。

　ボタンBの処理もほぼ同じなので、［ボタンAが押されたとき］ブロックを右

クリックしてメニューを開き、「複製する」で複製してください。複製したブロックをワークスペースの空いている場所に移動して、次の部分を変更しましょう。［ボタンAが押されたとき］のAをB」に、［もし［player］のX≧0］の≧を＜に、0を4に、そして［スプライト［player］のXを［-1］だけ増やす］の-1を1にしてください。

　これでコントロールが可能になりました。最初のイベント・ブロックは、ボタンAが押されたかどうかをモニターして、もしスプライトplayerの左に空きがあれば、playerを左にひとつ動かします。もうひとつのイベント・ブロックは、ボタンBが押されたかどうかをモニターして、もしスプライトplayerの右に空きがあれば、playerを右にひとつ動かします。完成したプログラムは**図5-25**のようになります。

　ゲームをテストする前に、巻末の付録Aに掲載されているプログラムと見比べて、誤りがあれば修正してください。正しくできていれば、シミュレーターでテストしてみましょう。丸い矢印が2つ追いかけっこをしているようなマークのリセットボタンをクリックすると、ゲームが始まります。ボタンAとボタンBをクリックすると、ディスプレイのいちばん下の真ん中にいるプレイヤーが左右に動きます。上から落ちてくるフルーツを、それで受け止めてください。失敗するとディスプレイが赤く点滅して、「GAME OVER」というメッセージと得点が表示されます。リセットボタンをクリックすれば、また最初から始まります。シ

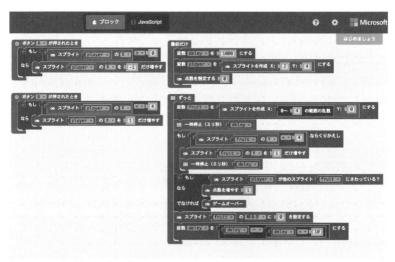

図5-25　完成したプログラム

ミュレーターでも、BBCマイクロビット本体でも遊べます。

　ゲームをより面白くするために、またみなさんのプログラミングの腕を磨くために、改良をしてみましょう。プレイヤーをボタンで動かす代わりに、加速度センサーを使ってみてはどうでしょう。複数のフルーツが同時に落ちてくるようにすれば、ゲームはもっとスリリングになります。

先に進もう

　以上で、JavaScriptブロックのプログラミングの章はおしまいです。この次は、JavaScriptとPythonを使ったプログラミングの章に移ります。ぜひ挑戦してみてください。

　JavaScriptブロックを使い続けたいという方は、「プロジェクト」メニューの「プロジェクト」タブを開いてみてください。ここには、面白いプロジェクトがたくさん用意されています。タッチ入力を利用した「ラブメーター」や、牛乳パックを使ったロボットの製作などもあります。

第 6 章

JavaScript

/こ/の/章/の/内/容

- JavaScript のエディターを使ったプログラミングの方法を解説します。
- 初めての JavaScript のプログラム「Hello World!」を書きます。
- ボタンからの入力、タッチ入力、温度センサー、加速度センサー、コンパスからの信号を読み取るプログラムを書きます。
- 簡単なゲーム「フルーツキャッチャー」を作って遊びます。

　JavaScript は、わかりやすい形式とレイアウトで初心者に人気のプログラミング言語です。しかしこれは、ワールド・ワイド・ウェブ（WWW）を支える、もっともよく使われている言語でもあります。どこかのウェブサイトを開いて、そこにインタラクティブなコンテンツがあったとすれば、それは十中八九、JavaScript で作られたプログラムです。

　第 5 章で JavaScript ブロックのプログラムを作った方なら、このプログラミング言語の仕組みは、なんとなくおわかりでしょう。JavaScript ブロックエディターで作られたプログラムは、その裏側で同時に、JavaScript のコードに変換されています。BBC マイクロビットやシミュレーターで実行されているのは、じつはそちらのコードなのです。

　厳密に言えば、BBC マイクロビットで使用されている言語は、JavaScript を補強するために開発された TypeScript（タイプスクリプト）という言語の 1 バージョンです。しかし、TypeScript と JavaScript の組み合わせたものは、単に JavaScript と呼ばれるのが普通です。

　第 5 章では、マイクロソフトの MakeCode に基づいて作られた JavaScript ブロックエディターの使い方を学び、BBC マイクロビットが備えている数々の機能を利用するプログラムを作ってきました。最後には、落下速度がどんどん速くなるフルーツをキャッチするというアクションゲームまで作りました。第 5 章で作ったものとまったく同じプログラムを、第 6 章では JavaScript で、第 7 章で

はPythonで作ります。そうすることで、この３つの言語の違いを知ることができ、自分にぴったりの言語を選びやすくなるからです。

JavaScriptエディターの紹介

　JavaScriptエディターは、JavaScript言語のために作られた、プログラミングに必要なすべての要素を備えた開発環境です。普通のコンピューターのウェブブラウザーの中で使えるので、コンピューターにソフトウエアをインストールする必要は一切ありません。インターネットに接続されているコンピューターでウェブブラウザーを開き、アドレスバーに makecode.microbit.org とタイプして、エンター（リターン）キーを押してください。そして、エディター画面の中央上にある切り替えボタンで、「JavaScriptブロック」から「JavaScript」にモードを切り替えてください（**図6-1**）。エディターが開けば、後はもう、コンピューターをインターネットから外したとしても、エディターはそのまま使えます。

　JavaScriptエディターの主な機能は次のとおりです。

・プロジェクト・ボタン
　画面の左上にあるフォルダーの形をしたアイコンで示されたボタンをクリックすると「プロジェクト」メニューが開きます。ここから、新しいプロジェクト（プログラム）や、前に作ったプロジェクトを開くことができます。

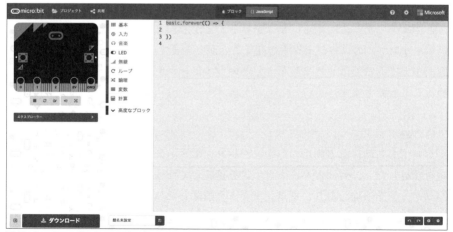

図6-1　JavaScriptエディター

プロジェクトのファイルは、ウェブブラウザーで保存先に指定された場所に保存されます。これは、あなたのコンピューターの中に保存されるため、公開することを選択しない限り、他のコンピューターからは見えません。ただし、ブラウザーに指定した保存先によっては、ブラウザーの履歴の消去を行うと、このプロジェクト・ファイルが消えてしまう恐れがあります。かならず保存ボタンを使って保存しておくようにしましょう。「プロジェクト」タブには、さまざまな楽しいプロジェクトの実例の説明が、「サンプル」タブの中にはサンプルのプログラムが入っています。

・共有ボタン
　「プロジェクト」メニューの右側にある「共有」ボタンです。３つの丸が２本の線でつながったアイコンが添えられています。。これをクリックすると、このエディターで作ったプログラムを他の人たちに公開することができます。

・エディター切り替えボタン
　画面上部の中央に２つ並んでいるボタンです。右側のボタンをクリックすると、この章で使用するJavaScriptでプログラムをするための画面モードに切り替わります。ジグソーパズルのピースのようなマークが付いた左側のボタンをクリックすると、前章で学んだJavaScriptブロックのモードになります。

・ヘルプ・ボタン
　画面右上の、丸の中に？マークが書かれているボタンです。これをクリックすると、エディターに関するヘルプを見ることができます。ここから、チュートリアルやサンプルのプロジェクトを開くことができます。また、チュートリアルは、画面右上にある「はじめましょう」というオレンジ色のボタンをクリックして始めることもできます。

・その他ボタン
　ヘルプの右側にある歯車の形をしたボタンです。ここでは、プロジェクトの設定を変更したり、外部のハードウエアを接続して使うときのライブラリーなどのパッケージを追加したり、プロジェクトを削除したりできます。また、このエディターのプライバシーポリシーや利用規約を読んだり、意見（フィードバック）を送ったりもできます。

・シミュレーター

　画面の左側に表示されます。小さな画面では、画面の左下に現れます。BBCマイクロビットをそのまま絵にしたものですが、プログラムを作ると、マイクロビットで起動したときとまったく同じに動作します。いちいちhexファイルにコンパイルしてマイクロビットにフラッシングしなくても、プログラムを作るそばから試すことができるので便利です。

　ボタンもちゃんと機能します。ボタンAを押したいときは、ボタンAをクリックしてください。プログラムにセンサーを使った場合は、それが試せるように、いろいろなコントローラーが現れます。たとえば、温度センサーを使うようにプログラムを組めば、温度調整用のスライダーが現れます。加速度センサーやコンパスを使うプログラムなら、BBCマイクロビットの角度を変えられるようになります。

・ブロック・ツールボックス

　画面の中央からやや左にある縦に長いボックスです。ここに収められているコードのブロックを使うことで、コードを手打ちする手間を省くことができます。ブロックをクリックすると、それは即座にコードとなってプログラムリスト上に表示されます。ブロックは、次のカテゴリーに分類されています。基本、入力、音楽、LED、無線、ループ、論理、変数、計算、です。その下の「高度なブロック」をクリックすると、さらに多くのカテゴリーが現れます。

・プログラムリスト

　エディター画面の大部分を占めるエリアで、左側に縦に数字が並んでいます。ここで、JavaScriptのプログラムを書いていきます。新しいプロジェクトを開くと、すでに4つの行が示されています。1行目には`basic.forever(()=>{`と書かれています。その下は空白行になっています。

・ダウンロード・ボタン

　プログラムが完成して、BBCマイクロビットでそれを走らせたいときは、画面の下にある「ダウンロード」ボタンをクリックしてください。エディターがプログラムをコンパイルして、hexファイルに変換します。このファイルをMICROBITドライブにドラッグしてください（詳しくは第3章を読んでください）。

・プロジェクト名

　新しいプロジェクトを開始するときに、最初に行う作業がプロジェクトに名前を付けることです。最初は「題名未設定」となっているので、ここを書き換えてください。将来、プロジェクトがたくさん溜まったとき、すぐに見分けが付くように、プロジェクトに名前を付ける習慣を身につけましょう。

・保存ボタン

　プロジェクト名のすぐ隣にあるのが保存ボタンです。これをクリックすると、プロジェクトのコピーをコンピューターに保存できます。たとえば、学校で作ったプロジェクトの続きを家でやりたいとき、あるいはその反対に家で作ったプロジェクトの続きを学校でやりたいときなど、保存ボタンが役に立ちます。保存したファイルをエディターで開くには、「プロジェクト」メニューを開いて、「ファイルを読み込む」ボタンをクリックしてください。

・元に戻すとやり直しボタン

　丸くなった矢印のマークが描かれたボタンです。左側が「元に戻す」ボタンです。間違えてしまったときにこれをクリックすると、元に戻ります。右側は「元に戻すのやり直し」ボタンです。元に戻してしまった操作が間違いだったときに、それを取り消すことができます。

・拡大縮小ボタン

　プログラムリストのブロックの表示サイズを変更できます。大きくて複雑なプログラムの全体像を見たいときは「縮小表示」ボタンをクリックすると便利です。また、ブロックに書かれている文字が小さくて読みづらいときは「拡大表示」ボタンを使ってください。

プログラム1：「Hello, World!」

　「Hello World!」は、新しいプログラミング言語を試すときに最初に作るプログラムとして、昔から親しまれてきました。ごく簡単なプログラムですが、その言語の使い勝手がどんな感じかを知るのにちょうどよいのです。メッセージを表示するので、そのプログラムがきちんと機能しているかどうかもわかります。

　まずは、ウェブブラウザーを開き、makecode.microbit.orgにアクセスして、

JavaScriptブロックエディターを開いてください。そして、エディター切り替えボタンで「JavaScript」にモードを切り替えてください。JavaScriptブロックなどの別のプロジェクトが開かれているときは、「プロジェクト」メニューの「新しいプロジェクト」を選択してください。新しいプロジェクトが開いたら、画面下に表示されているプロジェクト名を「Hello World」と書き換えてください。

「Hello World」は、すでにプログラムリストに書かれている2行のコードに、あと1行加えるだけで完成する簡単なプログラムです。プログラムリストの4行目をクリックしてハイライトさせるか、キーボードの矢印キーを使ってカーソルを4行目に移動して、次のように書き込んでください。

```
basic.
```

最後のピリオドを書くとすぐに、その下に「基本」(basic) カテゴリーの**関数**のメニューが開きます。ここから関数を選択すれば、いちいち手でタイプする手間が省けます。しかし、ここはあえて手作業でいきましょう。4行目が次のとおりになるようにタイプしてください。

```
basic.showString("Hello,World!")
```

もっと簡単にやる方法があります。ブロック・ツールボックスの「基本」カテゴリーを開いて、[showString("Hello!")]ブロックをクリックし、プログラムリストでHello!をHello, World!に書き換えるのです(**図6-2**)。

ミニ解説

書き間違えてしまったり、違うブロックをクリックしてしまったときは、画面右下にある「元に戻す」ボタンをクリックすれば元に戻ります。または、デリートキーやバックスペースキーを使って削除できます。

```
          ▲ ブロック    { } JavaScript
1  basic.forever(() => {
2
3  })
4  basic.showString("Hello, World!")
```

図6-2 プログラムリストに `basic.showString` 命令を書いたところ

> **ミニ解説**
>
> JavaScript はケース・センシティブ（Case sensitive）な言語です。つまり、大文字か小文字かで意味が違ってきます。たとえば、`basic.showString` は問題ありませんが、`Basic.showString` や `BASIC.SHOWSTRING` と書いてしまうと、プログラムはこの命令を認識できなくなります。

　もうお気づきだと思いますが、今書き込んだコードは、すぐに色が変わります。これは、プログラムの間違いを目で確認しやすいようにする**シンタックス・ハイライティング**（Syntax highlighting）という機能によるものです。`basic.showString` という命令部分は青で、Hello, World! という文字列部分は赤で、括弧は黒で示されています。

　試しに、4行目のコードの最後の " を削除して、下のようにしてみてください。

```
basic.showString("Hello, World!)
```

　さっきまで黒かった最後の括弧が赤に変わります。これは、JavaScript が、この括弧を文字列だと認識しているためです。文字列の最後は「"」で終わらせないと、プログラムはうまく動きません。これは、いわゆる**バグ**（bug）というやつです。

　ありがたいことに、JavaScript エディターには、もうひとつ、バグを発見するための便利な機能があります。意味のわからない部分の下には、赤い波線が入ってそれを知らせます。4行目の最後の括弧の下を見てください。この赤い波線が

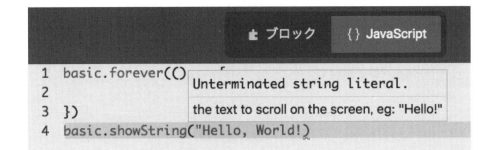

図6-3 ハイライトされたバグを含むコード

ある部分、またはそのすぐ上の行に、何か問題があることを意味しています。そこへ、クリックをしないでマウスポインターを合わせてみてください。JavaScript エディターが、問題解決のヒントとなるエラー・メッセージを出してくれます（**図6-3**）。

> **ミニ解説**
>
> JavaScript エディターは、バグのエラー・メッセージだけでなく、命令についても、その役割や使い方を解説する短いヒントを示すようになっています。マウスポインターを1行目の `forever` に合わせてみてください。

4行目の文字列の最後に " を戻しましょう。

```
basic.showString("Hello, World!")
```

赤い波線が消えたはずです。そして、シミュレーターではすぐに Hello, World! のスクロールが再開されます。1行タイプして、バグを修正して、これで最初のプログラムが完成しました。BBC マイクロビットにフラッシングすれば、まったく同じようにディスプレイに文字列がスクロールされます（**図6-4**）。4行目の文字列の部分をみなさんの名前とか、好きな色とか、自由に書き換えてみてください（訳注：ただし、使えるのは半角英数字のみです）。

シミュレーターは常に作動しているため、プログラムを書き換えると、それに合わせてシミュレーターの表示も即座に変わります。それで、プログラムを変更

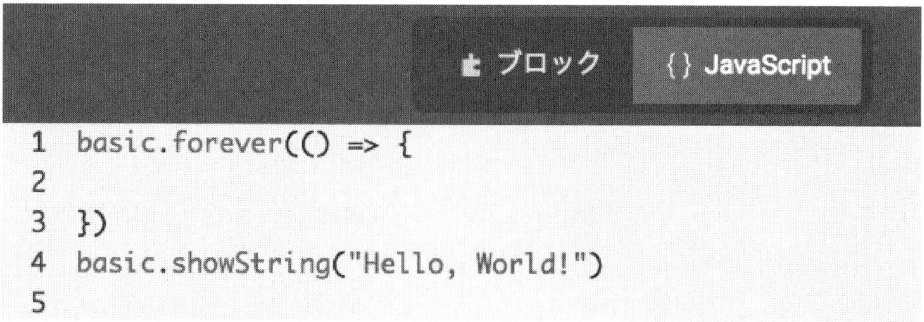

```
1  basic.forever(() => {
2  
3  })
4  basic.showString("Hello, World!")
5  
```

図6-4　文字列の一部を表示するシミュレーター

> **ミニ解説**
>
> 　プログラミングでは、Hello, World! のような文章を**文字列**（string）と呼びます。文字列は、文字、数字、記号を使った表示用の文字のことを言います。文字列はメッセージを表示するにはとても便利ですが、使い方に制限があります。たとえば、文字列で「1」と書いても、これを計算式に使うことはできません。私たちには数字に見えても、プログラミング言語からすればただの文字だからです。計算には、通常の数を示す**整数**（integer）や、真か偽か（1か0か）を示す**ブーリアン**（boolean）という形式の文字が使われます。

した結果が確認できるのですが、長いプログラムを書いているときなど、これが目障りに感じられる場合もあります。そんなときは、シミュレーターの下にある四角いマークの停止ボタンをクリックして、シミュレーターを停止してください。停止ボタンをクリックすると、そのボタンは三角マークの再生ボタンに切り替わります。これをクリックすれば、またシミュレーターが動き出します。

　どんなメッセージを書いても、ディスプレイにはそれが1回だけスクロール表示されて、それきり出てこなくなります。これは、文字列を表示させる命令を、1行目と3行目の括弧の中にではなく、その外の4行目に書いたからです。この括弧の外に書かれた命令は、プログラムをスタートさせたとき、最初に1回だけしか実行されません。もう一度表示させたいときは、シミュレーターの下にある2つの矢印が丸くなったアイコンの「シミュレーターを再起動する」ボタンをクリックしてください。しかし、いちいちプログラムを再起動するのが面倒な場合は、プログラムに何回も続けて表示するように命令する必要があります。

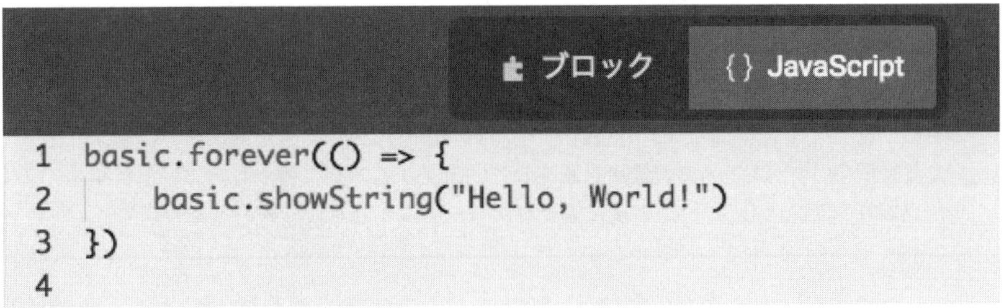

```
1  basic.forever(() => {
2      basic.showString("Hello, World!")
3  })
4
```

図6-5 `basic.showString("Hello, World!")`をループさせる

ループ

　4行目の先頭部分をクリックして行をハイライトさせたら、Ctrl + X（macOSならCmd + X）キーを押してこの行をカットし、すぐに2行目をクリックしてCtrl + V（macOSならCmd + V）キーを押して貼り付けてください。これで、4行目のコードは2行目に移動しました（**図6-5**）。移動したコードは、2行目の頭から4つスペースを空けて右に寄ります。こうして行の頭を下げることを**インデント**（Indentation）と呼びます。これは、プログラムがどのような**入れ子構造**になっているか、目で見てわかりやすくするための配慮です。

　JavaScriptエディターでは、インデントが自動的に行われますが、プログラムにとって、行頭を下げることには何の意味もありません。全部左に頭を揃えても、プログラムは正常に動きます。単に、人が読みやすいように、バグが見つけられやすいようにするための工夫に過ぎません。

　行を移動したらシミュレーターを見てみましょう。前と同じように、文字列を書き換えると、すぐにそれが表示に反映されますが、今度は1回だけのスクロールではなく、何度も繰り返しスクロールします。

　プログラムの世界では、これを「輪」という意味の**ループ**（loop）と呼びます。プログラムが終わりまでいくと（この場合は、`basic.showString("Hello, World!")` 行のHello, World!のスクロール表示が終わったとき）、プログラムは先頭に戻ってまた実行されます。ループという名前が示すとおり、この命令はずっとループされます。プログラミング用語では、これを**無限ループ**と呼びます。

　プログラムを止めたいときは、1行目と3行目のループの中に記述した`basic.showString("Hello, World!")`を削除するか、シミュレーターの停止ボタンをクリックしてください。

> **ミニ解説**
>
> 　文字列が「" "」で囲まれていないといけないのと同じく、ループにも始まりと終わりの目印が必要です。図6-5の1行目の「{」は、ループの始まりを意味しています。そして3行目の「}」はループの最後を意味しています。この間に書かれたコードはすべてループされます。そして「}」の後に書かれたコードは1回だけの実行となります。

　実際のBBCマイクロビットで、このプログラムがどのように実行されるかを見たいときは、「ダウンロード」ボタンをクリックしてhexファイルを作り、MICROBITドライブにドラッグしてください。詳しい方法は第3章で解説しています。

プログラム2：ボタン入力

　「Hello, World!」では、BBCマイクロビットのディスプレイを使って出力を行う実験をしました。しかし、プログラムにはもうひとつ重要な役割があります。それは「入力」です。

　マイクロビットには、ディスプレイの両脇にボタンAとボタンBという入力装置があります。これから、これら2つのボタンを使うプログラムを作ってみましょう。

　まずは、前に作った「Hello, World!」プロジェクトが失われないように、「プロジェクト」メニューから「新しいプロジェクト」を開いてください。図6-1のように、最初に2行のコードと、空白の2行が現れます。これは新しいプロジェクトなので、ここで何を作っても、前のプロジェクトには影響しません。2つのプロジェクトを区別できるように、この新しいプロジェクトに名前を付けておきましょう。画面下の「題名未設定」と書かれているところをクリックして「ボタン入力」と書き換えてください。

　プログラムリストの4行目をクリックするか、カーソルを4行目に移動して、次のようにタイプしてください。

```
input.
```

すると、今回も最後のピリオドの下に、この後に続けて使用できる「入力」カテゴリーの関数のメニューが開きます。しかし、今回もこのまま手で打ち込んでいきましょう。

```
input.onButtonPressed(Button.A, (
```

　ここまで打ち込むと、エディターは自動的に最後の「)」を追加します。これも、JavaScriptエディターの時間節約とバグ対策のための機能です。「Hello, World!」プログラムのループが括弧で閉じられていなければならないように、このボタンの関数の中身も「()」で囲む必要があります。しかし、左の括弧と右の括弧の形が違っていると、バグになってしまいます。JavaScriptエディターは、そこを間違えないように、自動的に左側の括弧と同じ種類の括弧を右側に追加してくれるのです。この機能を**自動補完**と呼びます。
　右側の括弧は自動的に閉じられますが、括弧を書けないわけではありません。しかし、このエディターには、余計に括弧を多く書いてしまったとき、自動的に括弧の数を調整する機能があります。左右の括弧の数が違ってしまうと、バグとなってプログラムは動かなくなります。
　では、エディターの自動補完のことは気にせず記述を続けましょう。下のように書いてください。

```
input.onButtonPressed(Button.A, ()=>{})
```

　この行は完全で、まったく問題はありません。しかし、これから行が増えていくことを考えると、あまり見やすい形式とは言えません。「{}」の間をクリックするか、矢印キーでこの間にカーソルを移動し、エンターキーを押してください。いちばん後ろの「}）」が自動的に6行目に移動し、カーソルは5行目のスペースを4つ空けたところに移動します。これで、次の行を書く準備ができました。
　ここでひとつ注意しておいてください。プログラムの行の形状を自分で整えた場合、一度JavaScriptブロックのモードに切り替えて、またJavaScriptのモードに戻すと、形状は最初の状態に戻ってしまいます。
　もちろん、命令や関数を手でタイプする代わりに、ブロック・ツールボックスの「入力」カテゴリーで input.onButtonPressed(Button.A, ()=>{}) をクリックするか、途中までタイプしてメニューから続きを選択することもできま

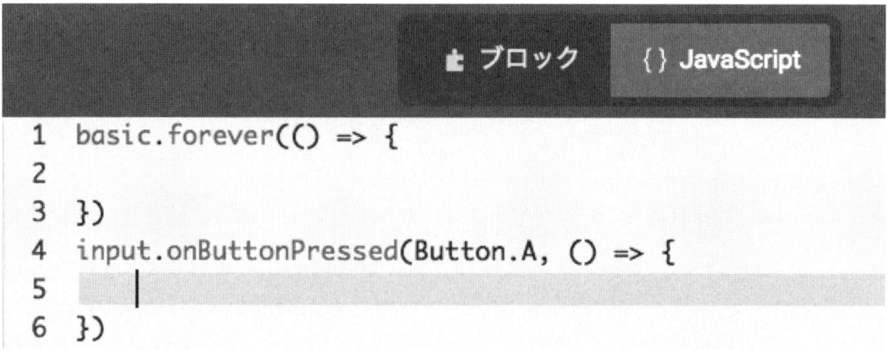

```
                                              ブロック    {} JavaScript
1  basic.forever(() => {
2
3  })
4  input.onButtonPressed(Button.A, () => {
5      |
6  })
```
図6-6　`input.onButtonPressed(Button.A, ()=>{})`コードのブロック

す。どちらの場合も、4行目のメインの部分と、スペース4つ分インデントされた5行目と、6行目の閉じ括弧の形式は自動的に整えられます（**図6-6**）。

　今書いたコードは、プログラミングの世界では**イベント**と呼ばれるものです。これまで扱ってきた1行の命令とは、ちょっと性格が違います。イベントは、メインのプログラムの外に存在し、普段は何もしません。しかし、**トリガー**が発生したとき、その中のプログラムが実行されます。トリガーとは、`input.onButtonPressed(Button.A, ()=>{})`の場合は、ボタンAが押されることです。このようにイベントのプログラムを実行させる「きっかけ」のことを言います。トリガーが発生すると、他でどのような処理をしていようとも、プログラムは直ちにこのイベントの `{}` の間に飛んで、その中のコードを実行します。

　今はまだ、`{}` の中に何も書かれていないので、5行目のスペース4つ分インデントされた位置にカーソルを移動し、次のように書いてください。

`basic.showIcon(IconNames.Happy)`

　もう、自動補完メニューを自由に使って構いません。表示する画像を選ぶときなどは、これを使った方が便利です。`IconNames.`とタイプすると、ここで使用できるアイコンのメニューが開きます。あらかじめ用意された画像の名前をすべて頭で憶えておくなんて、できませんからね。

　「Hello, World!」ではメッセージがスクロール表示されましたが、この関数はその名前が示すとおり、**アイコン**（icon）と呼ばれる画像をBBCマイクロビットに読み込ませて、ディスプレイに表示させるよう命令するものです。この場合

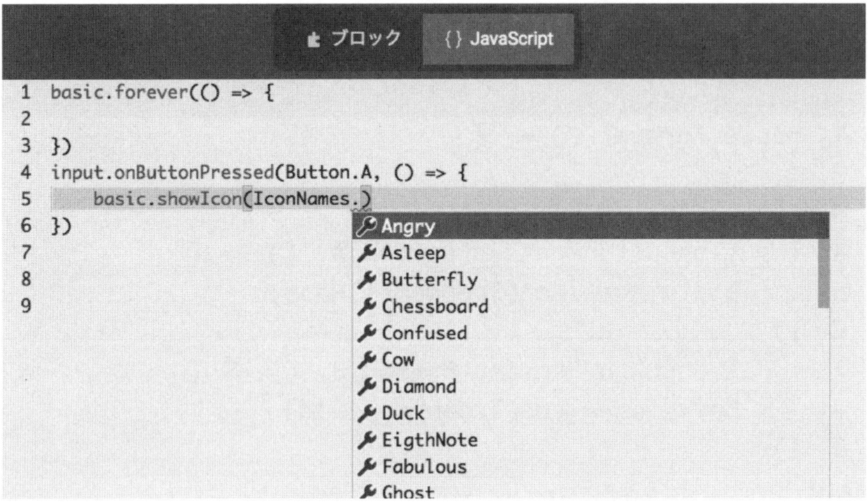
ブロック
{ } JavaScript
1 basic.forever(() => {
2
3 })
4 input.onButtonPressed(Button.A, () => {
5 basic.showIcon(IconNames.)
6 })
7
8
9
Angry
Asleep
Butterfly
Chessboard
Confused
Cow
Diamond
Duck
EigthNote
Fabulous
Ghost
図6-7　IconNames（アイコン名）のリストからアイコンを選ぶ

は「Happy」（うれしい顔）を表示させるように指示しましたが、この他に、ハート、かなしい顔、蝶々、ドクロなどがあります（**図6-7**）。

シミュレーターのボタンAをクリックすると、プログラムの結果がすぐに見られます。うれしい顔のアイコンがディスプレイに表示されます。このアイコンは、ボタンAを離しても消えません。なぜなら、表示するようにしか命令していないからです。他のアイコンを表示するとか、アイコンを消すとか、そういう命令はひとつも加えられていません。なので、シミュレーターをリセットするまで、ずっとうれしい顔が表示されたままになります。

イベント・ブロックは、トリガーが発生したときにだけ実行されますが、トリガーが発生すれば、その度ごとに実行されます。ボタンAを1回押すと、イベント・ブロックは1回実行されます。ボタンAを2回押すと、2回実行されます。3回押すと、3回実行され……といった具合です。

2つのボタン

ボタンが使えるというのはとても便利なことですが、BBCマイクロビットには、ボタンがもうひとつあります。ありがたいことに、もうひとつのボタンも、ボタンAのときとまったく同じ手順でプログラムできます。マウスまたは矢印キーでカーソルを6行目に合わせてエンターキーを押し、空白の7行目を作ってくだ

```
1  basic.forever(() => {
2
3  })
4  input.onButtonPressed(Button.A, () => {
5      basic.showIcon(IconNames.Happy)
6  })
7  input.onButtonPressed(Button.B, () => {
8      basic.showIcon(IconNames.Sad)
9  })
```

図6-8 2つのボタンを使うプログラムの完成

さい。そして、次のように書き込んでください。

```
input.onButtonPressed(Button.B, ()=>{
    basic.showIcon(IconNames.Sad)
})
```

　ここでもJavaScriptエディターの自動補完機能を使っても構いません。もうひとつ簡単にやる方法があります。4行目にカーソルを合わせ、Shiftキーを押しながら6行目までカーソルを動かして4行目から6行目までをハイライトさせ、Ctrl + C（macOSならCmd + C）キーを押してこの3行をコピーしてください。次に、カーソルを6行目に移動してエンターキーを押して7行目を作り、Ctrl + V（macOSならCmd + V）キーを押して貼り付けます。貼り付けた部分のButton.AをButton.Bに、IconNamesの「Happy」を「Sad」（かなしい顔）に書き換えてください（**図6-8**）。

　シミュレーターのボタンAをクリックすると（またはBBCマイクロビットにプログラムをフラッシングした場合はマイクロビットのボタンAを押すと）、これまでのとおり、「うれしい顔」がディスプレイに現れます。Bボタンを押すと、表示は「かなしい顔」に切り替わります。このプログラムでは、AとBのボタンの入力を感知して、それぞれのブロックを実行するようになりました。

この2つのボタンには、第三の使い方があります。両方同時押しです。「Button.AB」トリガーを使うと、ボタンAとボタンBが同時に押されたときにだけ実行されるプログラムを作ることができます。つまり、2つのボタンで3とおりの使い方ができるのです。

　試しにもうひとつ input.onButtonPressed イベントを追加して、ボタンの指定を「AB」に変更し、別のアイコンを選択してください。このプログラムをBBCマイクロビットにフラッシングして、AとBのボタンを同時に押すと、そのアイコンが表示されるようになります。シミュレーターでは、マウスで2つのボタンを同時に押すことができないので、Button.ABを指定したときは、ボタンBの下に「A+B」というボタンが現れます。これをクリックしてください。

プログラム3：タッチ入力

　BBCマイクロビットでは2つのボタンを使って3とおりの入力方法が可能ですが、それだけでは物足りないと感じられるかもしれません。そこで、入出力ピンにご登場願いましょう。マイクロビットの下に並んでいる銅色の部分は、外部の機器をつなぐためのピン（端子）ですが、マイクロビットは、そこを指で触っても入力として感じることができます。これはとても楽しい入力方法になります。わざわざ新しいボタンを買ってきて追加する必要もありません。

　では、さっきのボタンのプロジェクトを取っておけるように、また新しいプロジェクトから始めましょう。「プロジェクト」メニューの「新しいプロジェクト」をクリックしてください。「題名未設定」のところをクリックして、プロジェクト名を「タッチ入力」と書き換えてください。

ミニ解説

　これまでに作ったプロジェクトは、「プロジェクト」メニューの「自分のプロジェクト」に保管されています。いちばん最近、手を加えたプロジェクトが、いちばん上にあります。そして新しい順に、下に並んでいます。

　端子の感知も、ボタンを使うときとほぼ同じです。プログラムリストの4行目をクリックするか、カーソルを4行目に移動して、次のようにタイプしてください。

```
input.onPinPressed(TouchPin.P0, ()=>{

})
```

　ここでも、途中まで書いたら後は自動補完機能で完成させても結構です。もちろん、3行を手で打ち込んでも構いません。2つ目の行は空白になります。または、ブロック・ツールボックスの「入力」カテゴリーで `input.onPinPressed(TouchPin.P0,()=>{})` をクリックして追加する方法もあります。

　`input. onButtonPressed(Button.A,()=>{})` と同様、`input.onPinPressed(TouchPin.P0,()=>{})` もイベントです。`basic.forever(()=>{})` ループに入れる必要はありません。このイベントの中に記述されたコードは、イベントがトリガーされたときにだけ実行されます。この場合、トリガーはボタンではなく、0番端子（P0）に触ったときに発生します。

変数

　では、このイベントに仕事を与えましょう。カーソルを1行目に合わせてエンターキーを押して、全てのコードを1行下げてください。そして、空白になった1行目に次のコードを書き込んでください。これは、新しい**変数**を作るためのものです（**図6-9**）。

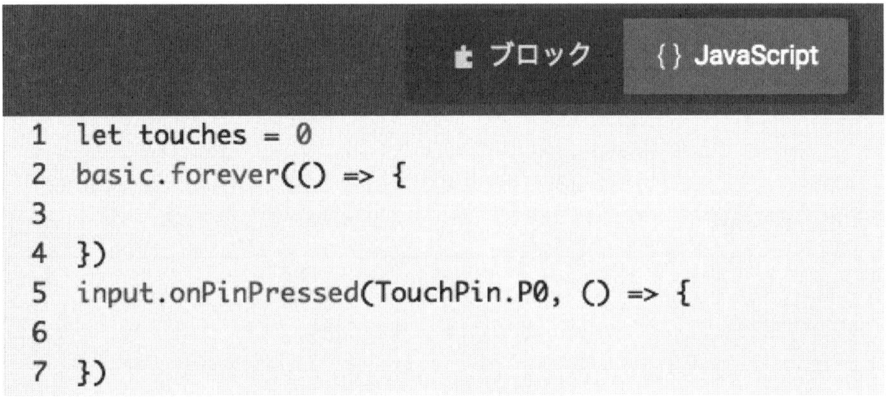

```
1  let touches = 0
2  basic.forever(() => {
3
4  })
5  input.onPinPressed(TouchPin.P0, () => {
6
7  })
```

図6-9 変数の初期化

```
let touches = 0
```

　ここで「変数」という新しい要素が出てきました。変数ブロックは、その名前が示すとおり、**変数**を操るためのブロックです。変数とは、プログラム実行中に内容が変化するものを意味します。数字でも、文字列でも、絵を描くためのデータでも、なんでも変数にすることができます。

　変数は、**名称**と**データ**を持っています。ここでは、「touches」（タッチズ）という名称の変数を作り、そこに格納される値を「0」に設定しました。「let」という命令は、変数を作って初期化せよという意味です。変数は、使用する前に初期化する必要があります。だから、`let touches = 0`がプログラムのいちばん先頭に記述されるのです。ここで作られた変数は**グローバル変数**と呼ばれ、プログラム内のあらゆる場所で使うことができます。これに対して、たとえば`basic.forever(()=>{})`ループの中で作られた変数は**ローカル変数**と呼ばれ、そのループの中だけでしか通用しません。

ミニ解説

　変数の名称は、プログラムの中でも役割がわかるよう、できるだけわかりやすい言葉にするのが基本です。しかし、命名の方法にはいくつかの制約があります。まず、プログラミング言語の中で命令として登録されている言葉は使えません。また、数字で始まる言葉も使えません。スペースや記号を含めることもできません。いくつかの言葉を組み合わせたいとき、スペースを使わずに書くためによく使われるのが「キャメルケース」という記述方法です。たとえば「Number of Fish」（魚の数）という意味の変数名にしたいときは、キャメルケース方式で「numberOfFish」と書きます。「Age of User」（ユーザーの年齢）なら「ageOfUser」となります。キャメルケース自体、わかりやすいように、英語で「camelCase」と書かれることもあります。

　これで変数ができました。もう一手間かけましょう。カーソルを何も書かれていない6行目に合わせて、スペース4つ分インデントして（すでにされていれば必要ありません）、次のように書いてください。

```
touches += 1
```
（訳注：+=は演算子で、`touches = touches + 1`と同じです）

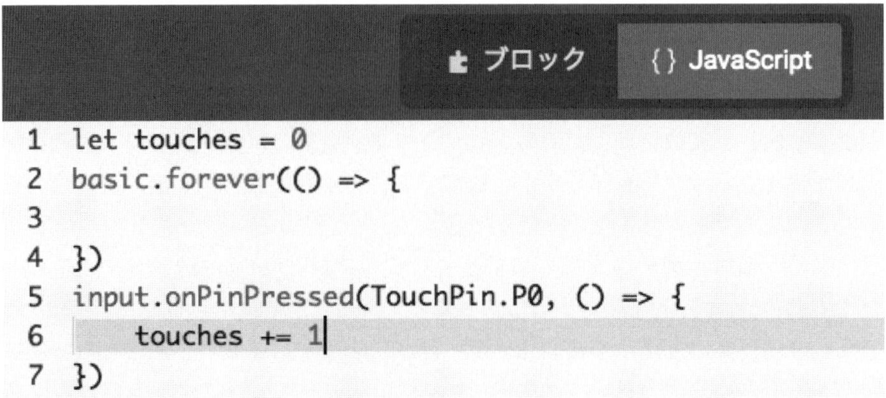

```
               ブロック    { } JavaScript
1  let touches = 0
2  basic.forever(() => {
3  
4  })
5  input.onPinPressed(TouchPin.P0, () => {
6      touches += 1
7  })
```

図6-10　変数の変更

> **ミニ解説**
>
> 　命令と同じく、変数もケース・センシティブです。たとえば、初期化した際に名称を「touches」と決めた変数があり、その値を変更しようとして「Touches」と書いてしまうと、そこでエラーとなります。大文字と小文字の間違いによるバグは、JavaScriptではよくある話です。

　これでプログラムは基本的に完結しました（図6-10）。しかし、これでは何も面白くありません。0番端子に触れるごとに、変数touchesの値が1ずつ増えるように設定されていますが、増えたかどうかを確かめる方法がありません。このプログラムには出力が必要です。そこで、7行目に新しい行を追加して、次のように書いてください（図6-11）。

```
basic.showNumber (touches)
```

　さて、これがみなさんにとって初めての、イベントが2つ重なったプログラムとなりました。イベントがトリガーされるごとに、この中のプログラムが上から順番に実行されていき、8行目の「}」で止まります。このようにして行を増やすことで、どんどん長くて複雑なプログラムが組めるようになっています。
　basic showNumber touches（訳注：基本数を示せtouchesという意味です）とは変な文章ですが、7行目をよく見ると、コンピューターにとっては意味のあ

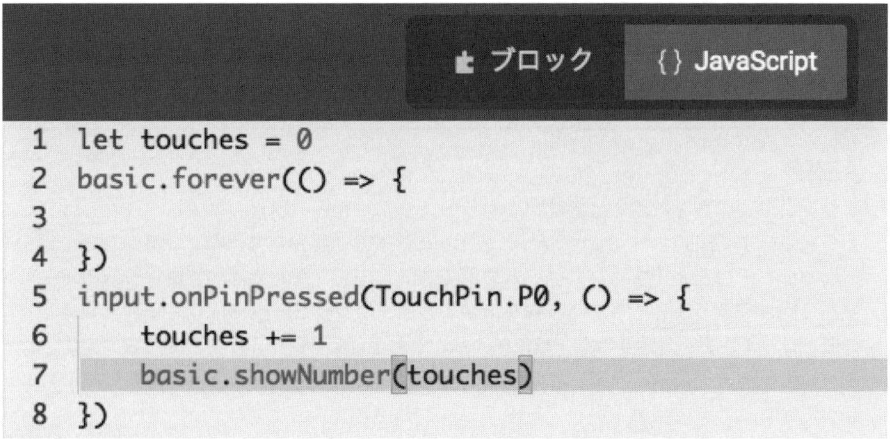

```
1  let touches = 0
2  basic.forever(() => {
3  
4  })
5  input.onPinPressed(TouchPin.P0, () => {
6      touches += 1
7      basic.showNumber(touches)
8  })
```

図6-11 完成したプログラム

る文章であることがわかります。まず、basicは、これが「基本」カテゴリーの命令であることを示しています。showNumberはBBCマイクロビットに、string（文字列）ではなくnumber（数値）をディスプレイに表示しなさいと命令しています。そして、その数値は変数touchesに**格納**されていると教えています。なので、basic.showNumber (touches) は、変数touchesにどのような数値が格納されていても、それをディスプレイに表示してくれます。

　このプログラムをシミュレーターで実行するときは、0番端子をクリックしてください。するとディスプレイの数字が1に変わります。もう一度クリックすると2になります。さらにクリックすると3になります。0番ピンをクリックするごとに数がひとつずつ増えていきます。0に戻したいときはリセット（シミュレーターを再起動する）ボタンをクリックしてください。

　BBCマイクロビットにこのプログラムをフラッシングして試すときは、0番端子に触るだけでは動作しません。マイクロビットは、タッチしたかどうかを**抵抗**という電気の特性を利用して感知します。そのためには、回路（この場合はみなさんの体）が**接地**している必要があります。右手の人差し指でマイクロビットのいちばん右側にある「GND」（グラウンド）ピンに触りながら、左手の人差し指で0番端子に触ってください。1回触るとディスプレイに「1」と表示されます。触るごとに数が増えていきます。

　これは**抵抗膜タッチ・センシング**という構造によるもので、BBCマイクロビットでは、0番、1番、2番端子にその機能があります。つまりマイクロビット

では、ボタンAとボタンBとボタンA+Bに加えて、この3つのタッチ・センサー・ピンの合計6つの入力が使えるということです。

ミニ解説

　リンゴや梨の数を数えるときは、1から数えますよね。しかし、コンピューターは0から数えます。BBCマイクロビットのメインの端子が1番からではなく0番から始まっているのもそのためです。プログラムの中でも同じです。たとえば、プログラムのループを9回させようとして9という数を指定すると、コンピューターは0から数え始めるので、0、1、2、3、4、5、6、7、8、9と全部で10回ループしてしまいます。これに慣れるまでには、ちょっと時間がかかると思います。だから、今はあまり気にしなくて大丈夫です。

　BBCマイクロビットのピンのもっといろいろな使い方は、第10章「電子回路を組もう」、第11章「BBCマイクロビットを拡張しよう」、第12章「BBCマイクロビットをウェアラブルにしよう」で紹介します。

プログラム4：温度センサー

　BBCマイクロビットには、ボタンとタッチ・センサー・ピンの他にも入力用の装置があります。なかでも、いちばんシンプルなのが温度センサーです。つまり、今の気温が「Celsius」（摂氏）何度かを教えてくれる温度計です。

　とは言え、周囲がどれくらい温かいのか寒いのか、だいたいの温度はわかるものの、それほど正確なものではありません。この温度センサーは、もともとBBCマイクロビットのプロセッサーの温度を測るためにプロセッサーに内蔵されたもので、気温を測るためのものではないからです。これがもしデスクトップ・コンピューターだったら大変です。デスクトップ・コンピューターのプロセッサーは、とくに頑張って働いていないときでも温度が周囲の気温よりもずっと高いため、大きな金属製の放熱板やファンを必要とします。マイクロビットの場合は、周りの気温 ― **周囲温度** ― に近い温度で作動するため、気温との差は1度か2度程度しかありません。

> **ミニ解説**
>
> なるべく正確な気温が知りたいときは、プログラムをできるだけシンプルなものにしてください。複雑なプログラムでプロセッサーにたくさんの計算をさせてしまうと、プロセッサーの温度が上がり、センサーが示す温度も周囲の気温よりも高くなってしまいます。

　まずは、いつもの手順で準備しましょう。前のタッチ入力のプロジェクトを壊してしまわないように、「プロジェクト」メニューから「新しいプロジェクト」を開き、プロジェクト名を「温度センサー」と書き換えましょう。

　空欄になってる2行目にカーソルを合わせて、次のように書いてください。

```
basic.showNumber(input.temperature(()
```

　途中まで書いたら、エディターの自動補完機能を使って構いません。この行には、2つの命令が組み合わされています（**図6-12**）。`basic.showNumber`は、「Hello World」プログラムで使用した`basic.showString`と似ています。`showString`は「Hello, World!」という文字列をディスプレイに表示させる命令でしたが、こちらは数値を表示させる命令です。しかし、単に0などの数値や、前のプログラムで使った`touches`のような変数を指定する代わりに、ここでは`input.temperature`という命令が指定されています。これがJavaScriptの優れた点です。`showNumber`の括弧に命令を書き入れることで、その命令の結果を読み込んで表示させることができるのです。このプログラムの場合は、BBCマイクロビットの温度センサーの数値を表示します。

　これでシミュレーターが動き始め、ディスプレイに温度が表示されるようにな

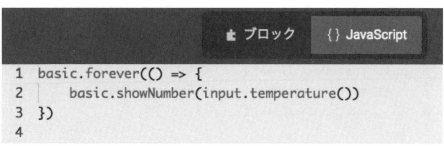

図6-12　温度センサーから信号を読み込むプログラム

ります。同時に、シミュレーターの上には、21度に設定された温度のスライダーが現れます。シミュレーターには本物の温度センサーが付いていないので、このスライダーで温度を変化させて表示を確かめる仕組みになっています。スライダーを上にドラッグすると架空の気温が上がり、下にドラッグすると気温が下がります。それにつれて、表示される数値も変わります。

出力の形を整える

これでプログラムとしては完結していますが、今のままでは温度を読み取るのが困難です。数字がつながったままスクロールするので、21度なのか12度なのか22度なのか、あるいは212121度なのかわかりません。そこで、3行目の先頭にカーソルを合わせてエンターキーを押し、3行目に空の行を作って、次のように書き込んでください（図6-13）。

```
basic.showString(" Celsius")
```

すると表示が途端に変わり、これまで数字がくっついてスクロールしていたのが、数字、スペース、Celsius、スペース、数字という順番で表示されるようになります。Celsiusの前にスペースを入れたおかげで、こうなりました。

BBCマイクロビットにこのプログラムをフラッシングして走らせたときは、まず大きな金属に触れて体の静電気を逃がしてから（第2章を見てください）、マイクロビットの「PROCESSOR」というラベルで示された黒い小さな四角チップに指でやさしく触れてみてください。しばらくすると、ディスプレイに表示される温度が上がるはずです。指を放してまたしばらく待つと、温度は元に戻ります。

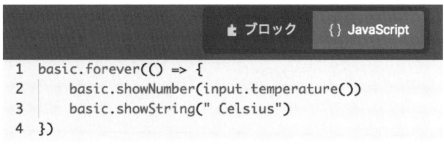

図6-13 プログラムの出力を整えたところ

> ⚠️ **注意**
>
> BBCマイクロビット本体の部品に触るときは、その前にかならず大きな金属に触れて体の静電気を逃がしてください。指先からマイクロビットにバチッと静電気が流れると、マイクロビットの繊細な回路が壊れてしまうことがあるので注意してください。

プログラム5：コンパス・センサー

　BBCマイクロビットの磁気コンパスは、本体裏面に印字されている2つのセンサーのうちのひとつで（もうひとつは次の章で使う加速度センサーです）、とても面白いセンサーです。地球上の磁場を三次元的に検知して、BBCマイクロビットが磁北に対してどちらを向いているかを教えてくれます。同じものがスマートフォンにも搭載されています。地図ソフトなどで自分が向いている方角を知らせてくれるのは、そのおかげです。

　プロジェクトの始め方は、もう憶えましたね？　「プロジェクト」メニューで「新しいプロジェクト」をクリックして空っぽのプロジェクトを開き、画面下に表示されているプロジェクト名をクリックして、「コンパス・センサー」と書き換えましょう。こうしておけば、後で開きたいときに、すぐにわかります。「題名未設定」だらけだったら困りますからね。

　空欄になっている2行目にカーソルを合わせて、次のように書いてください。

```
basic.showString("Heading"+↵
input.compassHeading ())
```

> **ミニ解説**
>
> 　コード（プログラム）の1行が長くて、この本のページの横幅に収まらないときは、**折り返しの図形**（↵）が使われます。このマークがあるときは、そこで改行せずに1行として記述してください。どう書いてよいか、よくわからないときは、以下で示すこの本のウェブサイトからテキスト形式のファイルをダウンロードしてください。これを見て記述してもよいですが、丸ごとコピーしてエディターに貼り付ければ簡単です。
>
> ・本書のウェブサイト
> 　`https://shop.nikkeibp.co.jp/front/commodity/0000/P60050/`
> 　`www.wiley.com/go/bbcmicrobituserguide`

もうすっかり慣れたことと思いますが、JavaScriptエディターでは、コードを書いている途中の節目で自動補完機能により次に続くコードのメニューが示されます。たとえば、input.とタイプすれば、JavaScriptで使用できるBBCマイクロビットの入力用のすべての命令が一覧表示されます（**図6-14**）。この中から「compassHeading」を選択できますが、これを無視して、そのままキーボードからタイプしても構いません。

　出来上がった行は少々混み合っているので、端から説明しましょう。basic.showStringはもうおなじみですね。JavaScriptにメッセージ（文字列）をBBCマイクロビットのディスプレイに表示させる命令です。温度センサーのプログラムでは、これを使って、実際の温度センサーの値の前に文字列Celsiusを表示させましたが、ここでも同じように、Headingという文字列と温度センサーの数値の両方を、1行のコードでディスプレイに表示させる方法を使っています。

　その秘密は驚くほど簡単です。+記号を入れるだけです（**図6-15**）。見てわかるとおり、これは2つの文字列を**結合**させるという意味です。basic.showStringはひとつの文字列を表示させる命令ですが、+記号を使うことで2つの文字列の表示が可能になります。このプログラムの場合は、ひとつめがHeadingという文字列、もうひとつがinput.compassHeading命令によって読み出された数値です。温度センサーのプログラムでは2行を使いましたが、今回は1行で済みました。

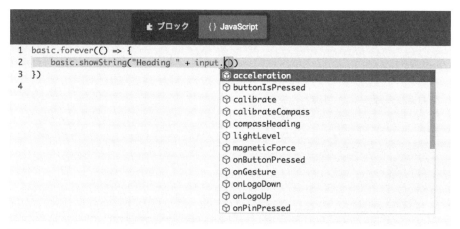

図6-14 入力用コマンドのメニュー

```
                                    ブロック    { } JavaScript
1  basic.forever(() => {
2      basic.showString("Heading " + input.compassHeading())
3  })
4
```

図6-15 完成したプログラム

ミニ解説

　文字列を結合させるために使用する + 記号は、普段、計算を行うときに使う「足す」の記号とは異なります。キーボードの同じキーを使ってタイプされる、見た目はまったく同じ記号ですが、文字列に使用するときと、数値に使用するときとでは、その働き方が変わります。たとえば、文字列の "1"+"1" とすると、「11」と表示されます。これは数ではなくただの文字と考えられるため、計算は行われません。だから「2」とはならないのです。

　シミュレーターでは、BBC マイクロビットのロゴマークの右側が尖って、その下に「90°」と表示されます。このロゴマークをクリックして、マウスボタンを押したままドラッグすると、ロゴマークが回転します。真上に向けると磁北の0°になります。マイクロビットを使うときは、本体を回転させてみてください。電源のケーブルが抜けないように気をつけて。

ミニ解説

　BBC マイクロビットでコンパスを初めて使うとき、または前に使った場所と違う場所で使うときは、**調整**（Calibrate）を指示されることがあります。このコンパス・センサー・プログラムをフラッシングしたとき、ディスプレイに「DRAW A CIRCLE」（円を描いて）と表示されたら、ディスプレイの中央に光るドットを、マイクロビット本体を傾けながら動かし、ディスプレイいっぱいに円を描いてください。円が完成すると調整は完了です。すぐにコンパス・センサー・プログラムがスタートします。

　調整を行っても、それを行う場所によって精度が違ってきます。金属で囲まれた場所や強い磁石の近く、たとえば金属の机の上とか、大きなスピーカーの近くでは、コンパスの調整が正しく行われない場合があります。正確に調整するためには、できるだけ、実際に BBC マイクロビットを使用する場所の近くで行ってください。

＋記号の面白いところは、文字列を2つだけでなく、いくつでもつなげられるところにあります。たとえば、"1"+"2"+"3"+"4" とすると 1234 と表示されます。1行のままで、ずっと長くつなげることが可能です。試しに、このプログラムのコンパス・センサーの数値の後ろに degree（度）という文字列をつなげてみてください。

プログラム6：加速度センサー

　BBC マイクロビット本体裏面に、「COMPASS」の下に書かれているのが、もうひとつのセンサーである**加速度センサー**（Accelerometer）です。コンパスは磁場を検知してマイクロビットが向いている方角を教えてくれるセンサーでしたが、こちらは XYZ の三次元空間の各方向の相対的な加速度を測るセンサーです。検知した値を知らせるのはもちろんですが、これを利用すれば、動きによる入力方法である**ジェスチャー**（gesture）も使えるようになります。今のところ、これがもっとも簡単な入力方法です。

　加速度センサーは、とても便利なセンサーです。動きを感知する以外にも、重力方向に対する角度、つまり地球の中心に対する角度を常に知ることができます。机の上に置いてあっても、手に持っているときでも、いつも重力方向を確認しています。これは、スマートフォンやタブレットを縦にしたり横にしたりしたときに、それに合わせて画面の角度が自動的に切り替わる機能に利用されています。

　まずは「プロジェクト」メニューの「新しいプロジェクト」をクリックして、エディターの切り替えボタンをクリックし、JavaScript 用の新しいプロジェクトを開いてください。画面下のプロジェクト名の「題名未設定」と書かれたところをクリックして、プロジェクト名を「加速度センサー」と書き換えましょう。毎度同じじゃないか、と思われるでしょうが、それでいいんです。これを何度も繰り返して、新しいプロジェクトを開いたときに、かならずプロジェクト名を書き換える癖を付けてください。そうすれば、前に作っておいたプロジェクトを壊してしまったり、たくさんのプロジェクトの中から目的のものを探し出すのに苦労することもなくなります。

　このプロジェクトでは、basic.forever(()=>{}) ループは使いません。これまでは、使わないときでもこの行をプログラムに残してきました。ループの中に命令が何も書かれていなければ、プログラムを実行しても、このループ行は無視されるだけなので、そのままでも問題ないからです。しかし、今回はプログラ

ムリストをすっきりさせるために、削除しましょう。マウスまたはキーボードを使ってすべての行を選択し、デリートキーまたはバックスペースキーを押して削除してください。これで、最初に空白の1行だけが残ります。

<u>ミニ解説</u>

　コメントがしっかり書かれているプログラムは、よいプログラムです。この章では、コメントを書くようには指示していません。コメントがなくても、プログラムはきちんと動くからです。しかし、コメントを書く癖を付けておくと、後々とても役に立ちます。自分で書いたプログラムを、今は理解できても、数カ月後にまた開いて見たときにチンプンカンプンというのはよくあることです。また、他の人にプログラムを渡して作業してもらうときも、コメントがなければ、何がどうなっているのか意味がわからないということも珍しくありません。コメントはいくら書き入れても、プログラムの処理速度が遅くなるようなことはありません。どんどん書きましょう。自分のためでもあり、それを使う別の人たちのためでもあります。不要なトラブルを避けるためにも、コメントは重要です。

　コメントを入れたいときは、スラッシュを2つ続けて書き（//）、その後にコメントを書きます。

　　// こんな風にです。

　コメントは独立した1行として書くこともできますが、命令の後に続けて書くこともできます。スラッシュ2本の後のには、何が書かれていても、JavaScriptエディターは無視します。プログラムの一部としては認識されません。正しい命令が書かれていても、コメントと見なされます。行の上にコメント行を付けた場合は、エディターをJavaScriptブロックのモードに切り替えたとき、その下の行のコメントとして扱われて、ブロックにそのコメントが表示されます。しかし、その下にコード行がないコメント行は、モードを切り替えたときに消えてしまいます。

まずは、次の3行を書いてください（**図6-16**）。すべてキーボードから打ち込んでも、途中から自動補完を使っても構いません。

```
input.onGesture(Gesture.Shake,()=>{
    basic.showIcon(IconNames.Surprised)
})
```

```
1  input.onGesture(Gesture.Shake, () => {
2      basic.showIcon(IconNames.Surprised)
3  })
```

図6-16 onGestureイベント

　これでもうテストができます。input.onGesture命令を聞き込むと、すぐにシミュレーターには「SHAKE」と書かれた新しいボタンが追加されます。これをクリックすると、BBCマイクロビットがゆさぶられたことになります。そして、びっくりした顔（Surprised）がディスプレイに表示されます。または、マウスでシミュレーターを左右にドラッグしてゆらしても、同じ結果が得られます。

　このプログラムでは、加速度センサーは「ゆさぶる」という**ジェスチャー**に反応するようになっています。onGesture.Shakeの.Shakeを削除し、onGestureの後に「.」を書き加えると、ジェスチャーのメニューが開き、次の項目が示されます。

・Shake
　最初はいつもこれになっています（最初の状態のことを「デフォルト」と言います）。BBCマイクロビットを激しくゆさぶったときにトリガーされます。電源ケーブルが抜けないように気をつけて。部屋の反対側まですっ飛んでいくほど、強くゆさぶる必要はありません。

・LogoUp
　加速度センサーは常に地球の重力の方向を見ているので、BBCマイクロビットの向きを知ることができます。これは、マイクロビットのロゴの位置が上になったときにトリガーされます。

・LogoDown
　「LogoUp」の反対です。BBCマイクロビットのロゴが下になったときにだけトリガーされます。

・ScreenUp

「LogoUp」と同じ原理で、BBC マイクロビットのディスプレイが上向きに置かれたときにトリガーされます。

・ScreenDown

「ScreenUp」の反対です。ディスプレイが下向きになったときにトリガーされます。

・TiltRight

BBC マイクロビットの傾きを使ったジェスチャーです。マイクロビットが向かって右側に傾いたときにトリガーされます。

・TiltLeft

「TiltRight」の反対です。マイクロビットが向かって左側に傾いたときにトリガーされます。

・FreeFall

自由落下の状態になるとトリガーします。つまり、落ちている状態のことです。このジェスチャーは、空を飛ぶロボットやモデルロケットのプロジェクトなどで重宝します。

・ThreeG

特定の方向に重力の3倍の加速度がかかったときにトリガーされます。下のSixG や EightG よりも、ゆっくりとした動きです。

・SixG

ThreeG と、下の EightG の中間の速さの動きでトリガーされるジェスチャーです。

・EightG

特定の方向に重力の8倍の加速度がかかったときにトリガーされます。これは、とても速い動きです。

遅くする

ちょっと手を加えるだけで、プログラムはもっと面白くなります。2行目の最後にカーソルを合わせてクリックし、新しい3行目を作り、次のように書いてください。

```
basic.showIcon(IconNames.Asleep)
```

これにより、「SHAKE」ボタンをクリックすると、びっくりした顔が一瞬だけ表示され、すぐに「ねてる顔」に切り替わります。「SHAKE」ボタンをクリックし続けると、BBCマイクロビットをずっとゆさぶり続けることになりますが、それでも、びっくりした顔が一瞬だけ現れ、すぐにねてる顔に戻ります。何度やっても同じです。でも、これではリアルではありません。だって、体をゆさぶられて起きたとき、次の瞬間にまた眠れるなんてことはありませんから。

この問題を解決するためには、2つのbasic.showIcon命令の行の間に**ディレイ**を入れてやる必要があります。ディレイ（delay）とは、遅らせるという意味です。次のブロックを実行するまで、指定した時間だけそこで一時停止させます。2行目の最後にカーソルを合わせてクリックし、新しい空白の3行目を作り、次のように書いてください（**図6-17**）。

```
basic.pause(1000)
```

```
1  input.onGesture(Gesture.Shake, () => {
2      basic.showIcon(IconNames.Surprised)
3      basic.pause(1000)
4      basic.showIcon(IconNames.Asleep)
5  })
```

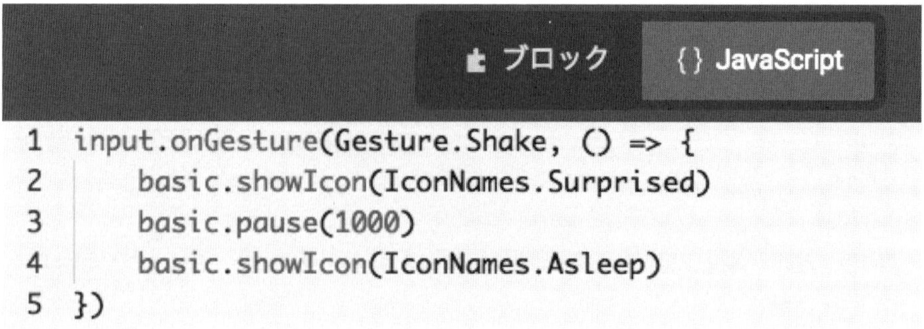

図6-17 完成したプログラム

シミュレーターの「SHAKE」ボタンをクリックしてみてください。実際にBBCマイクロビットをゆさぶっても結構です。今度は、ねてる顔に戻るまでに、少し時間がかかるようになりました。（ミリ秒）の数値を増やせば、もっと時間がかかるようになります。反対に減らすと、もっと早くねてる顔に切り替わるようになります。

　basic.pauseの（）の間に入る数値の単位は**ミリ秒**です。つまり、1000分の1秒の単位で、次の行を実行するまで、これだけ待つように指示しています。なので、1000ミリ秒と指定すれば1秒になります。2000ミリ秒は2秒、500ミリ秒は0.5秒です。

　BBCマイクロビットに使われているようなプロセッサーは、1秒間に何百万回もの計算を行える大変に高性能なもので、人間の感覚をはるかに超えています。プログラムの中のディレイの役割は、もっぱら人間の操作が追いつかないときに、人間のために使われるのです。

　もう少し、このプログラムを改良してみましょう。このプログラムを実行したとき、最初に「SHAKE」ボタンを押すまでは、BBCマイクロビットの画面は真っ黒です。最初にねてる顔でスタートできるように、変更してみましょう。input.onGestureイベントは、ゆさぶるというイベントが起きないと実行されません。ヒントは、イベントが発生しなくても実行される命令を書くことです。

加速度センサーの数値を読み出す

　ジェスチャーを使えば、BBCマイクロビットの加速度センサーをとても簡単に利用することができますが、加速度センサーにはもっと重要な役割があります。加速度センサーからは、生の数値データを読み出して利用することができるのです。

　その実験を行うために、新しいプロジェクトを開きましょう。エディターの切り替えボタンで「JavaScript」に切り替えたら、「題名未設定」のところを「加速度センサーのデータ」と書き換えて、先ほどのジェスチャーの実験に使った「加速度センサー」のプロジェクトと区別しておきます。

> **ミニ解説**
>
> 　コード（プログラム）の1行が長くて、この本のページの横幅に収まらないときは、⏎が使われます。このマークがあるときは、そこで改行せずに1行として記述してください。どう書いてよいか、よくわからないときは、以下で示すこの本のウェブサイトからテキスト形式のファイルをダウンロードしてください。これを見て記述してもよいですが、丸ごとコピーしてエディターに貼り付ければ簡単です。
>
> ・本書のウェブサイト
>   https://shop.nikkeibp.co.jp/front/commodity/0000/P60050/
>   www.wiley.com/go/bbcmicrobituserguide

　何も書かれていない2行目にカーソルを合わせて、4つのスペースを空けてから次のように書いてください。すべてキーボードから打ち込んでも、自動補完を使っても構いません。

```
    basic.showString("X:"+⏎
input.acceleration(Dimension.X))
```

　コンパス・センサーのプログラムで書いた行とよく似ています。`basic.showString`は、ディスプレイに文字列を表示せよという命令です。`+`は2つの文字列をつなげるための記号です。ここでは、左側のX:の後に`input.acceleration(Dimension.X))`命令の結果が表示されるようになります。これで、シミュレーターには、X:に続いて現在の加速度センサーのX軸上の値がスクロール表示されるようになります。シミュレーターをマウスで動かして、数値が変化するかどうかを見てください。

　加速度センサーが感知できるのはX軸の動きだけではありません。残りの軸方向の動きも表示させて、三次元に対応させましょう。2行目の先頭をクリックして、2行目全体をハイライトさせ、Ctrl + C（macOSならCmd + C）キーを押してコピーしてください。カーソルを2行目の最後に移動してエンターキーを押し、新しい3行目を作ったら、そこにカーソルを合わせてCtrl + V（macOSならCmd + V）キーを押して、今コピーした行を貼り付けてください。同じようにして、4行目も作り、そこに同じ行を貼り付けてください。このとき、エディターが間違えて入れたインデントを、バックスペースキーで4つ分だけ削除して、3行の先頭をスペース4つ分のインデント位置に揃えてください。

これにより、ディスプレイにはX軸方向の加速度が3回表示されるようになりますが、どれも同じなので区別がつきません。そこで、4行目の「X」を「Y」に、5行目の「X」を「Z」にそれぞれ書き換えてください（**図6-18**）。

　BBCマイクロビットには、3つの軸方向の加速度が数値で示されます（X、Y、Zの順番に繰り返しスクロール表示されます）。シミュレーターを動かすと数値が変わるのがわかります。BBCマイクロビットにプログラムをフラッシングすれば、**マイクロg**を単位とする数値の変化を詳しく観察できます。マイクロビットを目の前に立てて持ち、左に傾けるとXの値が小さくなります。右に傾けるとXは大きくなります。上をこちらに傾けるとYの値が小さくなり、あちらに傾けると大きくなります。さらに、上に持ち上げるとZの値が大きくなり、下に下げると小さくなります（**図6-19**）。

```
1  basic.forever(() => {
2      basic.showString("X:" + input.acceleration(Dimension.X))
3      basic.showString("Y:" + input.acceleration(Dimension.Y))
4      basic.showString("Z:" + input.acceleration(Dimension.Z))
5  })
```

図6-18　完成したプログラム

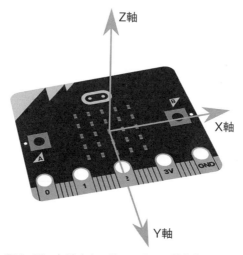

図6-19　加速度センサーの3つの軸方向。

プログラム7：フルーツキャッチャー・ゲーム

　これまで作ってきたプログラムは、BBCマイクロビットの基本的な使い方を学ぶためのもので、ひとつのプログラムが、ひとつだけの仕事をするという単純なものばかりでした。しかし、これから作るプログラムは、少々複雑です。ディスプレイのいちばん下で光るピクセル「プレイヤー」を動かして、上から次々と落ちてくる「フルーツ」（上から次々と落ちてくるもうひとつのピクセル）をキャッチするというゲームです。

　ここでは、ツールボックスの「高度なブロック」の中にある、まだ使ったことがない「ゲーム」カテゴリーの命令を使用します。この中にある命令は、とくにゲーム用に作られています。得点を数えたり、「GAME OVER」と表示させたり、ピクセルひとつ分の**スプライト**（画面の中を動き回るオブジェクト）を作ったり、スプライト同士、またはスプライトが画面の端にぶつかったことを判定したり、そうした処理を行います。
「フルーツキャッチャー」は単純なゲームですが、プログラムはそれなりに大きなものになります。これまで、休まずにこの章を読んでこられた方は、ここで一休みされるとよいでしょう。ちょっと気分転換をしてから、戻ってきてください。

　いつものとおり、「プロジェクト」メニューから「新しいプロジェクト」を開き、エディターのモードを「JavaScript」に切り替えて、「題名未設定」となっているプロジェクト名のところをクリックして「フルーツキャッチャー」と書き換えてください。今回は`basic.forever(()=>{})`ループを使用するので、削除しないでください。すでに削除してしまった場合は、「元に戻す」ボタンをクリックするか、キーボードから打ち込んでください。

ミニ解説

　先にプログラムを一気に作ってしまって、あとから各命令の説明を読みたい場合は、付録B「JavaScriptのレシピ」に完成したプログラムが書かれているので、それを見て作ってください。

最初の設定

　まずは変数の初期化を行います。使用する変数は、ゲームの速度を決める変数`delay`と、プレイヤーを表すキャラクターのスプライトを指定する変数`player`

と、フルーツのスプライトを指定する変数fruitの3つです。1行目の先頭にカーソルを合わせてエンターキーを押し、すべての行を下に送ってください。再び1行目の先頭にカーソルを合わせ、次の3行を書き込んでください。

```
let delay = 1000
let fruit: game.LedSprite = null
let player: game.LedSprite = game.createSprite(2,4)
```

　最初の行では、ゲームの速度をミリ秒で指定しています。ここで、変数の初期化の重要性がわかります。変数の初期化では、前のプログラムで指定した「0」だけでなく、必要なさまざまなデータを指定できます。
　ここでは、変数delayに、ゲーム開始時点での速度を指定しています。この値を小さくすれば、ゲームが速くなって難しくなります。もっと簡単にしたければ、この値を大きくしてください。次の行では、変数fruitを「ゲーム」カテゴリーの命令を使ってスプライトに指定しています。その次の行では、変数playerをスプライトに指定しています。これで、フルーツと、それをキャッチするプレイヤーという、ゲームに登場する2つの要素が準備できました。
　2行目と3行目は、同じ命令ですが内容がやや違っています。2つめの行では、実際にはフルーツのスプライトは作られません。通常は、スプライトを配置する位置を指定するところに、**null**（訳注：ヌル＝空という意味です）と書かれています。その次の行では、プレイヤーのスプライトをBBCマイクロビットのディスプレイのどこに表示するかが指定されています。
　game.createSprite(2,4)という命令の中の数値は、スプライトがBBCマイクロビットのディスプレイのどの位置に現れるかを示す、大変に重要なものです。ディスプレイのピクセルは、すべて、X軸方向（横方向）とY軸方向（縦方向）の数値で位置がわかるようになっています。図6-20は、ディスプレイの25個それぞれのピクセルのXY座標値を示したものです。
　このgame.createSpriteは、プレイヤーのスプライトを、ディスプレイのX軸の2の位置と、Y軸の4の位置に作るよう指示しています。つまり、いちばん下の列の真ん中です。
　次に、ゲームの得点を「0」に初期化します。この0を、10とか100とか、他の数値に書き換えれば、最初から高得点で始めることができますが、それでは面白くないでしょう？　3行目の最後にカーソルを合わせてエンターキーを押し、

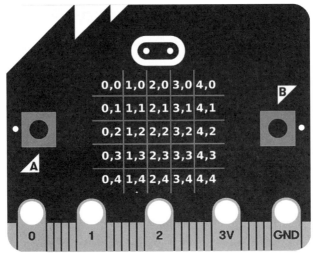

0,0 1,0 2,0 3,0 4,0
0,1 1,1 2,1 3,1 4,1
0,2 1,2 2,2 3,2 4,2
0,3 1,3 2,3 3,3 4,3
0,4 1,4 2,4 3,4 4,4
A
B
0
1
2
3V
GND
図6-20　BBCマイクロビットのディスプレイの座標位置

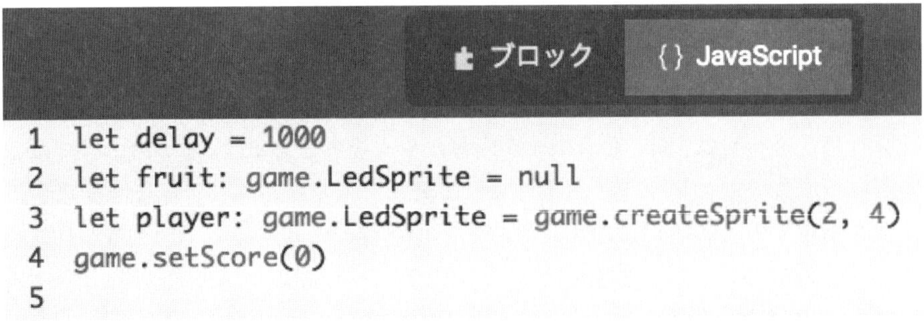

ブロック
{ } JavaScript
1 let delay = 1000
2 let fruit: game.LedSprite = null
3 let player: game.LedSprite = game.createSprite(2, 4)
4 game.setScore(0)
5
図6-21　設定部分の完成

次のコードを書き込んでください。

```
game.setScore(0)
```

4行目を書き終えて、ゲームの得点は0から始まるようになりました。これで、ゲームの最初の設定部分は完成です（**図6-21**）。

メインのプログラム・ループ

次はいよいよゲーム本体に取りかかります。4行目の終わりにカーソルを合わせ、エンターキーを押して5行目を空けてください。新しいプロジェクトのプログラムリストを開いたときにすでに書かれていた basic.forever ループの行は、6行目になっているはずです。そこで、7行目にカーソルを合わせ、自動的にスペース4つ分インデントされた位置から、次のコードを書き込んでください。

    fruit=game.createSprite(Math.random(5),0)

> **ミニ解説**
>
> 5行目を空白のままにしておくには理由があります。コードのセクションを、行を空けて区切ることで、セクションの始まりと終わりが、見た目にわかりやすくなるからです。コメント同様、空白行も、どんなに入れてもプログラムの処理速度が遅くなったり、最終的なプログラムが大きくなったりすることはありません。これらをうまく入れることで、他の人にプログラムを見てもらうとき、または自分で見直すときに大変に解析がしやすくなります。作った何ヶ月か後にまた見直したら、何がなんだかチンプンカンプンなんてことはよくある話です。ただし、JavaScript ブロックにモードを切り替えると、コメントや空白行が削除されて行数が変わってしまうことがあるので、モードを切り替えずに作業するようにしましょう。

ゲームを始めたときにフルーツがいつも同じ場所に現れるのでは、ぜんぜんゲームらしくありません。そこで、3行目と、Math.random 命令を使った7行目で、フルーツが現れる場所をランダムに切り替えています。

Math.random は、0から ( ) の中に指定した数値の間のいずれかの数をランダムに作り出せという命令です。指定した数値は、デフォルトでは4になっています。この場合は (5) になっています。プログラムの世界では、数は0から数えることになっているので、0、1、2、3、4までの5つの数字のいずれかとなります。こうすることで、Marh.random によって発生される数値は、BBCマイクロビットのディスプレイの幅にぴったり収まります。つまり7行目は、Y軸の0の位置（いちばん上の行）で、X軸の0から4までのいずれかの位置にランダムに発生させよ、という意味になります。

BBCマイクロビットのプロセッサーの処理速度はとても高速なので、今のま

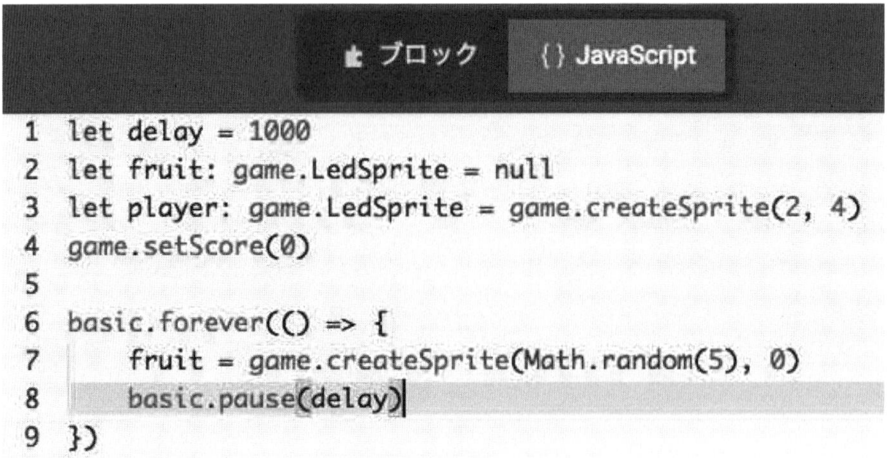

```
                              ブロック   {} JavaScript
1  let delay = 1000
2  let fruit: game.LedSprite = null
3  let player: game.LedSprite = game.createSprite(2, 4)
4  game.setScore(0)
5
6  basic.forever(() => {
7      fruit = game.createSprite(Math.random(5), 0)
8      basic.pause(delay)
9  })
```

図6-22　メインのプログラムの冒頭部分

までは、フルーツは人間の目で認識できる速さの何百倍ものスピードで落ちてくることになります。おそらく、目に見えるのは「GAME OVER」のメッセージだけでしょう。そこで、7行目の最後にカーソルを合わせて、エンターキーを押して、こう書き込んでください（**図6-22**）。これで1000ミリ秒（1秒）の遅延を入れています。

```
basic.pauze(delay)
```

条件ループ

これまで使ってきたループは、「無限ループ」でした。いつまでもプログラムを繰り返すというループです。今回は、もっとパワフルなループを使います。それが**条件ループ**です。

条件ループとは、指定された条件が満たされたかどうかをテストして、それが満たされたとき（「真」であるとき）にだけ実行されるループです。たとえば、ひとつの変数が、もうひとつの変数と同じ値になったとき、といった具合です。

8行目の最後にカーソルを合わせてエンターキーを押し、次のように書き込んでください。

```
while (fruit.get (LedSpritePrpperty.Y) < 4 {
```

JavaScriptエディターでは、括弧を使用するろ、それに対応する形の閉じ括弧を自動補完によって行の最後に追加するようになっています。上の行を書いてエンターキーを押すと、ひとつ飛んで11行目に「}」が追加され、その間の10行目には、スペース8つ分の、もうひとつ下がったレベルのインデントが加えられます。これは、ここに書かれるコードがWhile条件ループの中にあることを示すためのものです。

　これは「while」（もし〜のとき）ループです。指定した条件が一致したとき（真のとき）だけ実行される条件ループです。ここでは、LedSpritePrpperty.Yの状態を監視しています。つまり、先に作ったスプライトfruitのY軸上の位置を見ているのです。フルーツのYの数値が4よりも小さい値であるか（ディスプレイのいちばん上から4番目までにあるか）を見て、もし、そうならこのループ内のコードを実行します（**図6-23**）。それ以外のときは実行しません。

　しかし、今のままでは、この条件ループの中には実行すべきコードがありません。10行目の8スペース分インデントされた位置にカーソルを合わせて、次のように書いてください。

```
fruit.change(LedSpriteProperty.Y,1)
```

　こうすることで、フルーツのYの位置が4未満のとき、フルーツのY軸上の

```
1  let delay = 1000
2  let fruit: game.LedSprite = null
3  let player: game.LedSprite = game.createSprite(2, 4)
4  game.setScore(0)
5
6  basic.forever(() => {
7      fruit = game.createSprite(Math.random(5), 0)
8      basic.pause(delay)
9      while (fruit.get(LedSpriteProperty.Y) < 4) {
10         
11     }
12 })
```

図6-23　条件ループ

位置が1ずつ増加（インクリメント）されるようになります。結果として、フルーツが上から落ちてくるように見えるのです。

しかし、フルーツが落ちる速度は、今は最大になっているので、10行目の最後にカーソルを合わせてエンターキーを押して、11行目に次の1行を書いてください。

```
basic.pause(delay)
```

これで、フルーツは変数 delay で指定したミリ秒だけループの実行を待ってくれるようになります。今は 1000 ミリ秒となっているので、フルーツは 1 秒に 1 ピクセルの速さで落ちてきます。

条件文

条件を付けて実行できるブロックは、ループだけではありません。「もし〜なら、〜でなければ」という**条件付き制御フロー**という強力な命令があります。これを使うと、条件に一致したとき（真のとき）にこの中のコードを実行し、そうでないとき（偽のとき）に別のコードを実行させるということが可能になります。条件ループと違って、この場合は、ループの中にあるときを除いて、実行されるのは一度だけです。

12行目の「{」の後ろにカーソルを合わせてエンターキーを押し、13行目に次のように書いてください。

```
if (player.isTouching(fruit)) {
```

ここまで書くと、エディターは自動的にカーソルの後ろに「}」を追加します。そのままエンターキーを押せば、} は 15 行目に移動し、14 行目にはスペース 8 つ分インデントした空白行が現れます。ここにコードを書けば、ここで提示した条件に一致したときにだけ、それが実行されるようになります。

`player.isTouching(fruit)` は、条件の判定を行う命令です。ゲームの最初で作ったスプライト「player」が、スプライト「fruit」が画面の下まで落ちてきたときにそれと接触しているかを判定します。player と fruit が重なれば、プレイヤーはフルーツをキャッチしたことになり、重なっていなければ失敗したことになります。

プレイヤーがフルーツをキャッチしたら、得点を加算しましょう。14行目にカーソルを合わせて、次のように書いてください。

```
game.addScore(1)
```

　この条件文では、プレイヤーがうまくフルーツをキャッチしたかどうかを見ています。もしキャッチできなかったときは、別の命令を実行するようにします。それには「else」（もし〜でなければ）を使います。エンターキーを押して15行目に新しい空白行を作り、次のように書いてください。

```
} else {
    game.gameOver()
```

　ここでも、エディターは自動的にインデントを調整して、Ifループの終端を告げる「}」は、スペース4つ分の位置に移ります。こうして、if分全体がひと塊のループであると把握しやすくなります。ここを普通の文章に直すと、こうなります。「playerがfruitに接触したら、得点を1だけ加算しなさい。もしfruitに接触できなかったら、ゲームを終了して「GAME OVER」とディスプレイに表示しなさい」

　「if」の中のコードは、条件に一致したときに1回だけ実行されます。条件に一致しないときは、「else」の中のコードが1回だけ実行されます。ループが実行されるごとに、ifまたはelseのどちらかのコードが必ず実行されますが、どんなことがあっても、1回のループでその両方が実行されることはありません。
　最後に、メイン・ループに2行だけコードを付け加えましょう。17行の最後にカーソルを合わせてエンターキーを押し、18行目に次のように書いてください。

```
fruit.set(LedSpriteProperty.Brightness, 0)
```

　これで、プレイヤーがフルーツをキャッチすると、スプライトfruitの明るさが0になって、画面から消えるようになります。もうひとつ、19行目に追加しましょう。

```
delay = delay - delay / 10
```

　これは、フルーツをうまくキャッチするごとに、ゲームのスピードを速くするためのコードです。まず、変数 delay に、「=」以下の計算の結果を格納せよと命令しています。= の右側では、変数 delay に現在格納されている値から何かを引けと言っています。何を引くかというと、現在の変数 delay の値を 10 で割った値です。その結果、フルーツをキャッチするごとに、変数 delay に格納されている数値は 10 パーセントずつ小さくなります。つまり、それだけゲームが速くなるのです。

ミニ解説

　変数の中の数値を足したり引いたりするときに、便利な書き方があります。前回のプログラムでは数をインクリメントさせるのに「+=」を使いました。同じように、ディクリメントでは「-=」という書き方ができます。なので、19 行目のコードは次のように書いても構わないのです。

```
delay -= delay / 10
```

　ただし、この記述方法では、エディターのモードを JavaScript から JavaScript ブロックに切り替えて、また JavaScript のモードに戻ってきたときに書き換えられてしまいます。19 行目は、やや野暮ったい書き方になりましたが、これは JavaScript ブロックとの互換性を保つための対策です。
　エディターを JavaScript から JavaScript ブロックのモードに切り変えて、また元に戻すと、いろいろと変更が加えられてしまいます。すべての変数が 0 に初期化されたり、先頭にあったブロックが下に移動したりといった具合です。それでも、プログラムは問題なくきちんと作動します。これらの変化は、プログラムの内容には影響を与えません。しかし、見た目が大きく違ってしまいますので注意してください。

　これで、メインのプログラム・ループが完成です（**図 6-24**）。シミュレーターにはフルーツが落ちてくる様子が表示されますが、ひとつだけ問題があります。まだプレイヤーをコントロールできません。

```
1   let delay = 1000
2   let fruit: game.LedSprite = null
3   let player: game.LedSprite = game.createSprite(2, 4)
4   game.setScore(0)
5
6   basic.forever(() => {
7       fruit = game.createSprite(Math.random(5), 0)
8       basic.pause(delay)
9       while (fruit.get(LedSpriteProperty.Y) < 4) {
10          fruit.change(LedSpriteProperty.Y, 1)
11          basic.pause(delay)
12      }
13      if (player.isTouching(fruit)) {
14          game.addScore(1)
15      } else {
16          game.gameOver()
17      }
18      fruit.set(LedSpriteProperty.Brightness, 0)
19      delay = delay - delay / 10
20  })
21
```

図6-24 basic.foreverループが完成したところ

コントロール・イベント

　フルーツをキャッチするためには、プレイヤーをディスプレイのいちばん下の列で左右に移動させる必要があります。都合のいいことに、BBCマイクロビットには、左にボタンA、右にボタンBがあります。このボタンを使ってスプライトplayerを動かすには、前に作った「ボタン入力」のプログラムが応用できますが、もう少し手を加えなければなりません。

　20行目の最後にカーソルを合わせてエンターキーを2回押して空白行を作り、次のように書いてください。

```
input.onButtonPressed(Button.A, () => {
```

　ここまで書いてエンターキーを押すと、前と同じように、エディターは22行目に「}」を追加して、空白の21行目を作り、4つのスペースのインデントを自動的に作ってくれます。

```
        if (player.get(LedSpriteProperty.X) > 0) {
```

　ここでまで書いてエンターキーを押すと、またまた2つ先の25行目に「}」が追加され、空白の23行目と、今度はスペース8つ分のインデントが設けら、新たなコードが書き込めるようになります。

　if (player.get(LedSpriteProperty.X) > 0) {} 条件文は、スプライトplayerがディスプレイの左の端を通り抜けて消えてしまわないようにするためのコードです。これは、スプライトplayerの現在の位置を監視して、X軸上（横方向）の値が、もし0（左の端）より大きいときは、左に動けるようにします。もし0以下になったときは、左の端からさらに左には動けなくなります。

　実際にスプライトplayerが動けるようにするためには、もう1行のコードが必要です。24行目のスペース8つ分のインデントの位置にこう書いてください。

```
        player.change(LedSpriteProperty.X, -1)
```

　これで、スプライトplayerの値が0より大きいとき、つまり左端より右にあるときは、ボタンAを押すとスプライトplayerのX軸の値が1だけ減らされ（ディクリメントされ）、ピクセル1つ分左に移動するようになります。

　時間を節約するために、右に移動するためのコードはコピペで作りましょう。22行目の先頭にカーソルを合わせ、Shiftキーを押しながらカーソルを下に移動して26行目まで選択してハイライトさせてください。その状態でCtrl + C（macOSならCmd + C）キーを押してコピーし、カーソルを26行目の最後に移動してエンターキーを押し、Ctrl + V（macOSならCmd + V）キーを押して貼り付けてください。

　今貼り付けた部分を、ボタンBでプレイヤーを右に動かせるようにするために、まず27行目のButton.Aの部分をButton.Bに書き換えてください。さらに、28行目の> 0を< 4に、29行目の-1を1に変更してください。下のようになればオーケーです。

```
    input.onButtonPressed(Button.B, () => {
        if (player.get(LedSpriteProperty.X) < 4) {
            player.change(LedSpriteProperty.X, 1)
```

    }
})

　これでコントロール部分は完成です。最初のブロックは、ボタンAが押されたとき、スプライトplayerが左に動ける空間があるかを確認し、あれば左に移動します。その下のブロックでは、ボタンBが押されたとき、スプライトplayerが右に動ける空間があるかを確認し、あれば右に移動します。さて、これでゲーム全体のプログラムが完成しました。完成品は**図6-25**のようになっているはずです。
　ゲームをテストする前に、巻末の付録Bに掲載されているプログラムと見比

```javascript
let delay = 1000
let fruit: game.LedSprite = null
let player: game.LedSprite = game.createSprite(2, 4)
game.setScore(0)

basic.forever(() => {
    fruit = game.createSprite(Math.random(5), 0)
    basic.pause(delay)
    while (fruit.get(LedSpriteProperty.Y) < 4) {
        fruit.change(LedSpriteProperty.Y, 1)
        basic.pause(delay)
    }
    if (player.isTouching(fruit)) {
        game.addScore(1)
    } else {
        game.gameOver()
    }
    fruit.set(LedSpriteProperty.Brightness, 0)
    delay = delay - delay / 10
})

input.onButtonPressed(Button.A, () => {
    if (player.get(LedSpriteProperty.X) > 0) {
        player.change(LedSpriteProperty.X, -1)
    }
})
input.onButtonPressed(Button.B, () => {
    if (player.get(LedSpriteProperty.X) < 4) {
        player.change(LedSpriteProperty.X, 1)
    }
})
```

図6-25 完成したプログラム

べて、誤りがあれば修正してください。正しくできていれば、シミュレーターでテストしてみましょう。丸い矢印が2つ追いかけっこをしているようなマークのリセットボタンをクリックすると、ゲームが始まります。ボタンAとボタンBをクリックすると、ディスプレイのいちばん下の真ん中にいるプレイヤーが左右に動きます。上から落ちてくるフルーツを、それで受け止めてください。失敗するとディスプレイが赤く点滅して、「GAME OVER」というメッセージと得点が表示されます。リセットボタンをクリックすれば、また最初から始まります。シミュレーターでも、BBCマイクロビット本体でも遊べます。

　ゲームをより面白くするために、またみなさんのプログラミングの腕を磨くために、改良をしてみましょう。プレイヤーをボタンで動かす代わりに、加速度センサーを使ってみてはどうでしょう。複数のフルーツが同時に落ちてくるようにすれば、ゲームはもっとスリリングになります。

先に進もう

　以上で、JavaScriptブロックのプログラミングの章はおしまいです。この章からスタートした方は、ぜひPythonでのプログラミングの章もぜひ挑戦してみてください。このままJavaScriptを使い続けたいという方は、「プロジェクト」メニューの「プロジェクト」タブを開いてみてください。ここには、面白いプロジェクトがたくさん用意されています。タッチ入力を利用した「ラブメーター」や、牛乳パックを使ったロボットの製作などもあります。

第7章

Python

/こ/の/章/の/内/容/

- Pythonのエディターを使ったプログラミングの方法を解説します。
- 初めてのPythonのプログラム「Hello World!」を書きます。
- ボタンからの入力、タッチ入力、温度センサー、加速度センサー、コンパスからの信号を読み取るプログラムを書きます。
- 簡単なゲーム「フルーツ・キャッチャー」を作って遊びます。

　Python（パイソン）プログラミング言語の名前の由来は、大蛇のパイソンではなく、イギリスのお笑いグループ「モンティ・パイソン」にあります。1989年に、グイド・ヴァンロッサムが趣味で作り始めた言語で、1991年に公式に公開されてからは、その柔軟性と、ライバルとされる他のプログラミング言語によく見られる「たくさんの括弧やセミコロンを書かなければならない問題」を解決した、入門者になじみやすい書き方で人気を集めました。その代わりに、パイソンでは**ホワイトスペース**（スペースやタブを使ったインデント）で、ブロックの始まりと終わりを示すようになっています。

　厳密に言えば、BBCマイクロビットで使用できるPythonは、Pythonそのものではありません。マイクロビットや、同類のマイクロコントローラーボード、教育用ボードで使えるように特別に作られたMicroPython（マイクロパイソン）という言語です。MicroPythonは、ダミアン・ジョージによって開発されたバージョンで、標準のライブラリーも備えています。ここでは、マイクロコントローラーでは使用されないライブラリーは省かれ、反対にマイクロビットや同類のデバイスでのプログラミングに便利なライブラリーが追加されています。MicroPythonのコードは、ダミアン・ジョージ、ニコラス・トラビー、カルロス・ペリーラ・アテンシオが率いる国際的なボランティアチームから、多くの人々がマイクロビットでPythonのプログラミングが学べるようにという思いで提供されています。

第5章の JavaScript ブロック、第6章の JavaScript のときと同じく、今回も Python エディターの使い方を学び、BBC マイクロビットが備えている数々の機能を利用するプログラムを作ります。最後には、落下速度がどんどん速くなるフルーツを地面に落ちる前にキャッチするというアクションゲームまで作ります。作るプログラムは、それぞれの言語の違いがよくわかるように、第5章、第6章、第7章とも同じにしています。

Python エディターの紹介

　Python エディターは、BBC マイクロビット用の Python 言語のために作られた、プログラミングに必要なすべての要素を備えた開発環境です。普通のコンピューターのウェブブラウザーの中で使えるので、コンピューターにソフトウエアをインストールする必要は一切ありません。

　インターネットに接続されているコンピューターでウェブブラウザーを開き、アドレスバーに python.microbit.org とタイプして、エンター（リターン）キーを押してください（**図 7-1**）。

図 7-1　　Pythonエディター

> ミニ解説
>
> マイクロビット教育財団とPythonコミュニティーは、python.microbit.orgにてエディターの改良を続けています。そのため、実際にご覧になるエディターは、ここで紹介するものよりも機能が増えていたり、画面のデザインが変わっていたりする可能性があります。この本で紹介しているものと同じエディターをお使いになりたい場合は、以下のウェブページをご覧ください。
>
> `python.microbit.org/v/1`

Pythonエディターの主な機能は次のとおりです。

・Download（ダウンロード）ボタン

　画面左上の、BBCマイクロビットのロゴの下に、下向きの矢印が描かれているボタンです。このボタンをクリックすると、プログラムがhexファイルに変換されて、使用中のコンピューターに保存されます。このhexファイルは、マイクロビットにフラッシングできます（詳しくは第3章「BBCマイクロビットでプログラミングを始めよう」を見てください）。

・Save（保存）ボタン

　「ダウンロード」ボタンの右側にある、ハードディスクの上に太い下向き矢印が描かれたボタンです。これをクリックすると、ここで書いたコードが.py形式のテキストファイルとして、使用中のコンピューターに保存されます。このファイルは、エディターに読み込んで書き直したりすることができますが、BBCマイクロビットにフラッシングはできません。フラッシングするためには、ダウンロードボタンでhexファイルに変換する必要があります。

・Load（読み込み）ボタン

　「保存」ボタンの右にあるボタンです。これをクリックすると、前にダウンロードした、または他のコンピューターで書いて保存したPythonプログラムをエディターで開くことができます。「ダウンロード」ボタンで作ったhexファイルや「保存」ボタンで作ったpyファイルを読み込んで開くことが可能です。

・Snippets（スニペット）ボタン

　「読み込み」ボタンの右にある、3つの歯車の絵が描かれたボタンです。ここ

をクリックすると、関数などのよく使うコードを選んで使うことができます。わざわざタイプする手間が省けます。

・Help（ヘルプ）ボタン
「スニペット」ボタンの右にあるボタンです。困ったときは、まずここをクリックしてください。Pythonエディターの使い方や、コードの書き方などを解説するページが開きます。

・ズームボタン
「ヘルプ」ボタンの右にある小さな2つのボタンです。プログラムリストが長くて全体が見えないときは、Zoom Out（縮小）ボタンで文字を小さくしてください。文字が小さくて読みにくいときは、Zoom Up（拡大）ボタンで大きくしてください。

・プロジェクト名
新しいプロジェクトを開始するときは、まず、メニューバーの右にあるボックスにプロジェクト名を書き込んでください。最初にデフォルトの名前を必ず書き換える習慣を付けておけば、あとでプロジェクトが増えたときに探す手間が省けます。

・プログラムリスト
いちばん大きな部分を占める部分です。左側に行数を示す数字が並んでいます。これからここに、Pythonのプログラムを書いていきます。

ミニ解説

これまで第5章、第6章と順番に読まれてきた方は、シミュレーターはどこだと探されていることでしょう。Pythonエディターにはシミュレーターはありません。プログラムの結果を見るためには、「ダウンロード」ボタンを使ってファイルを作り、BBCマイクロビットにフラッシングする必要があります。詳しい方法は第3章を見てください。

まだBBCマイクロビットを持っていなくて、でもPythonのプログラムを試してみたいという方は、create.withcode.uk を見てください。そこに非公式のシミュレーターがあります。BBCマイクロビット用に書かれたPythonプログラムのコードなら、このサイトに貼り付けて、Ctrl＋エンターキーを押すと、シミュレーターでプログラムが走ります。

プログラム1：「Hello, World!」

「Hello World!」は、新しいプログラミング言語を試すときに最初に作るプログラムとして、昔から親しまれてきました。ごく簡単なプログラムですが、その言語の使い勝手がどんな感じかを知るのにちょうどよいのです。メッセージを表示するので、そのプログラムがきちんと機能しているかどうかもわかります。

まずは、ウェブブラウザーを開き、python.microbit.org にアクセスして、Python エディターを開いてください。Python エディターを開くと、例として、最初から短いプログラムが書かれています。このプログラムは「Hello, World!」とほぼ同じ内容のものですが、これはすべて消して、何もない状態から始めましょう。Ctrl + A キーを押すとすべての行が選択されるので、そのままデリートキーかバックスペースキーを押して削除してください。

「Hello, World!」は、たった2行だけの簡単なコードです。1行目は、BBC マイクロビットで走らせる Python プログラムでかならず書かなければならないものです。この1行目は、この章で作るすべてのプログラムに入れることになっています。最初に書かれていたプログラムを消したら、カーソルは1行目の先頭に移動するので、そこに次のように書き込んでください。

```
from microbit import *
```

これは**インポート**と呼ばれる命令です。Python に、これから「microbit」という**ライブラリー**にある命令を使いますよ、と伝えるためのものです。Python のライブラリーには、関数として使えるように組み立てられたコードがたくさん揃っています。microbit ライブラリーには、BBC マイクロビット用のプログラムで使えるようにした命令や関数が揃っています。マイクロビット用の命令一式を収めたライブラリーを使うことを知らせるこの1行がないと、マイクロビットに備わっているディスプレイやセンサーや入出力ピン、その他の機能を使うことができません。

次の1行は、BBC マイクロビットのディスプレイに「Hello, World!」というメッセージ表示させる、メインの仕事をするコードです。1行目の最後にカーソルを合わせてエンターキーを押し、新しい2行目を作ってから、次のコードを書き込んでください。

```
1  from microbit import *
2      display.scroll('Hello, World!')
```

図7-2 プログラムのdisplay.scroll命令

```
display.scroll('Hello, World!')
```

　ここでは、Pythonに「display」（ディスプレイ：表示）カテゴリーのscroll（スクロール）命令を使いなさいと指示し、「Hello, World!」というメッセージを渡しています。その名前が示しているとおり、Pythonに渡したメッセージは、BBCマイクロビットのディスプレイにスクロール表示されます（**図7-2**）。

ミニ解説

　書き間違えてしまったとき、キーボードのCtrl＋Zキーを押すと、最後に書いた部分を元に戻すことができます。また、間違えて元に戻してしまったときは、Ctrl＋Yキーで元に戻したものを元に戻すことができます。つまり、「元に戻す」を取り消せます。

ミニ解説

　Pythonは**ケース・センシティブ**（Case sensitive）な言語です。つまり、大文字か小文字かで意味が違ってきます。display.scrollは問題ありませんが、Display.ScrollやDISPLAY.SCROLLやdisplay.Scrollと書いてしまうと、プログラムはこの命令を認識できなくなります。

　もうお気づきだと思いますが、今書き込んだコードには、すぐに色が変わります。これは、プログラムの間違いを目で確認しやすいようにする**シンタックス・ハイライティング**（Syntax highlighting）という機能によるものです。display.scrollという命令部分は白色で、'Hello, World!'というメッセージ部分は紫色で表示されています。
　試しに、2行目のメッセージの最後の「'」（シングルクォート）を消して、次のようにしてみてください。

```
1  from microbit import *
2     display.scroll('Hello, World!)
```

図7-3　プログラムのバグが示されている

```
display.scroll('Hello, World!)
```

　色が変わったはずです。さっきまで白かった最後の括弧が紫色になりました。これは、Pythonエディターが、最後の括弧までも文字列の一部だと解釈していることを示しています（**図7-3**）。最後のシングルクォートがないと、Pythonエディターは、どこまでが文字列の終わりかを判断できなくなってしまいます。なので、このプログラムは正常に実行できません。これはプログラムの**バグ**ということになります。

　Pythonエディターのデバッグ機能は限られています。その鍵となるのがシンタックス・ハイライティング機能です。文字列の最後のシングルクォートが抜けているといった、よくあるバグは、色の違いで判別できます。2行目に誤りがあっても、「ダウンロード」ボタンでファイルを作ることは可能です。この時点では誤りを知らせる「エラーメッセージ」などは出ません。BBCマイクロビットにフラッシングしたとき、正常なら表示されるHello, World!の代わりに、ディスプレイにエラーメッセージが出ます。エラーメッセージには、どの行に誤りがあるかを教えてくれるので、エディターでその行をよく見て、修正してください。

　では、2行目のシングルクォートを元に戻しましょう。

```
display.scroll('Hello, World!')
```

　シンタックス・ハイライティングによって、最後の括弧の色が白く変わりましたね。これでバグは解決です。「ダウンロード」ボタンをクリックしてプログラムをコンパイルし、フォルダーに作られたmicrobit.hexファイルをMICROBITドライブにドラッグしてください。詳しいやり方は第3章で解説しています。

　フラッシングが終わると、BBCマイクロビットのディスプレイにHello, World!のメッセージがスクロール表示されるようになります（**図7-4**）。文字列の部分をみなさんの名前とか、好きな色とか、自由に書き換えてみてください。そして再び「ダウンロード」ボタンをクリックして、更新されたプログラムを

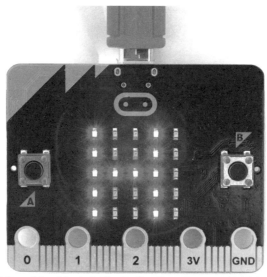

図7-4 BBCマイクロビットのディスプレイにスクロール表示されるメッセージ

MICROBTドライブにドラッグしてください。すると、前のプログラムに新しいプログラムが置き換わり、BBCマイクロビットにフラッシングされます。前のファイルを削除したり、他の場所に移動したりしていない場合、新しいプログラムはmicrobit(1).hexというファイル名になります。さらにプログラムを書き換えてダウンロードすると、microbit(2).hexというファイルが作られます。このようにして、バージョンごとに数字が増えていきます。

<u>ミニ解説</u>

プログラミングでは、Hello, World! のような文章を**文字列**（string）と呼びます。文字列は、文字、数字、記号を使った表示用の文字のことを言います。文字列はメッセージを表示するには大変便利ですが、使い方に制限があります。たとえば、文字列で「1」と書いても、これを計算式に使うことはできません。私たちには数字に見えても、プログラミング言語からすればただの文字だからです。計算には、通常の数を示す**整数**（integer）や、真か偽か（1か0か）を示す**ブーリアン**（boolean）という形式の文字が使われます。

プログラムが完成したら、「保存」ボタンをクリックして、プログラムのコピーを保存しておきましょう。お使いのコンピューターのダウンロードフォルダー

にmicrobit.pyというファイルが作られます。これをドキュメント（書類）フォルダーなどに移動して、ファイル名をhelloworld.pyのようにわかりやすい名前に変更しておくと、後で探すときに苦労しないで済みます。

「保存」ボタンでプログラムリストに書いたプログラムを保存しておくことと、そのファイルを安全な場所に移動してわかりやすい名前を付けておくことは、どちらも非常に大切です。Pythonエディターでは、プログラムが自動的に保存されることはありません。ウェブブラウザーを閉じて、再びPythonエディターを開くと、それまであなたが書いたプログラムは消え、あの最初のプログラムが表示されます。ファイル名を変更しておけば、同じmicrobitという名前のファイルがたくさん増えてしまい、どれがどれだかわからなくなるトラブルが防げます。

> **ミニ解説**
>
> 　保存したプログラムをPythonエディターで開きたいときは、pyファイルをPythonエディターのプログラムリストの上にドラッグしてください。または、エディターの「読み込み」ボタンをクリックして、ファイルを選択して開くこともできます。「ダウンロード」ボタンで作ったhexファイルも、同じ方法で開けます。hexファイルには、プログラムリストのコピーが含まれているからです。

どんなメッセージを書いても、ディスプレイにはそれが1回だけスクロール表示されて、それきり出てこなくなります。もう一度表示させたいときは、BBCマイクロビットの裏面にあるリセットボタンを押してください。しかし、いちいちプログラムを再起動するのが面倒な場合は、プログラムに何回も続けて表示するように命令する必要があります。

ループ

1行目の最後にカーソルを合わせてエンターキーを押し、1行目と3行目との間に空白の2行目を作ってください。その2行目の先頭にカーソルを合わせ、次のように書き込んでください。

```
while True:
```

これは、プログラムの一部を繰り返しなさいという命令ですが、今の状態では、

Pythonは何を繰り返せばよいのかわかりません。そこで、カーソルを3行目の先頭に移動し、スペースキーを4回押してください。これで、3行目のコードの前に4つのスペースが入り、1行目と2行目に比べて、右に引っ込んだ形になります。

こうして行の頭を下げることを**インデント**（indentation）と呼びます。これは、プログラムがどのような**入れ子構造**になっているか、目で見てわかりやすくするための記述方法です。

通常、Pythonエディターでは自動的にインデントが行われるようになっていますが、今回のように、すでに記述したコードを後から編集するときなどは、自動的には行われません。プログラミング言語には、インデントは人が見てわかりやすくするためだけの意味しか持たないものが多くあります。そうした言語では、すべての行を左合わせにして並べても、まったく問題なく実行できます。しかし、Pythonでは、インデントにはプログラム上の意味があります。さらに、どれだけの数をインデントされているかでも、意味が変わります。そのコードが、どの部分に属しているかをインデントで示しているからです。たとえば、本来インデントを入れるべきところにインデントがないと、プログラムは正しく実行されません。反対に、インデントが必要ないところにインデントがあっても、正しく実行されません。

正しくインデントされたコードは、次のようになります。

```
from microbit import *
while True:
    display.scroll('Hello, World!')
```

「ダウンロード」ボタンをクリックして、この新しくしたプログラムをコンパイルしてください。ダウンロードフォルダーにhexファイルができるので、それをMICROBITドライブにドラッグして、BBCマイクロビットにフラッシングしてください。フラッシングが完了すると、おなじみのHello, World!メッセージがディスプレイに表示されますが、今回は何度も連続してスクロールします（**図7-5**）。これはBBCマイクロビットのケーブルを抜くまで続きます。

プログラムの世界では、これを「輪」という意味の**ループ**と呼びます。プログラムが終わりまでいくと（この場合は、3行目に移動した display.scroll ('Hello, World!') 行のHello, World!のスクロール表示が終わったとき）、

```
1  from microbit import *
2  while True:
3      display.scroll('Hello, World!')
```

図7-5 display.scroll 命令のメッセージをループさせる

プログラムは先頭に戻ってまた実行されます。python のループは**条件付き**です。ループするごとに最初に条件の検査が行われ、それが「真」（True）、つまり「そのとおり」であれば、ループ内のプログラムを実行します。2 行目に書いた条件の検査はとても単純なもので、もし True が真なら実行するというものです。True とは、真のことであり、いつだって真に決まっているので、ここではかならず実行されます。そのため、プログラム内でループは永遠に続きます。これを**無限ループ**と呼びます。

ミニ解説

　ループは、始まりと終わりをハッキリと指示する必要があります。文字列をシングルクォートで囲んで、始まりと終わりを示すのと同じです。2 行目の最後の「：」は、ここからループが始まりますという合図です。ここから下の、4 つのスペースでインデントされた行は、すべてループに含まれ、繰り返し実行されます。もっと長いプログラムで、ループには含まれない部分が続くときは、インデントを入れずに記述します。4 つのスペースでインデントされていない部分は、ループのコードブロックには含まれません。

プログラム2：ボタン入力

　「Hello, World!」では、BBC マイクロビットのディスプレイを使って出力を行う実験をしました。しかし、プログラムにはもうひとつ重要な役割があります。それは「入力」です。マイクロビットには、ディスプレイの両脇にボタン A とボタン B という入力装置があります。これから、このボタンを使うプログラムを作ってみましょう。

　「Hello, World!」プログラムが失われないように、「保存」ボタンをクリックして、py ファイルを作り、それをドキュメント（書類）フォルダーなどの安全な場所に移動し、たとえば helloworld.py のような、わかりやすいファイル名に書き換えておきましょう。保存ができたら、もうプログラムリストのコードは消し

ても大丈夫です。キーボードの Ctrl + A キーを押してすべての行を選択し、デリートキーかバックスペースキーを押して削除してください。何もない、まっさらなプログラムリストになります。

では、BBC マイクロビットで使用するすべての Python プログラムに必要な最初の 1 行から書き込んでいきましょう。

```
from microbit import *
```

次に無限ループのコードを書きます。「Hello, World!」でメッセージが繰り返すスクロール表示されるようにしたときと同じです。1 行目の終わりにカーソルを合わせてエンターキーを押し、2 行目に次のように書いてください。

```
while True:
```

そしてエンターキーを押すと、カーソルは 3 行目に移りますが、3 行目の先頭ではなく、4 つスペースを置いた位置に移動します。これは**自動インデント**と呼ばれる、Python エディターの時間を節約するための機能です。2 行目で無限ループの始まりを指示しているので、その次の行はループさせる命令が書かれるに決まっているので、Python はあらかじめ、スペースを 4 つ入れてくれるのです。

自動インデントは、何階層にも行われます。ループの中に別のループを組み入れたときは、自動インデントは 8 つのスペースを頭に入れます。元のループのスペース 4 つに加えて、その中のループのスペース 4 つを足して 8 つのスペースです。さらにそのループの中のループの中にループを設定すると、4 つずつ 3 階層で、自動インデントは 12 個のスペースを頭に入れます。

自動インデントは、自動的に行の頭にスペースを入れますが、必要がなくなったときは、自分でスペースを削除してください。Python エディターは、ループの始まりを告げる命令は認識できますが、ループがどこで終わるかは、プログラムを書く人にしかわかりません。ループさせるプログラムを最後まで書き込んだら、次の行に入る自動インデントのスペースは、バックスペースキーなどを使って 4 つだけ消してください。自動インデントされた行のコードの先頭にカーソルを合わせてバックスペースキーを押すと、スペース 4 つ、つまり 1 階層分が削除されます。Python では、ループするコードの範囲をインデントで判断しています。なので、インデントは正しく入れてください。

Pythonエディターが自動インデントでスペース4つを入れた3行目に、次の
コードを書き入れてください。

```
if button_a.is_pressed():
```

　これを書き終えてエンターキーを押すと、次の行は自動インデントによって8
つのスペースが入ります。4つは、ループのためのインデントです。あとの4つ
は、この3行目から始まるコードの塊のためのインデントです。この行は、**条件
文**と呼ばれるものです。もっと詳しく言うと、**if文**です。「if」（イフ）とは「もし」
という意味です。Pythonの「もし」は、「もしミルクがなくなったら、お店に買
いに行きなさい」という文章の「もし」とまったく同じ意味です。この文章は、
店に買い物に行くように誰かに命令していますが、それは、ミルクがなくなった
ときだけのことです。ミルクがまだあるのなら、行く必要はありません。

　3行目に書いたコードの条件は、とても単純です。`if button_a.is_pressed():`は、BBCマイクロビットのボタンAが押されているかどうかを見ています。もし押されていれば、`:`の後に続く、8つのインデントが入った部分のコードが実行されます。もし押されていなければ、そこは無視されます。

　プログラムのどの部分が、どのような順番で実行されるのかを追うのは、慣れないうちは大変な作業です。そこで、インデントが活躍します。頭が揃っている部分がひとつのコードブロックで、その中で1行ずつ順番に実行されていくことがわかります。

　しかし、まだif文の中にコードは何も入っていません。なので、ボタンAが押されても押されなくても、つまり、条件が「真」であってもなくても、何も起こりません。そこで、4行目のスペース8つ分インデントされたところから、次のコードを書き込んでください。

```
display.show(Image.HAPPY)
```

　「Hello, World!」プログラムで使ったdisplay.scroll命令と同じく、このdisplay.show命令もdisplay（表示）カテゴリーの命令です。BBCマイクロビットのディスプレイにメッセージをスクロール表示させる代わりに、この命令は、あらかじめ用意されている画像のひとつを選んで表示します。この場合は「HAPPY」（うれしい顔）です。この時点でコードは4行になりました。最初の2行は頭がいち

```
1  from microbit import *
2  while True:
3      if button_a.is_pressed():
4          display.show(Image.HAPPY)
```

図7-6　if button_a.is_pressed ():のコード・ブロック

```
1  from microbit import *
2  while True:
3      if button_a.is_pressed():
4          display.show(Image.PACMAN)
```

図7-7　違う画像に変更したところ

ばん左に揃っています。次の1行にはスペース4つのインデントが入っています。その次の1行には、スペース8つのインデントが入っています（**図7-6**）。

「ダウンロード」ボタンをクリックして、作られたファイルをBBCマイクロビットにフラッシングしてください。そして、ボタンAを押すと、ディスプレイに笑った顔の絵が現れます。BBCマイクロビットのリセットボタンを押すと絵は消え、またボタンAを押すと現れます。用意されている画像はまだまだたくさんあります。

表示させたい画像を変えるには、4行目のImage.の後の言葉を書き換えるだけです。前にも書きましたが、Pythonでは大文字と小文字の区別があります。画像の名前はすべて大文字で書いてください。そして、Imageの後のピリオドを消さないように（**図7-7**）。

3行目に書いたif文のような条件文は、そこに示された条件が真のとき（条件が合ったとき）にだけ実行されます。また、if文ではプログラムの実行は1回だけで、ループはしません。その前に書いた無限ループの命令がなければ、BBCマイクロビットは、このif文を1回だけ実行して終了してしまうので、その後は、もうボタンが押されたかどうかを見ることはしません。

ANGRY（怒った顔）	CLOCK3（時計3時）	PITCHFORK（熊手）
ARROW_N（矢印 北）	CLOCK2（時計2時）	RABBIT（うさぎ）
ARROW_NE（矢印 北東）	CLOCK1（時計1時）	ROLLERSKATE （ローラースケート）
ARROW_E（矢印 東）	CONFUSED（困った顔）	SAD（悲しい顔）
ARROW_SE（矢印 南東）	COW（牛）	SILLY（変な顔）
ARROW_S（矢印 南）	DIAMOND（ダイヤモンド）	SKULL（ドクロ）
ARROW_SW（矢印 南西）	DIAMOND_SMALL （ダイヤモンド小）	SMILE（スマイル）
ARROW_W（矢印 西）	DUCK（アヒル）	SNAKE（ヘビ）
ARROW_NW（矢印 北西）	FABULOUS（すごい）	SQUARE（四角）
ASLEEP（寝てる顔）	GHOST（お化け）	SQUARE_SMALL（四角小）
BUTTERFLY（蝶）	GIRAFFE（キリン）	STICKFIGURE（人の形）
CHESSBOARD（チェス盤）	HAPPY（うれしい顔）	SURPRISED（驚いた顔）
CLOCK12（時計12時）	HEART（ハート）	SWORD（剣）
CLOCK11（時計11時）	HEART_SMALL（ハート小）	TARGET（的）
CLOCK10（時計10時）	HOUSE（家）	TORTOISE（カメ）
CLOCK9（時計9時）	MEH（まあ）	TRIANGLE（三角形）
CLOCK8（時計8時）	MUSIC_CROTCHET （四分音符）	TRIANGLE_LEFT （三角形 左）
CLOCK7（時計7時）	MUSIC_QUAVER （八分音符）	TSHIRT（Tシャツ）
CLOCK6（時計6時）	MUSIC_QUAVERS （八分音符2つ）	UMBRELLA（傘）
CLOCK5（時計5時）	NO（ダメ）	XMAS（クリスマス）
CLOCK4（時計4時）	PACMAN（パックマン）	YES（イエス）

2つのボタン

　ボタンが使えるというのはとても便利なことですが、BBCマイクロビットには、ボタンがもうひとつあります。ありがたいことに、もうひとつのボタンも、ボタンAのときとまったく同じ手順でプログラムできます。マウスまたは矢印キーでカーソルを4行目の最後に合わせてエンターキーを押し、空白の5行目を作ってください。Pythonエディターは、まだ3行目からのif文が続くものと思って、自動インデントで8つのスペースを入れます。そこで、バックスペースキーを押して、スペース4つ分を削除してください。こうすることで、これから書くコードは、3行目からのif文には含まれないが、2行目の無限ループには含まれていることを示します。では、5行目に次のように書き込んでください。

```
    if button_b.is_pressed():
        display.show(Image.SAD)
```

　今回も、5行目の最後でエンターキーを押すと、6行目には、2つめのif文に含まれるコードの開始位置として、自動インデントによってスペースが8つ入ります。もし、いちいち書くのが面倒ならば、Shiftキーを押しながらキーボードの矢印キーかマウスを使って3行目と4行目を同時に選択して、Ctrl + Cキーを押してこれをコピーし、カーソルを5行目に合わせて（まだ5行目がないときは4行目の最後にカーソルを合わせてエンターキーを押す）、Ctrl + Vキーを押してコピーした2行を貼り付けてください。そして、「button_a」を「button_b」に、「HAPPY」を「SAD」に書き換えてください。このように、コピーして貼り付ける方法を使うと、Pythonエディターが混乱して、インデントがおかしくなり、5行目にスペースが8つ入ってしまうことがあります。そこはスペース4つでなければなりません。なので、そのときは5行目の「if」の前にカーソルを合わせて、バックスペースキーを1回だけ押して、スペースを4つ削除してください（**図7-8**）。

　Pythonエディターでコードをコピーして貼り付けたときは、かならずインデントの位置を確かめるようにしてください。何度も言うようですが、Pythonは、インデントが正しくなければ正常に実行されないので気をつけてください。

　「ダウンロード」ボタンをクリックして、hexファイルをBBCマイクロビットにフラッシングしましょう。ボタンAを押すと、前回と同じく、うれしい顔が表示されます。しかし今度は、ボタンBを押すと悲しい顔に切り替わります。プログラムは、ボタンAだけでなく、ボタンBが押されたかどうかも見るよう

```
1  from microbit import *
2  while True:
3      if button_a.is_pressed():
4          display.show(Image.HAPPY)
5      if button_b.is_pressed():
6          display.show(Image.SAD)
```

図7-8　ボタン2つを使うプログラムの完成

になりました。

　ボタンには、もうひとつの使い方があります。両方のボタンを同時に押すやり方です。コードは、2つの条件文をひとつにつなげて作ります。両方押しを加えることで、2つのボタンで3つの動作が可能になります。両方押しのif文は、次のようになります。

```
    if button_a.is_pressed () and⏎
button_b.is_pressed():
```

> **ミニ解説**
> 　コード（プログラム）の1行が長くて、この本のページの横幅に収まらないときは、⏎が使われます。このマークがあるときは、そこで改行せずに1行として記述してください。どう書いてよいか、よくわからないときは、以下で示すこの本のウェブサイトからテキスト形式のファイルをダウンロードしてください。これを見て記述してもよいですが、丸ごとコピーしてエディターに貼り付ければ簡単です。
> ・本書のウェブサイト
> 　https://shop.nikkeibp.co.jp/front/commodity/0000/P60050/
> 　www.wiley.com/go/bbcmicrobituserguide

　ここで、3つめのif文に、別の画像を表示させるコードを加えてみましょう。これをダウンロードしてBBCマイクロビットにフラッシングし、ボタンAとボタンBを同時に押してみてください。

　「ボタン入力」プログラムが理解できたら、「保存」ボタンをクリックしてプログラムリストをダウンロードフォルダーに保存し、それを別の安全なフォルダーに移動して、たとえばbuttoninputs.pyのような、わかりやすいファイル名に書き換えておきましょう。

プログラム3：タッチ入力

　BBCマイクロビットでは2つのボタンを使って3とおりの入力方法が可能ですが、それだけでは物足りないと感じられるかもしれません。そこで、入出力ピンにご登場願いましょう。マイクロビットの下に並んでいる銅色の部分は、外部の機器をつなぐためのピン（端子）ですが、マイクロビットは、そこを指で触っ

ても入力として感じることができます。これはとても楽しい入力方法になります。わざわざ新しいボタンを買ってきて追加する必要もありません。

　前のプロジェクトをまだ保存してない場合は、今すぐ保存してください。プログラムリストのすべての行をCtrl + Aキーで選択して、デリートキーまたはバックスペースキーを押して削除してください。まっさらな状態から始めましょう。

　ピンのタッチ入力は、ボタン入力とほぼ同じです。まずは、マイクロビットのライブラリーにある命令を使えるようにしましょう。

```
from microbit import *
```

　BBCマイクロビットで実行させるPythonプログラムには、最初にかならずこの1行を書くことを忘れないでください。これがなければ、BBCマイクロビットのディスプレイもボタンも使えなくなります。

変数

　2行目に次のように書き込んで、新しい**変数**を作りましょう（**図7-9**）。

```
touches = 0
```

　ここで「変数」という新しい要素が出てきました。変数とは、その名前が示すとおり、プログラム実行中に内容が変化するものを意味します。数字でも、文字列でも、絵を描くためのデータでも、なんでも変数にすることができます。変数には、**名称**と**データ**という2つの属性があります。ここで作った変数の場合、名称は「touches」（タッチズ）で、そこに格納される値を「0」に設定しました。変数は、使用する前に初期化する必要があります。だから、touches = 0がプログラムのいちばん上のほうの、ライブラリーをインポートしたすぐ後に記述さ

```
1 from microbit import *
2 touches = 0
```

図7-9　変数の初期化

れるのです。ここで作られた変数は**グローバル変数**と呼ばれ、プログラム内のあらゆる場所で使うことができます。これに対して、その他の場所、たとえばwhile True: ループの中で作られた変数は**ローカル変数**と呼ばれ、そのループの中だけでしか通用しません。

ミニ解説

　変数の名称は、プログラムの中でも役割がわかるよう、できるだけわかりやすい言葉にするのが基本です。しかし、命名の方法にはいくつかの制約があります。まず、プログラミング言語の中で命令として登録されている言葉は使えません。また、数字で始まる言葉も使えません。スペースや記号を含めることもできません。いくつかの言葉を組み合わせたいとき、スペースを使わずに書くためによく使われるのが「キャメルケース」という記述方法です。たとえば「Number of Fish」（魚の数）という意味の変数名にしたいときは、キャメルケース方式で「numberOfFish」と書きます。「Age of User」（ユーザーの年齢）なら「ageOfUser」となります。キャメルケース自体、わかりやすいように、英語で「camelCase」と書かれることもあります。

　さて、これで新しい仕事ができました。2行目の最後にカーソルを合わせてエンターキーを押し、新しい3行目を作って、そこに次のように書き込んでください（3行目を書いてエンターキーを押すと、いつものように自動インデントで4行目の先頭にスペースが4つ入ります）。

```
while True:
    if pin0.is_touched():
```

　この if 文は、「ボタン入力」のプログラムと構造は同じです。もし条件が「真」ならそれ以下のプログラムを実行しなさいと言っています。ここでの条件は、「Pin 0」（0番端子）に触ることです。Pin 0 に触ると、そこに含まれるプログラムが実行されます。触られていないときは、実行されません。

　if 文には、何か実行させるものが必要です。4行目の最後にカーソルを合わせてエンターキーを押し、5行目を作ってください。自動インデントで5行目の先頭にスペースが8つ入るので、そこから次のように書いてください。

```
touchs += 1
```

> **ミニ解説**
>
> 　命令と同じく、変数もケース・センシティブです。たとえば、初期化した際に名称を「touches」と決めた変数があり、その値を変更しようとして「Touches」と書いてしまうと、そこでエラーとなります。大文字と小文字の間違いによるバグは、Python ではよくある話です。

　これでプログラムは基本的に完結しました（図7-10）。しかし、これでは何も面白くありません。0番端子に触れるごとに、変数 touches の値が1ずつ増えるように設定されていますが、増えたかどうかを確かめる方法がありません。このプログラムには出力が必要です。そこで、5行目の終わりにカーソルを合わせてエンターキーを押し、新しい6行目を作ってください。自動インデントで先頭に8つのスペースが入るので、そこから次のように書いてください。

```
display.scroll(str(touches))
```

　これでみなさんにとって初めての、条件文が2つ重なったプログラムとなりました（図7-11）。無限ループを繰り返す中で、if文の条件が真と判断されたとき、8つのスペースが入ったブロックが1度だけ実行されます。このようにして行を増やすことで、長くて複雑なプログラムが組めるようになっています。

　6行目を display scroll str touches（訳注：表示スクロール str touches という意味です）と読んでも、普通の言葉には見えません。しかし、これをばらばらにすることで、コンピューターはどのようにしてこの1行を理解するのかが

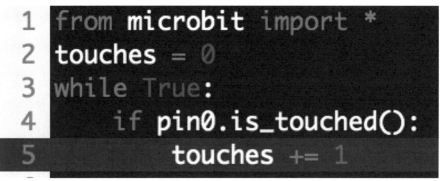

図7-10　変数の値を変更する

わかります。displayは命令のカテゴリーを示しています。scrollは命令です。「Hello, World!」プログラムで使ったのと同じ、BBCマイクロビットに、ディスプレイ上でメッセージをスクロール表示させなさいと命令しています。ディスプレイに表示できるのは文字列ですが、touchesは数値、正しくは**整数**を格納した変数です。人間にとって数字も文字も同じに見えますが、コンピューターは、文字列が来ると思っていたところへ数値が来たら混乱してしまいます。そのため、display scroll命令で変数の内容が表示できるように、それを文字列に変換してやる必要があります。それを行うのが`str`です。`str`の後の`( )`に入るものは、それがなんであれ文字列として表示されるようになります。なので、`display.scroll(str(touches))`と書けば、変数touchesの中の数値を文字列にしてスクロール表示させなさい、という意味になります。

プログラムを「ダウンロード」ボタンでコンパイルして、BBCマイクロビットにフラッシングしてください。プログラムが起動したら、Pin 0（0番端子）を触ってみてください。何も起こらないはずです。マイクロビットは、タッチしたかどうかを**抵抗**という電気の特性を利用して感知します。そのためには、回路（この場合はみなさんの体）が**接地**している必要があります。右手の人差し指でBBCマイクロビットのいちばん右側にある「GND」（グラウンド）ピンに触りながら、左手の人差し指で0番端子に触ってください。1回触るとディスプレイに「1」と表示されます。触るごとに数が増えていきます。

これは**抵抗膜タッチ・センシング**という構造によるもので、BBCマイクロビットでは、0番、1番、2番端子にその機能があります。つまりマイクロビットでは、ボタンAとボタンBとボタンA+Bに加えて、この3つのタッチ・センサー・ピンの合計6つの入力が使えるということです。

```python
from microbit import *
touches = 0
while True:
    if pin0.is_touched():
        touches += 1
        display.scroll(str(touches))
```

図7-11 完成したプログラム

> **ミニ解説**
>
> 　リンゴや梨の数を数えるときは、1から数えますよね。しかし、コンピューターは0から数えます。BBCマイクロビットのメインの端子が1番からではなく0番から始まっているのもそのためです。プログラムの中でも同じです。たとえば、プログラムのループを9回させようとして9という数を指定すると、コンピューターは0から数え始めるので、0、1、2、3、4、5、6、7、8、9と全部で10回ループしてしまいます。これに慣れるまでには、ちょっと時間がかかると思います。だから、今はあまり気にしなくて大丈夫です。

　BBCマイクロビットのピンのもっといろいろな使い方は、第10章「電子回路を組もう」、第11章「BBCマイクロビットを拡張しよう」、第12章「BBCマイクロビットをウェアラブルにしよう」で紹介します。

　「タッチ入力」プログラムが理解できたら、「保存」ボタンをクリックしてプログラムリストをダウンロードフォルダーに保存し、それを別の安全なフォルダーに移動して、たとえばtouchinputs.pyのような、わかりやすいファイル名に書き換えておきましょう。

プログラム4：温度センサー

　BBCマイクロビットには、ボタンとタッチ・センサー・ピンの他にも入力用の装置があります。なかでも、いちばんシンプルなのが温度センサーです。つまり、今の気温が摂氏何度かを教えてくれる温度計です。

　とは言え、周囲がどれくらい温かいのか寒いのか、だいたいの温度はわかるものの、それほど正確なものではありません。この温度センサーは、もともとBBCマイクロビットのプロセッサーの温度を測るためにプロセッサーに内蔵されたもので、気温を測るためのものではないからです。これがもしデスクトップ・コンピューターだったら大変です。デスクトップ・コンピューターのプロセッサーは、とくに頑張って働いていないときでも温度が周囲の気温よりもずっと高いため、大きな金属製の放熱板やファンを必要とします。マイクロビットの場合は、周りの気温　——　**周囲温度**　——　に近い温度で作動するため、気温との差は1度か2度程度しかありません。

> **ミニ解説**
> なるべく正確な気温が知りたいときは、プログラムをできるだけシンプルなものにしてください。複雑なプログラムでプロセッサーにたくさんの計算をさせてしまうと、プロセッサーの温度が上がり、センサーが示す温度も周囲の気温よりも高くなってしまいます。

いつものように、新しいプログラムを作る準備をしましょう。今プログラムリストにあるプログラムを保存し、移動し、わかりやすいファイル名に書き換えてください。そして、キーボードのCtrl + Aキーを押しながらすべての行を選択して、デリートキーを押して、まっさらな何もないプログラムリストにしてください。

まずは、プログラムを始めるにあたって重要な1行を書き、次に無限ループの命令を書きましょう。

```
from microbit import *
while True:
```

2行目の最後でエンターキーを押すと、新しい3行目が作られ、自動インデントによって先頭にスペースが4つ入ります。それは、ここから無限ループの範囲であることを示しています。そこに、次のように書いてください。

```
    display.scroll(str(temperature()))
```

この1行には3つの命令が組み合わされています（**図7-12**）。display.scrollは、「Hello, World!」と「タッチ入力」で使ったものと同じ、文字列をディスプレイにスクロール表示しなさいという命令です。str(temperature())は、temperature（温度）命令で読み込まれる数値を文字列に変換しなさいという命令です。これにより、temperatureの数値が文字列となってBBCマイクロビットのディスプレイにスクロール表示できるようになります。ここに、Pythonの便利な点があります。表示させる内容として、「0」などの文字列や、タッチ入力のときに使ったように変数を使うことなく、命令をそのまま指定することで、その命令の出力結果を表示させられるのです。この場合は、BBCマイクロビットに内蔵されている温度センサーからの数値です。

```
1  from microbit import *
2  while True:
3      display.scroll(str(temperature()))
```

図7-12 温度センサーからの数値を読み出す

```
1  from microbit import *
2  while True:
3      display.scroll(str(temperature()))
4      display.scroll(' Celsius')
```

図7-13 出力の形を整えたところ

　ここでプログラムを「ダウンロード」ボタンでコンパイルし、BBCマイクロビットにフラッシングしてください。ディスプレイに今の温度が表示されます。

出力の形を整える

　これでプログラムとしては完結していますが、今のままでは数字がつながって表示されるので、温度を読み取るのが困難です。そこで、3行目の最後にカーソルを合わせてエンターキーを押し、新しい4行目の自動インデントで4つのスペースが入ったあとに、次のように書いてください。「Celsius」(摂氏)の前にスペースをひとつ入れることをお忘れなく(**図7-13**)。

```
display.scroll(' Celsius')
```

　新しい行を加えたプログラムをダウンロードして、BBCマイクロビットにフラッシングしてください。今度は、温度を示す数字のあとに、スペースをひとつおいて、Celsiusという文字が入るので、読みやすくなっているはずです。4行目のCelsiusの前にスペースをひとつ入れたのが効いています。

　温度センサーの働きを確かめてみましょう。まず大きな金属に触れて体の静電気を逃がしてから(第2章を見てください)、BBCマイクロビットの「PROCESSOR」というラベルで示された黒い小さな四角チップに指でやさしく触れてみてくださ

い。しばらくすると、ディスプレイに表示される温度が上がるはずです。指を放してまたしばらく待つと、温度は元に戻ります。

> ⚠ **注意**
> BBC マイクロビット本体の部品に触るときは、その前にかならず大きな金属に触れて体の静電気を逃がしてください。指先からマイクロビットにバチッと静電気が流れると、マイクロビットの繊細な回路が壊れてしまうことがあるので注意してください。

プログラムが理解できたら、「保存」ボタンをクリックしてプログラムリストをダウンロードフォルダーに保存し、それを別の安全なフォルダーに移動して、たとえば temperaturesensor.py のような、わかりやすいファイル名に書き換えておきましょう。

プログラム5：コンパス・センサー

BBC マイクロビットの磁気コンパスは、本体裏面に印字されている2つのセンサーのうちのひとつで（もうひとつは次の章で使う加速度センサーです）、とても面白いセンサーです。地球上の磁場を三次元的に検知して、BBC マイクロビットが磁北に対してどちらを向いているかを教えてくれます。同じものがスマートフォンにも搭載されています。地図ソフトなどで自分が向いている方角を知らせてくれるのは、そのおかげです。

プロジェクトの始め方は、もう憶えましたね？　前のプロジェクトのプログラムがまだ残っているときは、保存して、キーボードの Ctrl + A キーを押してすべての行を選択し、デリートキーで削除してください。まっさらなプログラムリストになったら、次のインポートと無限ループの行を書き入れましょう。

```
from microbit import *
while True:
```

2行目の最後でエンターキーを押すと、3行目が作られ、自動インデントによって先頭に4つのスペースが入るので、そこから次のように書き込んでください。

```
display.scroll('Heading %s' % compass.heading())
```

　ちょっと混み合った行なので、分解して説明しましょう。display.scroll命令はもうおなじみですね。これは、BBCマイクロビットのディスプレイに文字列をスクロール表示させなさいとPythonに命令しています。「温度センサー」のプログラムでは、これを2回使って、温度の表示のあとにCelsiusと入れることで、表示を読みやすくしました。ここでも同じことをしています。表示が読みやすいように工夫しているのですが、今回は1行でそれを行っています。最初にHeading（方角）という文字列が入り、それに続いてセンサーからの方角のデータが表示される仕組みです。

　この技を可能にしている秘密は、ごく簡単なものです。「%」という記号がそれです（**図7-14**）。これには、ここに変数や命令の出力を格納しなさいという意味があります。ここでは、最初にHeadingとスペース1個分の文字列があり、次にcompass.heading命令があります。その間に2つの%記号が入っています。

　左側の%sは、文字列を示すクォーテーションの中にあるので、文字列でなければなりません。そこで、%sの「s」はstring（文字列）として表示するように指示するためのsです。

　クォーテーションの外にある2つめの%は、ここから後に続く命令で得られた結果を、%sに入れなさいと指示しています。温度センサーでは2行を使ったところを、これを使えば1行で済みます。

　「ダウンロード」ボタンをクリックしてプログラムをhexファイルにコンパイルし、BBCマイクロビットにフラッシングしてください。マイクロビットを持って方向を変えると、それに応じて表示される方角が変わります。このとき、ケーブルを抜いてしまわないように注意してくださいね。

```
1  from microbit import *
2  while True:
3      display.scroll('Heading %s' % compass.heading())
```

図7-14　完成したプログラム

> **ミニ解説**
>
> BBCマイクロビットでコンパスを初めて使うとき、または前に使った場所と違う場所で使うときは、**調整**（Calibrate）を指示されることがあります。このコンパス・センサー・プログラムをフラッシングしたとき、ディスプレイに「DRAW A CIRCLE」（円を描いて）と表示されたら、ディスプレイの中央に光るドットを、BBCマイクロビット本体を傾けながら動かし、ディスプレイいっぱいに円を描いてください。円が完成すると調整は完了です。すぐにコンパス・センサー・プログラムがスタートします。調整を行っても、それを行う場所によって精度が違ってきます。金属で囲まれた場所や強い磁石の近く、たとえば金属の机の上とか、大きなスピーカーの近くでは、コンパスの調整が正しく行われない場合があります。正確に調整するためには、できるだけ、実際にBBCマイクロビットを使用する場所の近くで行ってください。

%記号の面白いところは、文字列を2つだけでなく、いくつでもつなげられるところにあります。'1 &s %s' % ('2' '3') と記述すれば、123 となります。'1 &s %s %s' % ('2' '3' '4') と記述すれば、1234 となります。%を使えば、文字列をいくつでもつなげられるので、新しい行を追加する必要はありません。試しに、このプログラムのコンパス・センサーの数値の後ろに degree（度）という文字列をつなげてみてください。

いつものとおり、プログラムが完成したら「保存」ボタンをクリックして、ファイルを安全な場所に移動して、compasssensor.py など、わかりやすいファイル名に書き換えておきましょう。

プログラム6：加速度センサー

BBCマイクロビット本体裏面に、「COMPASS」の下に書かれているのが、もうひとつのセンサーである**加速度センサー**（Accelerometer）です。コンパスは磁場を検知してマイクロビットが向いている方角を教えてくれるセンサーでしたが、こちらはXYZの三次元空間の各方向の相対的な加速度を測るセンサーです。検知した値を知らせるのはもちろんですが、これを利用すれば、動きによる入力方法である**ジェスチャー**も使えるようになります。今のところ、これがもっとも簡単な入力方法です。

加速度センサーは、とても便利なセンサーです。動きを感知する以外にも、重力方向に対する角度、つまり地球の中心に対する角度を常に知ることができます。

机の上に置いてあっても、手に持っているときでも、いつも重力方向を確認しています。これは、スマートフォンやタブレットを縦にしたり横にしたりしたときに、それに合わせて画面の角度が自動的に切り替わる機能に利用されています。

前のプロジェクトのプログラムがまだ残っているときは、保存して、キーボードの Ctrl + A キーを押してすべての行を選択し、デリートキーで削除してください。今回も、まっさらなプログラムリストから始めましょう。

ミニ解説

コメントがしっかり書かれているプログラムは、よいプログラムです。この章では、コメントを書くようには指示していません。コメントがなくても、プログラムはきちんと動くからです。しかし、コメントを書く癖を付けておくと、後々とても役に立ちます。自分で書いたプログラムを、今は理解できても、数カ月後にまた開いて見たときにチンプンカンプンというのはよくあることです。また、他の人にプログラムを渡して作業してもらうときも、コメントがなければ、何がどうなっているのか意味がわからないということも珍しくありません。コメントはいくら書き入れても、プログラムの処理速度が遅くなるようなことはありません。どんどん書きましょう。自分のためでもあり、それを使う別の人たちのためでもあります。不要なトラブルを避けるためにも、コメントは重要です。

コメントを入れたいときは、ハッシュ記号（#）を書き、その後にコメントを書きます。

こんな風にです。

コメントは独立した 1 行として書くこともできますが、命令の後に続けて書くこともできます。ハッシュ記号の後には、何が書かれていても、Python エディターは無視します。プログラムの一部としては認識されません。正しい命令が書かれていても、コメントと見なされます。

まずは、下の 4 行を書き入れましょう（**図 7-15**）。Python エディターは自動インデントで行の先頭にスペースを入れていきます。

```
from microbit import *
while True:
    if accelerometer.is_gesture("shake"):
        display.show(Image.SURPRISED)
```

```
1  from microbit import *
2  while True:
3      if accelerometer.is_gesture("shake"):
4          display.show(Image.SURPRISED)
```

図7-15 is_gesture命令

　これでもうテストができます。「ダウンロード」ボタンをクリックして、hexファイルを MICROBIT ドライブにドラッグしてフラッシングしてください。フラッシングが完了したら、BBCマイクロビットをゆっくり手に持って、ケーブルが抜けてしまわない程度に、左右にゆさぶってみてください。ディスプレイにびっくりした顔が現れます。どうです、驚いたでしょ？

　このプログラムでは、加速度センサーは、あるレベルの「shake」（ゆさぶる）という**ジェスチャー**に反応するようになっています。BBCマイクロビットが感知できるジェスチャーは shake だけではありません。次の動きに対応しています。

・Shake
　BBCマイクロビットを激しくゆさぶったときにトリガーされます。電源ケーブルが抜けないように気をつけて。部屋の反対側まですっ飛んでいくほど、強くゆさぶる必要はありません。

・face up
　BBCマイクロビットが表向きになったときにトリガーされます。

・face down
　face up の反対で、BBCマイクロビットが裏返しになったときにトリガーされます。

・right
　BBCマイクロビットの傾きを使ったジェスチャーです。マイクロビットが向かって右側に傾いたときにトリガーされます。

- left

  rightの反対です。向かって左側に傾いたときにトリガーされます。

- freefall

  自由落下の状態になるとトリガーします。つまり、落ちている状態のことです。このジェスチャーは、空を飛ぶロボットやモデルロケットのプロジェクトなどで重宝します。

- 3g

  特定の方向に重力の8倍の加速度がかかったときにトリガーされます。次に示す6gや8gよりも、ゆっくりとした動きです。

- 6g

  3gと、次に示す8gの中間の速さの動きでトリガーされるジェスチャーです。

- 8g

  特定の方向に重力の8倍の加速度がかかったときにトリガーされます。これは、とても速い動きです。

遅くする

ちょっと手を加えるだけで、プログラムはもっと面白くなります。4行目の最後にカーソルを合わせてクリックし、新しい5行目を作り、自動インデントされたところから、次のように書いてください。

```
display.show(Image.ASLEEP)
```

「ダウンロード」ボタンをクリックしてプログラムをBBCマイクロビットにフラッシングしてください。そして、マイクロビットをゆさぶると、びっくりした顔が一瞬だけ表示され、すぐに「ねてる顔」（Asleep）に切り替わります。マイクロビットをずっとゆさぶり続けると、びっくりした顔が一瞬だけ現れ、すぐにねてる顔に戻ります。何度やっても同じです。でも、これではリアルではありません。だって、体をゆさぶられて起きたとき、次の瞬間にまた眠れるなんてこ

とはありませんから。

　この問題を解決するためには、2つの display.show 命令の行の間に**ディレイ**を入れてやる必要があります。ディレイ（delay）とは、遅らせるという意味です。次のブロックを実行するまで、指定した時間だけそこで一時停止させます。4行目の最後にカーソルを合わせてクリックし、新しい空白の5行目を作り、次のように書いてください（図7-16）。

```
sleep(1000)
```

「ダウンロード」ボタンをクリックしてプログラムを BBC マイクロビットにフラッシングしてください。そして、マイクロビットをゆさぶってみてください。今度は、驚いた顔が前よりも長く表示されるはずです。sleep 命令の数値を大きくすれば、もっと長く表示されます。反対に数値を小さくすれば、表示時間は短くなります。

　sleep の（）の間に入る数値の単位は**ミリ秒**です。つまり、1000分の1秒の単位で、次の行を実行するまで、これだけ待つように指示しています。なので、1000ミリ秒と指定すれば1秒になります。2000ミリ秒は2秒、500ミリ秒は0.5秒です。BBC マイクロビットに使われているようなプロセッサーは、1秒間に何百万回もの計算を行える大変に高性能なもので、人間の感覚をはるかに超えています。プログラムの中のディレイの役割は、もっぱら人間の操作が追いつかないときに、人間のために使われるのです。

　もう少し、このプログラムを改良してみましょう。このプログラムを実行したとき、BBC マイクロビットをゆさぶるまでは、ディスプレイは真っ黒です。最初にねてる顔でスタートできるように、変更してみましょう。if accelerometer.

```
1  from microbit import *
2  while True:
3      if accelerometer.is_gesture("shake"):
4          display.show(Image.SURPRISED)
5          sleep(1000)
6          display.show(Image.ASLEEP)
```

図7-16　完成したプログラム

is_gesture("shake"):の中に含まれるコードは、ゆさぶるというイベントが起きないと実行されません。ヒントは、イベントが発生しなくても実行されるよう、if 文の外に命令を書くことです。

完成したら、「保存」ボタンをクリックして、py ファイルを安全な場所に移動し、accelerometersensor.py などのわかりやすいファイル名に書き換えておきましょう。

加速度センサーの数値を読み出す

ジェスチャーを使えば、BBC マイクロビットの加速度センサーを大変に簡単に利用することができますが、加速度センサーにはもっと重要な役割があります。加速度センサーからは、生の数値データを読み出して利用することができるのです。Ctrl + A キーですべての行を選択し、デリートキーで削除して、まっさらなプログラムリストにしてから、次のコードを書いてください。

```
from microbit import *
while True:
    display.scroll('X: %s' % accelerometer.get_x())
```

これは、コンパス・センサーで書いたものと、ほぼ同じコードです。display.scroll は BBC マイクロビットに文字列をディスプレイにスクロール表示しなさいと命令しています。その文字列とは、% でつながれた 2 つの文字列です。X: が先頭になり、そのあとに、accelerometer.get_x() 命令で得られた結果が続きます。

「ダウンロード」ボタンをクリックして hex プログラムを BBC マイクロビットにフラッシングしてください。そして、マイクロビットを動かして、数値が変化するかどうかを見てください。

加速度センサーが感知できるのは X 軸の動きだけではありません。残りの軸方向の動きも表示させて、三次元に対応させましょう。3 行目の左側にある「3」という数字をクリックして 3 行目全体をハイライトさせ、Ctrl + C キーを押してコピーしてください。カーソルを 3 行目の最後に移動してエンターキーを押し、新しい 4 行目を作ったら、そこにカーソルを合わせて Ctrl + V キーを押して、今コピーした行を貼り付けてください。同じようにして、4 行目も作り、そこに

同じ行を貼り付けてください。

　これにより、ディスプレイにはX軸方向の加速度が3回表示されるようになりますが、どれも同じなので区別がつきません。そこで、3行目の「X」を「Y」に、4行目の「X」を「Z」にそれぞれ書き換えてください（**図7-17**）。

　「ダウンロード」ボタンをクリックしてhexファイルをBBCマイクロビットにフラッシングしてください。フラッシングが完了すると、マイクロビットには、3つの軸方向の加速度が数値で示されます（X、Y、Zの順番に繰り返しスクロール表示されます）。BBCマイクロビットを動かすと、**マイクロg**を単位とする数値の変化を詳しく観察できます。マイクロビットを目の前に立てて持ち、左に傾けるとXの値が小さくなります。右に傾けるとXは大きくなります。上をこちらに傾けるとYの値が小さくなり、あちらに傾けると大きくなります。さらに、上に持ち上げるとZの値が大きくなり、下に下げると小さくなります（**図7-18**）。

```
1  from microbit import *
2  while True:
3      display.scroll('X:%s' % accelerometer.get_x())
4      display.scroll('Y:%s' % accelerometer.get_y())
5      display.scroll('Z:%s' % accelerometer.get_z())
```

図7-17　完成したプログラム

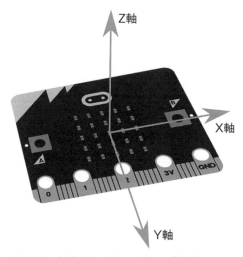

図7-18　加速度センサーの3つの軸方向

プログラム7：フルーツキャッチャー・ゲーム

　これまで作ってきたプログラムは、BBCマイクロビットの基本を学ぶためのもので、ひとつのプログラムが、ひとつだけの仕事をするという単純なものばかりでした。しかし、これから作るプログラムは、少々複雑です。ディスプレイのいちばん下で光るピクセル「プレイヤー」を動かして、上から次々と落ちてくる「フルーツ」（上から次々と落ちてくるもうひとつのピクセル）をキャッチするというゲームです。

　ここでは、ツールボックスの「高度なブロック」の中にある、まだ使ったことがない「ゲーム」カテゴリーの命令を使用します。この中にある命令は、とくにゲーム用に作られています。得点を数えたり、「GAME OVER」と表示させたり、ピクセルひとつ分の**スプライト**（画面の中を動き回るオブジェクト）を作ったり、スプライト同士、またはスプライトが画面の端にぶつかったことを判定したり、そうした処理を行います。

　「フルーツキャッチャー」は単純なゲームですが、プログラムはそれなりに大きなものになります。これまで、休まずにこの章を読んでこられた方は、ここで一休みされるとよいでしょう。ちょっと気分転換をしてから、戻ってきてください。

　いつものとおり、前のプロジェクトのコードを保存して、安全な場所に移動して、わかりやすいファイル名に書き換えてから、プログラムリストのすべての行をCtrl＋Aキーで選択し、デリートキーで削除してください。

ミニ解説

　先にプログラムを一気に作ってしまって、あとから各命令の説明を読みたい場合は、付録C「Pythonのレシピ」に完成したプログラムが書かれているので、それを見て作ってください。

最初の設定

　まずはmicrobitのライブラリーをインポートすることから始めますが、今回はもう1行あります。次のように書いてください。

```
from microbit import *
import random
```

1行目はもうおなじみですね。しかし、2行目は初めてです。「random」（ランダム）とはその名前が示すとおり、randomというライブラリーをインポートします。これで、ゲームを面白くするランダムな要素を採り入れるために必要な命令が使えるようになります。ここで重要なのは、2つの異なるライブラリーを同時にインポートできるということです。ゲームの中で、microbitライブラリーにはない命令を使いたいときは、プログラムの先頭で、import命令を使ってインポートしてください。

　次に変数の初期化を行います。使用する変数は、ゲームの速度を決める変数delayと、ゲームの速度を決めるための変数delayCounterと、プレイヤーの位置を決めるための変数playerPositionの3つです。2行目の下に、次のように書いてください。

```
delay = 10
delayCounter = 0
playerPosition = [2,4]
```

　最初の行では、ゲームの速度をミリ秒で指定しています。これは後にゲームの中で100ミリ秒が掛けられて、1秒のディレイとなります。この行では、変数の初期化の重要性がわかります。変数の初期化では、前のプログラムで指定した「0」だけでなく、必要なさまざまなデータを指定できます。ここでは、変数delayに、ゲーム開始時点での速度を指定しています。この値を小さくすれば、ゲームが速くなって難しくなります。もっと簡単にしたければ、この値を大きくしてください。

　その下には、PlayerPosition（プレイヤー位置）変数を初期化する行があります。これは、1つのドットで表されるプレイヤー・キャラクターの最初の位置を決めるものです。この変数には、四角い括弧で囲まれた2つの値が格納されます。この四角い括弧は**リスト**を示す記号で、これを使えば、それぞれに変数を設定すべきところを、1つの変数に複数の値を格納できるようになります。

　PlayerPosition = [2,4]の数値は非常に重要です。この数値が、**スプライト**と呼ばれるプレイヤー・キャラクターの、BBCマイクロビットのディスプレイ上の位置を示しています。ディスプレイのピクセルは、すべて、X軸方向（横方向）とY軸方向（縦方向）の数値で位置がわかるようになっています。**図7-19**は、ディスプレイの25個それぞれのピクセルのXY座標値を示したものです。

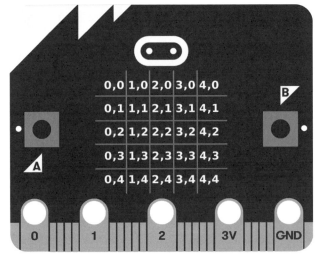

図7-19　BBCマイクロビットのディスプレイの座標位置

　このPlayerPosition変数では、スプライトplayerの位置を、X軸上の2、Y軸上の4の位置と指定しています。図7-19を見ると、[2,4]はいちばん下の段の真ん中であることがわかります。

　次に、得点（score）を0に設定しておきましょう。この0を、10とか100とか、他の数値に書き換えれば、最初から高得点で始めることができますが、それでは面白くないでしょ？　5行目の最後にカーソルを合わせてエンターキーを押し、次のコードを書き込んでください。

```
score = 0
```

　6行目を書き終えて、ゲームの得点は0から始まるようになりました。これで、ゲームの最初の設定部分は完成です（**図7-20**）。

メインのプログラム・ループ

　次はいよいよゲーム本体に取りかかります。6行目の終わりにカーソルを合わせ、エンターキーを押して7行目にいき、続けてエンターキーを押して8行目を作ってください。ゲームのプログラムはループの中で実行されます。そこで、次のように書いてください。

```
1 from microbit import *
2 import random
3 delay = 10
4 delayCounter = 0
5 playerPosition = [2, 4]
6 score = 0
```

図7-20 設定部分の完成

```
while True:
    fruitPosition = [random.randrange(0,4),0]
```

> **ミニ解説**
>
> 　7行目を空白のままにしておくには理由があります。コードのセクションで行を空けて区切ることで、セクションの始まりと終わりが、見た目にわかりやすくなるからです。コメント同様、空白行も、どんなに入れてもプログラムの処理速度が遅くなったり、最終的なプログラムが大きくなったりすることはありません。これらをうまく入れることで、他の人にプログラムを見てもらうとき、または自分で見直すときに大変に解析がしやすくなります。

　ゲームを始めたときにフルーツがいつも同じ場所に現れるのでは、ぜんぜんゲームらしくありません。プレイヤーのスプライトの位置は5行目で決めてありますが、9行目では、フルーツが現れる位置を、2行目でrandomライブラリーからインポートしたrandrange命令を使って、毎回ランダムな場所に現れるようにしています。

　random.randrangeは、こう命令しています。括弧の中の左の数から右の数までの間の数値をランダムに選びなさい。つまりそれは、0、1、2、3、4の5つの数値のうちのどれかになります。この5つの数値は、BBCマイクロビットのディスプレイのX軸上とY軸上の位置にぴったり当てはまる値になります。なので、fruitPosition（フルーツ位置）変数は、毎回、ディスプレイのいちばん

```
1  from microbit import *
2  import random
3  delay = 10
4  delayCounter = 0
5  playerPosition = [2, 4]
6  score = 0
7
8  while True:
9      fruitPosition = [random.randrange(0,4), 0]
```

図7-21 メインプログラムの冒頭部分

上の段（Y=0）の、どこかの列（random命令によって生成されるX = 0 to 4）にフルーツのスプライトを発生させます。

ここまでで、プログラムは**図7-21**のようになります。

条件ループ

これまで使ってきたループは、無限ループでした。いつまでもプログラムを繰り返すというループです。今回は、もっとパワフルなループを使います。**条件ループ**です。条件ループとは、指定された条件が満たされたかどうかをテストして、それが満たされたとき（「真」であるとき）にだけ実行されるループです。たとえば、ひとつの変数が、もうひとつの変数と同じ値になったとき、といった具合です。if文とよく似ていますが、if文が、そこに含まれるコードの最後まで実行すると、そこで終わるのに対して、条件ループは最後まで実行するとまた最初に戻り、条件を確認して真なら実行するという動作を繰り返します。

9行目の最後にカーソルを合わせてエンターキーを押し、次のように書いてください。

```
while fruitPosition[1] <= 4:
```

これを書いてエンターキーを押すと、11行目からは新しいレベルのインデントが付けられます。今度はスペース4つではなく8つです。このスペース8つ分のインデントが、今書いた新しいwhile命令の範囲を示しています。

この1行でwhileループが始まります。条件が満たされたとき（真のとき）だけこの中のプログラムが実行されます。fruitPosition[1]とは、変数fruitPositionに格納されている2つめの値のことです。これが0から4までのとき、というのが条件です（**図7-22**）。これはフルーツのY軸上の位置を示す値です。0はディスプレイのいちばん上の段。4はいちばん下の段です。つまり、フルーツがいちばん下の段に到達していない間のみ、このループの中のプログラムを実行しなさいという意味になります。

しかし、まだ条件ループで実行する仕事ができていません。11行目のスペース8つ分のインデントのあとに、次のように書いてください。

```
while delayCounter < delay:
```

ここでまた、別の条件ループが入ります。ここでは、delayCounter変数が、delay変数よりも小さいかどうかを見ています。これは、ゲームの速さを調整するためのループです。このループが実行されるごとに、delayCounterの値はインクリメントされます（1ずつ増加します）。それが、3行目で10に設定した変数delayの値に達すると、ループを終了して残りのプログラムが実行されるようになります。

```python
from microbit import *
import random
delay = 10
delayCounter = 0
playerPosition = [2, 4]
score = 0

while True:
    fruitPosition = [random.randrange(0,4), 0]
    while fruitPosition[1] <= 4:
```

図7-22 条件ループ

条件文

　フルーツをキャッチするためには、プレイヤーをディスプレイのいちばん下の列で左右に移動させる必要があります。都合のいいことに、BBC マイクロビットには、左にボタン A、右にボタン B があります。このボタンを使ってスプライト player を動かすには、前に作った「ボタン入力」のプログラムが応用できますが、もう少し手を加えなければなりません。

　11 行目の最後にカーソルを合わせてエンターキーを押し、12 行目に自動インデントで 12 個のスペースが入ったところに、次のように書いてください。

```
if button_a.was_pressed() and↵
(playerPosition [0] > 0):
```

> **ミニ解説**
>
> 　コード（プログラム）の 1 行が長くて、この本のページの横幅に収まらないときは、↵ が使われます。このマークがあるときは、そこで改行せずに 1 行として記述してください。
> 　どう書いてよいか、よくわからないときは、以下で示すこの本のウェブサイトからテキスト形式のファイルをダウンロードしてください。これを見て記述してもよいですが、丸ごとコピーしてエディターに貼り付ければ簡単です。
> ・本書のウェブサイト
> https://shop.nikkeibp.co.jp/front/commodity/0000/P60050/
> www.wiley.com/go/bbcmicrobituserguide

　この条件文は、スプライト player がディスプレイの左の端を通り抜けて消えてしまわないようにするためのコードです。これは、スプライト player の現在の位置を監視して、X 軸上（横方向）の値が、もし 0（左の端）より大きいときは、左に動けるようにします。もし 0 以下になったときは、左の端からさらに左には動けなくなります。

　お気づきでしょうか。ここでは、button_a.was_pressed() となっています。「ボタン入力」プログラムでは button_a.is_pressed() と書いていました。これらには大きな違いがあります。button_a.is_pressed() は、条件の評価が行われている間にボタンが押されたかどうかだけを見ています。一方、button_a.was_pressed() では、プログラムの実行がこの条件文に達する以

前に、どこかで1度でもボタンが押されたかどうかを見ています。なぜwas_pressed()のほうを使うのかは、あとで説明しましょう。

　プレイヤーが動けるようにするには、12行目の最後にカーソルを合わせてエンターキーを押し、13行目の16個分のインデントが入ったところから、次のように書いてください。

```
playerPosition[0] -= 1
```

　これで、スプライトplayerの値が0より大きいとき、つまり左端より右にあるときは、ボタンAを押すとスプライトplayerのX軸上の位置（変数playerPositionに格納されている1番目の値。ちなみに、playerPositionの2つめの値はY軸の位置）が1だけ減らされ（ディクリメントされ）、ピクセル1つ分左に移動するようになります。

　もうひとつ、ボタンBを押したときにプレイヤーが右に動くようにするためのコードも書いておきましょう。13行目の最後でエンターキーを押すと、自動インクリメントでスペースが16個入ってしまうので、バックスペースキーを1回押して、スペースを12個にしてから、次のコードを書き込んでください。

```
if button_b.was_pressed() and ↵
(playerPosition[0] < 4):
    playerPosition[0] += 1
```

　↵の次の行は、前の行と1行になるように書いてください。これでコントロール部分は完成です。最初のブロックは、ボタンAが押されたとき、スプライトplayerが左に動ける空間があるかを確認し、あれば左に移動します。その下のブロックでは、ボタンBが押されたとき、スプライトplayerが右に動ける空間があるかを確認し、あれば右に移動します。

スプライトを描画する

　これまでは、すでに用意された画像の表示やメッセージをスクロールさせるという限られた範囲でのディスプレイの操作を扱ってきました。しかし、ゲームでは、その場で画像を用意して表示しなければなりません。それには、display.

set_pixel命令を使用します。15行目の最後にカーソルを合わせてエンターキーを押し、16行目を作ったら、バックスペースキーを押して、自動インデントによって入れられた16個のスペースを12個に減らしてください。そこから、次のように書いてください。

```
display.clear()
display.set_pixel(fruitPosition[0], fruitPosition[1],9)
display.set_pixel(playerPosition[0], playerPosition[1],9)
```

　最初の行は、BBCマイクロビットのディスプレイに、余計なスプライトが残らないように、きれいに消すための命令です。次の行は、図7-19で解説した、変数fruitPisitionの配列を使って画面上の位置を指定したfruitスプライトを描画するための命令です。最後の「9」は、明るさを9にせよという意味です。9は最大の明るさです。その次の行も同じように、変数playerPositionで指定したplayerスプライトを描画させる命令です。こちらも明るさは最大にしています。
　BBCマイクロビットのプロセッサーの処理速度は大変に高速なので、今のままでは、フルーツは人間の目で認識できる速さの何百倍ものスピードで落ちてくることになります。おそらく、目に見えるのは「GAME OVER」のメッセージだけでしょう。そこで、18行目の最後にカーソルを合わせてエンターキーを押して、こう書き込んでください。

```
delayCounter += 1
sleep(100)
```

　ここでは、100ミリ秒のディレイを入れる前に、この条件ループが何回実行されるかをコントロールするために、変数delayCounterをインクリメントしています。11行目で始まるこの条件ループでは、変数delayCounterと、3行目で値を10に初期化した変数delayとを比較して条件にしていることを思い出してください。なので、このループはトータルで11回実行されます（変数delayCounterは、0から9の合計10までを数えるからです）。この11に100ミリ行を掛けて、結果として1.1秒のディレイが加えられることになります。
　なぜこのような回りくどいことをしなければならないのか、疑問に思われるでしょう。それなら最初からdelay(1100)と書けば良さそうなものです。しかし、

これには理由があります。もし、Python が 1.1 秒間止まってしまったら、その間にボタンを押しても、ボタンが押されたかどうかのチェックも行われないため、プレイヤーは動かなくなります。ボタンが押されたかどうかを見ているためには、ループは動いていなければなりません。フルーツがどんどん落ちてくるのに、プレイヤーが動かせないなんて、そんなゲームはゴメンです。

　ボタンの確認に button_a.was_pressed() を使用したのも、そのためです。sleep を実行中は、Python はその他のことを何もしなくなります。ボタンが押されたかどかの確認も行いません。そこでこの命令を使えば、sleep 実行中にボタンが押されても対応できるようになります。実際、プロセッサーの処理速度は大変に高速なため、コードの実行時間の中でいちばん長い時間を使うのは、sleep によるディレイということになりますからね。

プログラムを完成させる

　20 行目の最後にカーソルを合わせてエンターキーを押し、自動インデントによって入れられたスペースをバックスペースキーで 4 個分削除してください。これで、ここに記述する行は 10 行目から始まるループの一部となります。このループは、落ちてくるフルーツをコントロールするためのものです。11 行目から始まるループでは、BBC マイクロビットのプロセッサーの処理速度をディレイで調整しています。次の 2 行を書き加えてください。

```
delayConter = 0
fruitPosition[1] += 1
```

　最初の行では、変数 delayCounter の値を 0 にリセットしています。なので、次に 11 行目から始まるループが実行されるときは、これまでに delayCounter に格納された 10 ではなく、0 からまたカウントが始まるようになります。

　次の行はフルーツを下に落とすための命令です。変数 fruitPosition の Y 軸上の位置を示す値（格納されている 2 つの値のうちの 2 つめ）をインクリメントしています。つまり、1 ピクセル分下に移動させます。この行が、メインのプログラム・ループの終点となります。この行が実行されると、Python は 10 行目のループの先頭に戻り、フルーツの Y 軸上の位置がいちばん下に達していないかを確認します。もしまだ到達していなければ、ループが実行されて、すべてが繰り

返されます。もしディスプレイのいちばん下に到達していた場合は、ループを終了し、これから書く23行目に飛びます。

22行目の最後にカーソルを合わせてエンターキーを押し、自動インデントで入れられたスペースを、バックスペースキーで4つ分削除してください。これにより、この行は11行目から始まるループには含まれないことが示されます。こう書いてください。

```
if fruitPosition[0] == playerPosition[0]:
```

ここでは、変数fruitPositionに格納された2つの値のうちの最初の値（X軸上の位置）と、変数playerPositionに格納された2つの値のうちの最初の値（X軸上の位置）とを比較しています。もしこれらが一致すれば、プレイヤーはフルーツをキャッチしたと判定されます。もし一致しなければ、プレイヤーはキャッチに失敗したと判定されます。

ミニ解説

条件式で、2つの値が同じかどうかを比較したいときは、「=」ではなく、「==」を使います。Pythonでは、= ひとつを使用すると、左の項に右の項の値を格納するという意味になってしまいます。2つの変数などを比較するときは、かならず == を使ってください。

プレイヤーがフルーツをキャッチしたときは、得点を加算しましょう。23行目の最後にカーソルを合わせてエンターキーを押し、自動インデントされたところから、次のように書いてください。

```
score +=1
delay -= (delay / 10)
```

2つめの行は、キャッチに成功したあとにゲームのスピードを上げるためのものです。「delay -=」は、その右側の項の値を今の変数delayの値から差し引きなさいと命令しています。その右の項は、今のdelayの値を10で割っています。その結果、変数delayの値は、今の値の10パーセント引きとなります。つまり、

ゲームのスピードが10パーセント速くなるのです。

　これは、キャッチに成功したとこの処理です。もうひとつ、失敗したときの処理も作っておく必要があります。これは、条件文に「else」（それ以外の場合）として付け加えます。25行目の最後にカーソルを合わせてエンターキーを押し、自動インデントされたスペースを4つ分削除してください。そこから次のように書いてください。

```
    else:
        display.scroll(('GAME OVER   SCORE %s' % score), loop=True)
```

　この条件文を普通の言葉に言い換えると、「もし、fruitスプライトの位置がplayerスプライトの位置と同じであれば、得点を1つ増やして、ゲームのスピードを10パーセント速くしなさい。もしそうでないときは、ディスプレイにゲームオーバーと表示しなさい」となります。

　「if」の中のコードは、条件に一致したときに1回だけ実行されます。条件に一致しないときは、「else」の中のコードが1回だけ実行されます。ループが実行されるごとに、ifまたはelseのどちらかのコードが必ず実行されますが、どんなことがあっても、1回のループでその両方が実行されることはありません。

　display.scroll命令は前にも使いましたが、loop=Trueは初めて登場しました。これは、display.scrollが実行されたあとも、繰り返し実行するように命令するものです。これがないと、Pythonは、ゲームオーバーのメッセージを1回表示したあと、またゲームを始めてしまいます。この1行があるために、BBCマイクロビットのリセットボタンを押してゲームを再開させるという形にできるのです。

　ゲームをテストする前に、巻末の付録Cに掲載されているプログラム、または**図7-23**と見比べて、誤りがあれば修正してください。間違いがなければ、「ダウンロード」ボタンをクリックして、hexファイルをBBCマイクロビットにフラッシングしてください。これでゲームがプレイできます。

　ボタンAとボタンBをクリックすると、ディスプレイのいちばん下の真ん中にいるプレイヤーが左右に動きます。上から落ちてくるフルーツを、それで受け止めてください。失敗するとディスプレイが赤く点滅して、「GAME OVER」というメッセージと得点が表示されます。リセットボタンをクリックすれば、また最初から始まります。

```
1  from microbit import *
2  import random
3  delay = 10
4  delayCounter = 0
5  playerPosition = [2, 4]
6  score = 0
7
8  while True:
9      fruitPosition = [random.randrange(0,4), 0]
10     while fruitPosition[1] <= 4:
11         while delayCounter < delay:
12             if button_a.was_pressed() and (playerPosition[0] > 0):
13                 playerPosition[0] -= 1
14             if button_b.was_pressed() and (playerPosition[0] < 4):
15                 playerPosition[0] += 1
16             display.clear()
17             display.set_pixel(fruitPosition[0], fruitPosition[1], 9)
18             display.set_pixel(playerPosition[0], playerPosition[1], 9)
19             delayCounter += 1
20             sleep(100)
21         delayCounter = 0
22         fruitPosition[1] += 1
23     if fruitPosition[0] == playerPosition[0]:
24         score += 1
25         delay -= (delay / 10)
26     else:
27         display.scroll(('GAME OVER    SCORE %s' % score), loop=True)
```

図7-23　完成したプログラム

　ゲームをより面白くするために、またみなさんのプログラミングの腕を磨くために、改良をしてみましょう。プレイヤーをボタンで動かす代わりに、加速度センサーを使ってみてはどうでしょう。複数のフルーツが同時に落ちてくるようにすれば、ゲームはもっとスリリングになります。

先に進もう

　この章からスタートした方は、ぜひ第5章の視覚的プログラミング環境でのプログラムや、第6章のJavaScriptのプログラムと見比べてみてください。このままPythonを使い続けたいという方は、マイクロビット教育財団のウェブサイト microbit.org）を覗いて見てください。たくさんのサンプル・プログラムや練習問題やプロジェクトが用意されています。

パート
3

BBC マイクロビットの上級プロジェクト

第 8 章	無線通信機能
第 9 章	BBC マイクロビットとラズベリーパイ
第10章	電子回路を組もう
第11章	BBC マイクロビットを拡張しよう
第12章	BBC マイクロビットをウェアラブルにしよう
第13章	参考になる情報源

第 8 章

無線通信機能

/こ/の/章/の/内/容/

- BBCマイクロビットに内蔵されている無線通信機能を解説します。
- BBCマイクロビットから、別のBBCマイクロビットに無線でメッセージを送ります。
- BBCマイクロビットから、たくさんのBBCマイクロビットに無線でメッセージを送ります。
- BBCマイクロビットを無線グループに分けて、特定のグループにだけ無線でメッセージを送ります。

　BBCマイクロビットの機能の中で、もっとも強力なもののひとつに無線通信機能があります。ボードの裏側にある小さな黒い四角いチップの中に、無線機能が内蔵されています。ほとんど目に見えませんが、きわめてパワフルです。マイクロビット同士で無線通信ができるだけでなく、何十台ものマイクロビットとの間でデータをやりとりこともできます。

　なんと言っても、買ってきて箱から出して、すぐに無線機能を使えるのがBBCマイクロビットのすごいところです。何かを接続したり、アンテナを別途用意する必要はありません。また、マイクロビットが使用する電波は、世界中で自由に使える帯域のものです。これから始める無線プロジェクトを邪魔するものは、何もありません。

BBCマイクロビットの無線機能

　BBCマイクロビットの無線モジュールは、プロセッサー（本体裏面の左側にある「PROCESSOR」というラベルが印字された黒くて小さな四角いチップ、**図8-1**）の中に内蔵されています。プロセッサーに埋め込まれているので、無線モジュール自体にはラベルはありません。しかし、そのアンテナには「BLE ANTENNA」と印字され、ボードの左上の位置を指しています。そこには特別な形をした線が

図8-1 BBC マイクロビットの無線モジュールを内蔵したプロセッサー

描かれており、そこで無線信号を送ったり、受け取ったりします。

　チップはひとつですが、その中には2つの無線機能が含まれています。ひとつは、**ピア・トゥ・ピア通信**（Peer to peer）の機能。近くのBBCマイクロビットが受信できる信号を発します。もうひとつは、ブルートゥース・ロー・エナジー（Bluetooth Low Energy：BLE）です。ブルートゥースは、短距離無線通信の規格で、ほとんどすべてのスマートフォンやタブレットに使用されています。BLEは、その中でも、電力の消費を小さく抑えたバージョンです。

　ピア・トゥ・ピアは、BBCマイクロビット同士で無線通信させたいプロジェクトに適しています。マイクロビットを使ったドアベル、マルチプレイヤー・ゲーム、警報装置などを簡単に作ることができます。

プログラム1：1対1の通信

　BBCマイクロビットの無線モジュールの、もっともシンプルな使い方が、1対1の通信です。マイクロビットから、もうひとつのマイクロビットにメッセー

ジを送ります。これがピア・トゥ・ピアと呼ばれる通信の方式で、通信を管理するサーバーは必要ありません。1台目のマイクロビットが直接2台目に話しかけます。すると2台目は、1台目と自由に話ができるようになります。この無線通信環境を作るのに必要なコードは、ほんの数行です。この章のプログラムを試すには、マイクロビットが2台と、それぞれに電源を供給するためのケーブルまたはバッテリーパックが必要です。

> **ミニ解説**
>
> この章ではJavaScriptを使用します。みなさんが、第6章でJavaScriptエディターと言語の使い方を学習して、慣れていることを想定しています。この章のプログラムは、JavaScriptブロックとPythonのバージョンもあります。付録A「JavaScriptブロックのレシピ」または付録C「Pythonのレシピ」を見てください。また、この章で学ぶJavaScriptのプログラムは、付録B「JavaScriptのレシピ」に載っています。

BBCマイクロビットを、無線を使うようにJavaScriptで命令するコードは、たったの1行です。ウェブブラウザーでmakecode.microbit.orgを開き、「プロジェクト」メニューの「新しいプロジェクト」を選択してください。エディター切り替えボタンで「JavaScript」にモードを切り替え、プロジェクト名を「無線の実験」と書き換えてください。そして、最初に書かれているコードをすべて削除してから、次の1行を書き込んでください（**図8-2**）。

```
radio.setGroup(1)
```

この簡単な1行で、BBCマイクロビットを**無線グループ**に登録します。無線グループの詳細はこの章で後述しますが、今は、「通信する双方のマイクロビッ

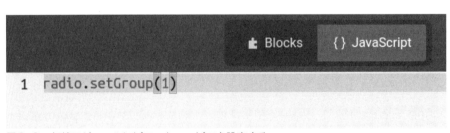

図8-2 無線モジュールにピア・トゥ・ピアを設定する

トは同じ無線グループに属している必要がある」とだけ憶えておいてください。無線グループに登録する際は、きちんとコードを記述することが望まれますが、`radio.setGroup`命令を使わずに無線を使う方法もあります。マイクロビットは、無線を使う命令がプログラムで実行されたとき、即座にデフォルトの無線グループに登録を行います。デフォルトの無線グループは、プログラムによって決められます。なので、同じプログラムを2つのマイクロビットにフラッシングすれば、それらは通信が可能になりますが、片方にフラッシングするプログラムに変更を加えると、そちらは別の無線グループに登録されてしまい、通信ができなくなります。では次に、ボタンAが押されたときにトリガーされるイベント（第6章を参照）を設定しましょう。

```
input.onButtonPressed(Button.A, () => {
    radio.sendString("Hello from A!")
})
```

　`radio.sendString`命令は、その名前が示すとおり、無線（radio）で文字列（String）を送りなさい（send）という意味です。この場合、送る文字列は`Hello from A!`（Aからこんにちは）というものです。`radio.`と書いて、少し待つと、エディターのポップアップ・メニューが開き、そこに無線関連の他の命令が表示されます。その中に、送信ではなく、次に必要になるメッセージを受け取るための命令があります。次のように書いてください。

```
radio.onDataPacketReceived(({receiveString}) => {
    basic.showString(receivedString)
})
```

　これは、同じ無線グループからメッセージが送られてきたときにトリガーされるイベントです。受け取ったメッセージは、`basic.showString`命令でBBCマイクロビットのディスプレイに表示されます。以上で、初めての無線通信プログラムが完成しました（**図8-3**）。
　「ダウンロード」ボタンをクリックしてプログラムをコンパイルし、hexファイルをBBCマイクロビットにフラッシングしてください（フラッシングの詳しいやり方は、第3章「BBCマイクロビットでプログラミングを始めよう」を参

```
1  radio.setGroup(1)
2  input.onButtonPressed(Button.A, () => {
3      radio.sendString("Hello from A!")
4  })
5  radio.onDataPacketReceived(({receivedString}) => {
6      basic.showString(receivedString)
7  })
```

図8-3 1対1の無線通信プログラムの完成

照してください）。このマイクロビットを「BBCマイクロビットA」と呼びましょう。フラッシングが完了したら、ボタンAを押してみてください。何も起こりません。このプログラムは、メッセージの送信と受信を行います。しかし、受信する相手がいなければ、いくら送信しても無駄です。そこで、もうひとつのBBCマイクロビットが必要となります。

ブラウザーのJavaScriptエディターに戻り、3行目を次のように書き換えてください。

```
radio.sendString("Hello from B!")
```

その他の行は変更しないでください（**図8-4**）。再び「ダウンロード」ボタンをクリックしてプログラムをコンパイルし、hexファイルをもうひとつのBBCマイクロビット（BBCマイクロビットB）にフラッシングしてください。さて、両方のマイクロビットに電源を入れて、BBCマイクロビットAのボタンAを押してください。すると、BBCマイクロビットBのディスプレイに Hello from A! と表示されるはずです。BBCマイクロビットBのボタンAを押すと、今度はBBCマイクロビットAのディスプレイに Hello from B! と表示されます。

これはとても簡単なプログラムですが、実用性を秘めています。たとえば、片方のBBCマイクロビットを部屋のドアの外に置き、もう片方を机の上に置いておきます。外のマイクロビットのボタンを押すと、Ding Dong（ピンポン）と机の上のマイクロビットのディスプレイに表示させるようにプログラムを書き換

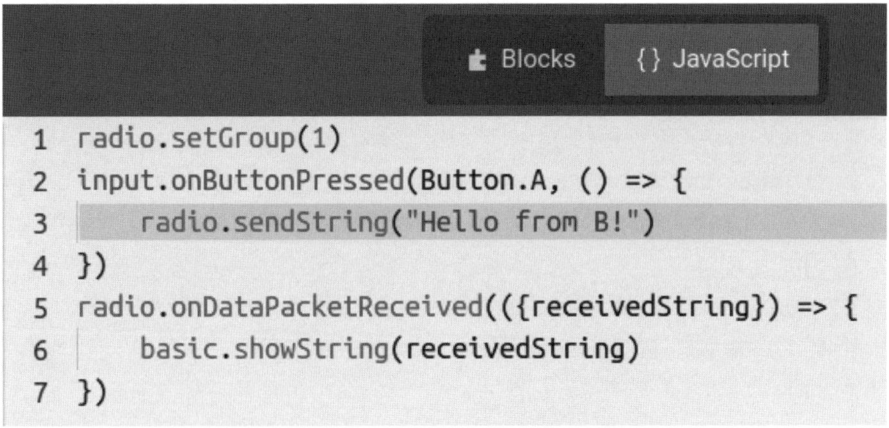

```
1  radio.setGroup(1)
2  input.onButtonPressed(Button.A, () => {
3      radio.sendString("Hello from B!")
4  })
5  radio.onDataPacketReceived(({receivedString}) => {
6      basic.showString(receivedString)
7  })
```

図8-4 もうひとつのBBC マイクロビット用にプログラムを書き換える

えておきます（マイクロビットの入出力端子に音の出る装置を接続すれば、実際にベルの音を鳴らすことも可能です）。これに応えて机の上のボタンを押すと、ドアの外のマイクロビットに On my way！（今行きます！）と表示されるようにすれば、便利に使えます。

BBC マイクロビットの無線モジュールの機能は、1対1の通信に限られません。いくつものマイクロビットとの通信も可能です。それを試してみましょう。

プログラム2：1対複数の通信

このプログラムを試すには、3つめの BBC マイクロビットが必要です。JavaScriptエディターで、3つめのマイクロビット（BBC マイクロビット C）からのメッセージだとわかるように3行目を書き換えてください。プログラムは次のようになります（**図8-5**）。

```
radio.setGroup(1)
input.onButtonPressed(Button.A, () => {
    radio.sendString("Hello from C!")
})
radio.onDataPacketReceived(({receiveString}) => {
    basic.showString(receivedString)
})
```

```
1  radio.setGroup(1)
2  input.onButtonPressed(Button.A, () => {
3      radio.sendString("Hello from C!")
4  })
5  radio.onDataPacketReceived(({receivedString}) => {
6      basic.showString(receivedString)
7  })
```

図8-5 3つめのBBCマイクロビット用のプログラム

　「ダウンロード」ボタンをクリックしてプログラムをコンパイルし、hexファイルを3つめのBBCマイクロビット（BBCマイクロビットC）にフラッシングしてください。すべてのマイクロビットの電源を入れて、BBCマイクロビットAのボタンAを押してください。すると、BBCマイクロビットBとBBCマイクロビットCのディスプレイに、Hello from A! というメッセージがスクロール表示されます。次に、BBCマイクロビットCのボタンAを押してみてください。すると今度は、BBCマイクロビットBとBBCマイクロビットAのディスプレイに、Hello from C! というメッセージが表示されます。

　ここでは、BBCマイクロビットを3台使って**無線ネットワーク**を構築しましたが、このネットワークには、何百台でもマイクロビットを含めることができます。ひとつのマイクロビットのボタンを押すと、その他のすべてのマイクロビットにメッセージが表示されます。もちろん、すべてが電波の届く範囲内にあることが必要ですが。

　これはピア・トゥ・ピアのネットワークです。BBCマイクロビットは、それぞれが直接通信をしています。こうした通信方式は**非中央集権型**と呼ばれます。BBCマイクロビットAの電源を切っても、BBCマイクロビットBとBBCマイクロビットCは通信ができます。BBCマイクロビットAの電源を入れて、BBCマイクロビットBの電源を切っても、BBCマイクロビットAとBBCマイクロビットCとの間で通信ができます。BBCマイクロビットBの電源を戻し、BBCマイクロビットCの電源を切っても、BBCマイクロビットAとBBCマイクロビットBとの間で通信ができます。事実上、1台のマイクロビットでも、この

プログラムは正常に機能します。ただし、メッセージを受け取る相手がいなければ、誰もいない部屋で独り言を言っているのと同じことになります。

図8-6は、BBCマイクロビットのネットワークを図解したものです。点線の矢印は、通信の経路を表しています。どのマイクロビットとも通信ができるわけです。この中のひとつを切断しても、他の3つで通信ができます。いちばん下のマイクロビットからメッセージを送信すれば、他の3つのマイクロビットがそれを受信します。このネットワークには、中央ハブもサーバーもルーターも必要ありません。

プログラム1で紹介したドアベルの例も、複数の部屋にBBCマイクロビットを配置して通信し合うネットワークに拡張できます。ひとつのマイクロビットからメッセージを送れば、他のすべてのマイクロビットにそれが表示されます。もし、特定の人とだけ通信がした場合は、そのようにプログラムを書き換えることも可能です。その人が自分のマイクロビットのボタンを押すと、「マスター」のマイクロビットに、誰が呼んでいるかがわかるメッセージを表示させるようにすればよいのです。

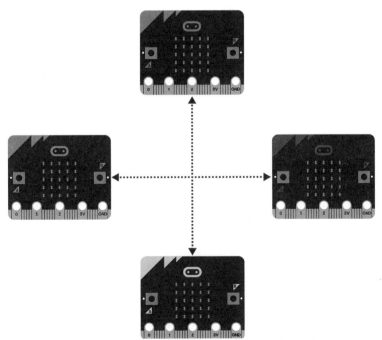

図8-6 BBCマイクロビットによる非中央集権型のネットワーク

プログラム3：無線グループ

ときには、ひとつの場所にあるすべてのBBCマイクロビットと同時に通信をすることが、不便に感じることもあります。たとえば同じ教室で、すべての生徒が無線ネットワークを使おうとすると、混乱が生じます。隣の生徒もマイクロビットを使っていたら、お互いのネットワークに入り込むことになります。また、たくさんのマイクロビットでネットワークを組み、その中でグループ分けしたいという場合もあるでしょう。

そんなときも、BBCマイクロビットなら対応できます。それが「無線グループ」です。それぞれに複数のマイクロビットを含む無線グループを、256個まで作ることができます。

無線グループは、無線モジュールに変更を加えるわけではありません。送受信に使われる電波の**周波数**を変更するようなことはありません。ただ、BBCマイクロビットに、自分が属していない無線グループからのメッセージは無視するように指示するだけです。電波が届く範囲内では、すべてのマイクロビットは、他のマイクロビットから送られたメッセージを受け取ります。しかし、それが異なる無線グループへのものであれば、マイクロビットは、それを「聞かなかったこと」にしてくれるのです。

前のプログラムでは、無線グループを1に設定しました（**図8-7**を参照）。これは、グループ0から255までの中のひとつです。近くで使われているBBCマイクロビットからのメッセージがあなたのネットワークに入ってきて困るときは、無線グループを変更すれば、そのメッセージを排除できます。

無線グループは、その場で切り替えることもできます。トランシーバーが混線したときに、チャンネルを切り替えるのと同じ感覚です。JavaScriptエディターで、プログラムの下に次のコードを追加してください。

図8-7 無線グループの設定

```
input.onButtonPressed(Button.B, () => {
  radio.setGroup(2)
  basic.showString("Switched to Group 2")
})
```

　radio.sendString命令をBBCマイクロビットA用に書き換えることを忘れないでください（**図8-8**）。「ダウンロード」ボタンをクリックして、hexファイルをBBCマイクロビットAにフラッシングしてください。続けて、BBCマイクロビットB用に3行目を書き換えたプログラムをBにフラッシングし、同様にBBCマイクロビットC用に書き換えたプログラムをCにフラッシングしてください。

無線グループの機能をテストする

　3台のBBCマイクロビットの電源を入れてください。バッテリーパックを使っても、USBケーブルを使っても構いません。それぞれのマイクロビットのボタンAを順番に押してください。プログラム2のときと同じく、送信されたメ

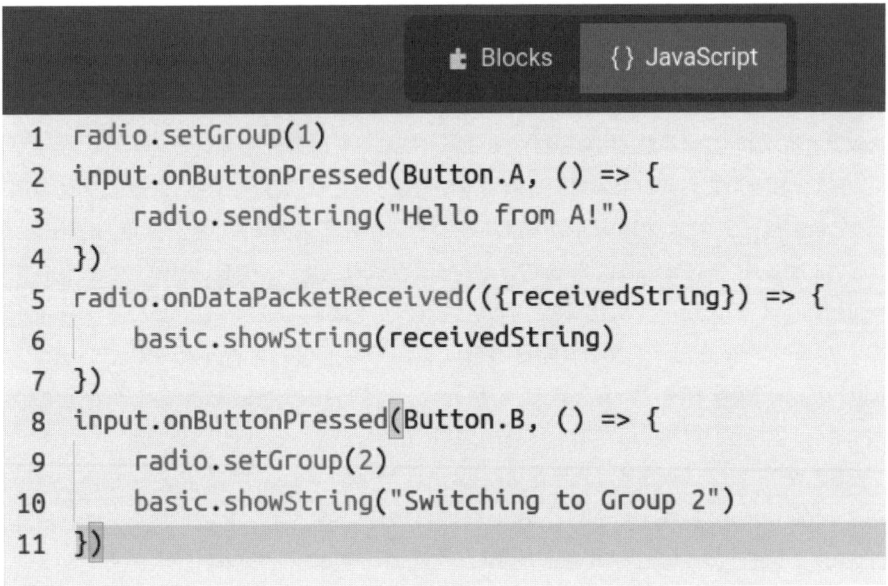

```
1  radio.setGroup(1)
2  input.onButtonPressed(Button.A, () => {
3      radio.sendString("Hello from A!")
4  })
5  radio.onDataPacketReceived(({receivedString}) => {
6      basic.showString(receivedString)
7  })
8  input.onButtonPressed(Button.B, () => {
9      radio.setGroup(2)
10     basic.showString("Switching to Group 2")
11 })
```

図8-8　BBCマイクロビットA用のプログラム

第8章　無線通信機能

ッセージは他の2つのマイクロビットのディスプレイに表示されます。BBCマイクロビットCのボタンAを押しても、他の2つのマイクロビットのディスプレイにメッセージが現れます。

では、BBCマイクロビットCのボタンBを押してください。無線グループが切り替わったことを示すメッセージがディスプレイに表示されるのを待ってから、BBCマイクロビットAのボタンAを押してください。

今回は、ちょっと前とは違います。Hello from A!のメッセージはBBCマイクロビットBには表示されますが、BBCマイクロビットCには何も現れません。無線グループが2つに分かれたからです。BBCマイクロビットAとBBCマイクロビットBは無線グループ1、BBCマイクロビットCは無線グループ2となっています。

反対の方向から確かめてみましょう。BBCマイクロビットCのボタンAを押してみてください。どのBBCマイクロビットにもメッセージが現れません。なぜなら、BBCマイクロビットCは、他の2つとは別の無線グループに属しているので、メッセージを受け取る相手がいないのです。周波数が変更されたわけではありません。実際には、他の2つはメッセージを受け取っています。しかし、それは別の無線グループのものなので、無視しているだけです。

図8-9は、その状態を図式化したものです。ネットワークは、今はBBCマイクロビット1台と、他の2台からなる2つのグループに分かれています。BBCマイクロビットCからの通信の線は、今は途切れています。図8-9の矢印がそれを示しています。BBCマイクロビットAとBは自由に通信ができますが、BBCマイクロビットCに送られたメッセージは無視されます。

では、BBCマイクロビットAのボタンBを押してください。グループ切り替えのメッセージのスクロールが終わってからボタンAを押すと、今度はBBCマイクロビットCにHello from A!が表示されます。しかし、BBCマイクロビットBにはメッセージは出ません。AとCが今は同じグループとなり、Bは元のグループのままだからです(**図8-10**)。ここでも通信の可否が示されています。同じグループのBBCマイクロビットAとCは自由に通信できますが、元のグループに置き去りにされたBは孤立しています。

BBCマイクロビットBは、最初に設定した無線グループに留まっています。そこに属しているのは、今はこれ1台だけです。そこで、BBCマイクロビットBのボタンBを押してやりましょう。これで、他の2つと同じグループに入ることができました。いずれかのBBCマイクロビットのボタンAを押すと、他の

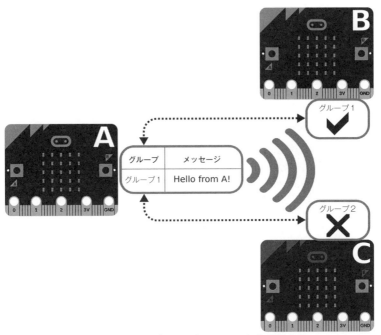

図8-9 3台のBBCマイクロビットのネットワークを分割する

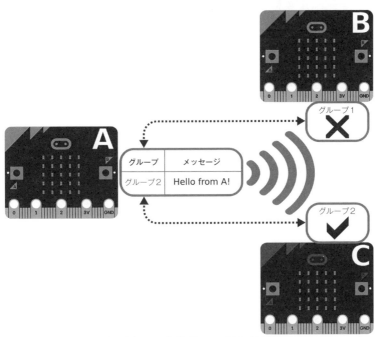

図8-10 BBCマイクロビットの無線グループを切り替える

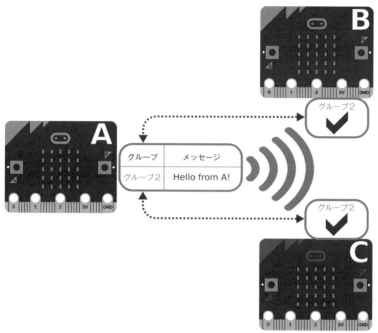

図8-11 無線グループ2で通信できるようになったBBCマイクロビット

2台にメッセージが表示されます（**図8-11**）。これでまた3台とも同じ無線グループとなり、互いに通信が可能になりました。BBCマイクロビットAのボタンAを押せば、BとCのディスプレイにメッセージが表示されます。

ミニ解説

　無線グループの考え方が今ひとつ理解できない場合は、部屋を想像してみてください。居間にいる2人は自由に会話ができますが、寝室にいる1人には、2人が何を話しているのかがわかりません。居間の1人が寝室に移動すれば、寝室の2人は自由に会話できるようになりますが、居間に残った1人には、2人の会話はわかりません。同じ部屋にいる人にだけしか、会話が通じないのです。BBCマイクロビットの無線グループも、これと同じ仕組みです。

　最大で256個までの無線グループを自由に設定できるため、何百台ものBBCマイクロビットを使った複雑なネットワークも構築可能です。その場合でも、別のグループに間違ってメッセージが表示されてしまうことはありません。

BBC マイクロビットをスマートフォンやタブレットと使う

　BBC マイクロビットのブルートゥース・ロー・エナジー無線通信を使えば、Google の Android や Apple の iOS を搭載したスマートフォンやタブレットと通信することもできます。これらのスマートフォンやタブレットとマイクロビットを無線接続すれば、センサーの値を読み出したり、メッセージを送ったりすることができます。マイクロ USB ケーブルを使わずに、マイクロビットにプログラムをフラッシングすることも可能です。

　BBC マイクロビットと接続するためには、スマートフォンまたはタブレットに、専用のアプリをインストールする必要があります。アプリのインストールとペアリングの方法に関する最新の解説は以下を参照してください。

・Mobile Apps for micro:bit
　https://microbit.org/guide/mobile/

第 9 章

BBC マイクロビットと
ラズベリーパイ

/こ/の/章/の/内/容/

- Raspberry Pi（ラズベリーパイ）教育用コンピューターを紹介します。
- BBC マイクロビットとラズベリーパイの接続方法、内蔵センサーまたはアドオン・ハードウエアからの値の読み出し方法を解説します。
- BBC マイクロビットをラズベリーパイの外部ディスプレイとして使う方法を解説します。
- ラズベリーパイから BBC マイクロビットへの通信の実用的な使い方の例として、BBC マイクロビットによるラズベリーパイの CPU モニターについて解説します。

　BBC マイクロビットはとても高性能なコンピューターです。マイクロビットだけでも、無限ともいえる種類のプロジェクトを開発できます。そして、安価な部品を追加すれば、さらに幅が広がります。しかしながら、Raspberry Pi（ラズベリーパイ）とペアリングすれば、BBC マイクロビットとラズベリーパイの両方に、まったく新しい世界が広がります。両方をすでにお持ちの場合は、新たに用意すべきものは一切ありません。

　ラズベリーパイは、普通のコンピューターとまったく同じように、BBC マイクロビットを使うことができます。マイクロビットは外部ドライブとして認識され、ブラウザーで記述したプログラムをダウンロードして、マイクロビットにドラッグするだけです。高価なパソコンでの使い方と変わりありません。

　しかし、もう少し掘り下げて、BBC マイクロビットとラズベリーパイのプログラムを、深く統合させることで、マイクロビットをディスプレイとして使ったり、いろいろなセンサーの数値を読み取ったりといったことが可能になります。この 2 つのプラットフォームを合体させると、非常にパワフルな教育用実験ツールになるのです。

> **！留意**
>
> ラズベリーパイは、Raspbian（ラズビアン）と呼ばれる GNU/Linux オペレーティング・システムで制御されます。これには、プログラミング用のツールや、その他の教育用ツールがはじめから搭載されています。この章で紹介するテクニックは、同じツールが使えるパソコンでも同様に使えます。ラズベリーパイ財団からパソコン用に配布されている、ラズベリーパイ用の GNU/Linux ディストリビューション「Debian」（デビアン：GUI 環境として「Pixel」（ピクセル）が付属しています）をダウンロードして走らせれば、その環境が簡単に整えられます。これがあれば、今お使いのパソコンがラズベリーパイと同じ環境になるので、この章で解説するすべてのプログラムを、パソコン上で試すことが可能です。
>
> Debian（Pixel を含む）は、無料でダウンロードできます。ここ 10 年以内のパソコンであれば、大抵は動作します。以下から入手できます。
> ・PIXEL FOR PC AND MAC
> https://www.raspberrypi.org/blog/pixel-pc-mac/

ラズベリーパイとは何か

2012 年 2 月に発売開始されたラズベリーパイは、たちまち大人気となりました。クレジットカードほどの大きさでありながら、普通のデスクトップパソコンやノートパソコンと同等の性能を誇るラズベリーパイは、世界中の教育現場や電子工作の愛好家の間に普及し、最近では、世界で 3 番目に多く売れたコンピューターとして歴史に名を残すことになりました。

ラズベリーパイには、一般的なパソコンと比較して、ポケットサイズである他にも、いくつかの大きな利点があります。まずは値段が安いこと。もっとも高価なモデルでも、ゲームソフト 1 本分か、最新の映画のチケット 2 枚分程度です。また、外部のハードウエアを接続するための汎用入出力ピン（GPIO = General-purpose input/output と言います）ヘッダーが 40 本もあります（**図 9-1**）。これは BBC マイクロビットの 25 本のエッジ・コネクターと同じものです。

ラズベリーパイにはいくつかのモデルがあり、いずれも BBC マイクロビットに対応しています。ただし、いちばん小さくて安価なラズベリーパイ・ゼロと無線通信機能を備えたラズベリーパイ・ゼロ W は、マイクロビットの USB ポートと接続するために**マイクロ USB On-the-Go**（OTG）アダプターが必要になります。それ以外の、ラズベリーパイ・モデル A+、ラズベリーパイ・モデル B+、そしてパワフルなラズベリーパイ 3 といった高機能なモデルならば、マイ

図9-1 マイクロコンピューターのラズベリーパイ 3

クロビットをパソコンと接続するときに使うマイクロ USB ケーブルさえあれば大丈夫です。

　この章のプロジェクトを試すために、ラズベリーパイに最新の Raspbian（ラズビアン）をインストールして、電源を入れてください。ラズベリーパイ・ゼロ、ラズベリーパイ・ゼロ W、ラズベリーパイ・モデル A+ をお使いの場合は、キーボードとマウスと BBC マイクロビットを接続するために USB ハブが必要になります。ラズベリーパイ・モデル B+、ラズベリーパイ 2、ラズベリーパイ 3 をお使いの場合は、4つある USB ポートのうちのひとつをマイクロビット用に空けておいてください。

ラズベリーパイを BBC マイクロビットに接続する

　ラズベリーパイは、それなりの時間と周辺機器は必要になりますが、一般的なパソコンとまったく同じに使えます。BBC マイクロビットの接続方法も、第 3 章「BBC マイクロビットでプログラミングを始めよう」で解説した、Windows や macOS や Linux と接続する方法と変わりません。

　ラズベリーパイの電源を入れて、Debian（Pixel）のデスクトップ画面が表示されたら、BBC マイクロビットをラズベリーパイの空いている USB ポートに接続してください。もし、ラズベリーパイの USB ポートがひとつしかないときは、

図9-2 Pixelのリムーバブルドライブのメニュー

USBハブを接続してポートを増やし、キーボードやマウスもつなげるようにしておきましょう。USBケーブルの反対の端（マイクロUSB）にマイクロビットを接続してください。数秒後、ダイアログボックスが開き、ファイルマネージャーにマイクロビットをリムーバブルドライブとして表示するかどうかを尋ねられます（**図9-2**）。「OK」をクリックすると、ドライブが開き、hexファイルをドラッグ・アンド・ドロップできるようになります。「Cancel」をクリックすると、ダイアログは閉じ、ファイルマネージャーも開かれません。

ラズベリーパイを使ってBBCマイクロビットにプログラムを書きたいというだけなら、メニューバーの「Web Browser」クリックしてChromiumウェブブラウザーを開いてください。それを使ってmicrobit.orgに接続すれば、第3章で解説したとおりにプログラミングが行えます。エディターの使い方はデスクトップパソコンやノートパソコンのときとまったく同じです。ダウンロードしたファイルは、MICROBITドライブにドラッグ・アンド・ドロップすればフラッシングができます。

ブラウザーを使う変わりに「Mu」を使う方法もあります。これは、MicroPythonを使ってBBCマイクロビットにプログラムを書くための専用のアプリです。そのための便利な機能も揃っています。ただし、バージョンによっては、Muが最初から含まれていないことがあります。その場合は、ラズベリーパイをインターネットに接続して、メニューバーにある「terminal」をクリックして、

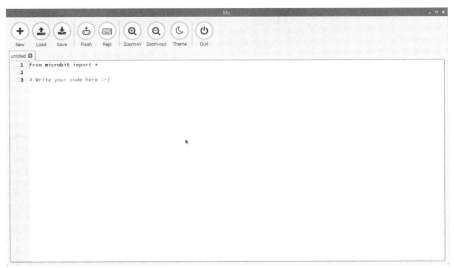

図9-3 統合開発環境「Mu」

ターミナル画面を開き、次のコマンドを打ち込んでください。

sudo apt-get update && sudo apt-get -y install mu

これにより、使用可能なパッケージのリストが更新され、最新バージョンのMuがインストールされます。インストールが完了すると、画面左上のメニューにMuが表示されるようになります（**図9-3**）。

初心者でも使えるように開発されたMuは、BBCマイクロビットのプログラムが簡単に書けるようになっています。ブラウザーベースのMicroPythonエディターで書かれたコードは、そのままMuでも使えます。ただMuには、他のエディターにはない、特別な機能があります。「Flash」と「Repl」です。

> **ミニ解説**
>
> 　とは言え、Muは、第8章で学んだBBCマイクロビットの無線機能を使うコマンドに対応していないことがあります。他のMicroPythonエディターで問題なく作られたプログラムでも、無線関連のコマンドが含まれているとシンタックスエラーが返される場合があります。そのときは、Pythonエディター（python.microbit.org）を使うか、最新のMu（codewith.mu）を試してみてください。

　Muでは、プログラムを保存した後に「Flash」ボタンをクリックすれば、それだけでプログラムがBBCマイクロビットに自動的にフラッシングされます。いちいちファイルマネージャーを開いて保存したファイルを探して、MICROBITドライブにドラッグ・アンド・ドロップをする必要がありません。プログラムを変更したときも、保存してFlashボタンをクリックするだけで済みます。何度でも、これを繰り返すことができます。

　「Repl」（リプル）ボタンをクリックすると、Relp（Read-Eval-Print roop：読んで検査して表示するループ）という**インタラクティブ・シェル**が開きます。これを使うと、書いたコードを直接BBCマイクロビットで試すことができます（**図9-4**）。完全なコードを作り上げてからマイクロビットで一度に実行させるのではなく、命令をひとつ書いたら、即座にそれがマイクロビット上で確認できるのです。プログラムを完成させて、ダウンロードして、フラッシングして、という手間が省

図9-4　MuのReplインタラクティブ・シェル

けて、時間の節約になります。

　Replを使えば、命令をひとつ書いてエンターキーを押すごとに、それが実行されます。ただし、第7章で説明したPythonとMicroPythonの約束事は守らなければなりません。つまり、最初に必要な命令のライブラリーをインポートすること。そして、ループやその他の入れ子状のコードでは、かならずインデントを入れることです。

　Replを手軽に試すには、第7章の「Hello, World!」プログラムがちょうどいいでしょう。Muのウィンドウに書かれているすべてのコードを削除して、「Flash」ボタンをクリックしてBBCマイクロビットにMicroPythonをフラッシングしてください。そして「Repl」ボタンをクリックしてシェルを読み込ませ、次の2つの行をタイプしてください。

```
from microbit import *
display.scroll('Hello, World!')
```

　2行目を書き終わってエンターキーを押すと、すぐにBBCマイクロビットのディスプレイにHello, World!がスクロール表示されます。メッセージが最後まで表示されると、そこでプログラムは終了します。次に何をするのか、マイクロビットには何も命令が渡されていないので、ループはしません。このように、プログラムを書いていくことが可能です。無限ループを実行している間でも、命令を追加してその結果がすぐに見られます。ただし、長いプログラムの場合は、Flashを使わずに、Muエディターやその他のブラウザーベースのPythonエディターで記述して、マイクロビットにフラッシングするほうが楽でしょう。

　Muは、BBCマイクロビットにMicroPythonでプログラムを書く上でとても便利なツールですが、これには、マイクロビットと新しい形でコミュニケーションをする機能もあります。ラズベリーパイで動作しているプログラムからマイクロビットを利用したり、ラズベリーパイをマイクロビットで走っているプログラムから利用したりできるのです。

　この章では、これらの2つのデバイスを組み合わせることで開かれる可能性を見ていきます。

BBC マイクロビットからデータを読み込むための準備

　BBC マイクロビットは、拡張していない（素の）ラズベリーパイに欠けている機能をいくつか備えています。たとえば、5×5 の LED ディスプレイ、加速度センサー、磁気コンパス、ピンに接続されたアナログ・デジタル変換（ADC）などです（詳しくは第 10 章「電子回路を組もう」で説明します）。これらの機能はすべて、ラズベリーパイ側から、マイクロ USB 経由でマイクロビットに接続し、フルバージョンの Python を使うことで引き出せます。

　これを始めるには、まず、BBC マイクロビットの**デバイス名**を知らなければなりません。Linux の /dev ディレクトリーの下に置かれるデバイスの名称です。通常これは、/dev/ttyACM0 と示されます。ラズベリーパイに複数のデバイスが接続されている場合は、最後の数字が変わります。デバイス名を確認するには、まず BBC マイクロビットをラズベリーパイに接続してください。MICROBT ドライブがポップアップ表示されたら、そのウィンドウを閉じて、メニューバーから「terminal」を開いて、次のようにコマンドを書いてください。

```
dmesg | tail -20 | grep ttyACM
```

　BBC マイクロビットとラズベリーパイが正しく接続されていれば、すぐにデバイス名が表示されます（**図 9-5**）。表示されないときは、接続を確認してください。かならず、信号と電源の両方を送れるマイクロ USB ケーブルを使ってください。デバイス名の最後が「0」以外で終わっているときは、これから示すコードに書かれたデバイス名を、その BBC マイクロビットのデバイス名に合わせて書き換えてください。

　これは**シリアル・デバイス**と呼ばれます。BBC マイクロビットのリムーバブルドライブとは別のものです。リムーバブルドライブは、ドラッグ・アンド・ド

図 9-5　BBC マイクロビットのデバイス名を確認する

ロップでプログラムをマイクロビットにフラッシングするものですが（第3章を参照）、シリアル・デバイスは、今どんなプログラムが実行されていようと、マイクロビットとの間でデータのやりとりができます。

BBCマイクロビットのデータを読み出すためには、マイクロビット上でデータをシリアル・デバイスに送信するためのプログラムを走らせておく必要があります。センサーやピンからの出力情報を常に取得できるよう、マイクロビットを設定しておくのです。ここでは例として加速度センサーを使いますが、プログラムをちょっと書き換えれば、コンパスやボタンやピンに接続したハードウエアも使えます。ブラウザーでMicroPythonエディターを開くか、Muエディターで、以下のコードを書き込んでください（**図9-6**）。どちらのエディターでも、最初に必要な行はすでに書かれていますが、ここでは正確を期するために、あえて書き加えています。

図9-6 Muで記述した加速度センサーのプログラム

<u>ミニ解説</u>

コードの1行が長くて、この本のページの横幅に収まらないときは、⏎が使われます。このマークがあるときは、そこで改行せずに1行として記述してください。どう書いてよいか、よくわからないときは、以下で示す本書のウェブサイトからテキスト形式のファイルをダウンロードしてください。これを見て記述してもよいですが、丸ごとコピーしてエディターに貼り付ければ簡単です。

・本書のウェブサイト
  https://shop.nikkeibp.co.jp/front/commodity/0000/P60050/
  www.wiley.com/go/bbcmicrobituserguide

```
from microbit import *
while True:
    x, y, z = accelerometer.get_x(), ↵
  accelerometer.get_y(), Accelerometer.get_z()
    print(x, y, z)
    sleep(500)
```

　accelerometer.get 命令は第7章で解説しましたが、print 命令は初登場です。print（プリント）とは、Python に何かを表示させる命令です。この場合は、加速度センサーの値を格納した変数 x、y、z の内容を表示させます。Repl をオンにしておくと、コンソール（画面の下に現れるウィンドウ）にそれぞれの数値が現れます。Repl をオフにすると、コンソールが消えるので、変数の値は BBC マイクロビットのシリアル・ポートから出力されます。この信号を、ラズベリーパイが受け取ることになります。

　このプログラムを BBC マイクロビットにフラッシングしましょう。ウェブベースのブラウザーなら「ダウンロード」して、ファイルを MICROBIT ドライブにドラッグ・アンド・ドロップしてください。Mu エディターなら、「Save」（保存）ボタンをクリックして、コンパイルされたファイルの名前を accelerometerread.py と書き換えて、「Flash」ボタンをクリックしてください。これで準備完了です。テストに移りましょう。Pixel のメニューバーからターミナルを開き、次のようにタイプしてください。

```
sudo apt update && sudo apt install -y screen
```

　このコマンドは、ラズベリーパイで使えるソフトウエアのリストを更新し、「screen」（スクリーン）というユーティリティーをインストールします。これにはいろいろな機能がありますが、BBC マイクロビットのようなシリアル・デバイスとのデータのやりとりが行えます。マイクロビットにスクリーンを接続するには、Mu を閉じて、ターミナルに次のようにタイプしてください。

```
screen /dev/ttyACM0 115200
```

　ここでも、デバイス名を必要に応じてみなさんの BBC マイクロビットのもの

に書き換えてください。このコマンドで、マイクロビットのための**シリアル・コンソール**が開き、ターミナルにはマイクロビットからの加速度センサーの数値が次々と表示されます（**図9-7**）。マイクロビットを手に持って動かすと、数値が変化します。ケーブルが抜けるほど大きく動かす必要はありません。

　ターミナルに数値を表示させるだけではありません。シリアル・デバイスと通信ができるラズベリーパイのプログラミング言語なら、BBCマイクロビットからデータを受け取ることも、マイクロビットにデータを送ることもできます。これらをひとつのプログラムで実現することも可能です。

　Pixelの「Raspberry」メニューの「Programming」サブメニューで「Python 2 (IDLE)」を選択して開いてください。「File」（ファイル）をクリックして「New File」（新規ファイル）を選択し、次のように書き込んでください。

```
import serial
ser = serial. Serial ("/dev/ttyACM0", 115200, timeout=1)
ser.close()
ser.open()
while True:
```

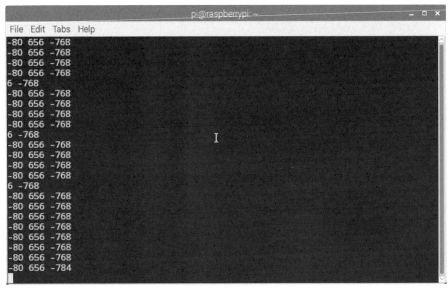

図9-7　加速度センターの値を画面で見る

```
accelerometerData = ser.readline()
print(accelerometerData)
```

　これは、シリアル・ポートからデータを読み取るための、もっとも簡単なPythonプログラムです。最初の1行で「serial」ライブラリーをインポートし、次の行でその設定を行っています（ここでも、BBCマイクロビットのデバイス名前は必要に応じて書き換えてください）。他のプログラムが使っているといけないので、ポートをいったん閉じて、このプログラムが使えるように、再び開いています。ループに入ると、マイクロビットのシリアル・ポートから1行を読み込み、画面にプリントし、次の行がくるのを待ちます。

　「File」をクリックして、「Save」（保存）でプログラムを accelerometerprint.py というファイル名で保存してください。そして、「Run」（実行）メニューの「Run Module」（モジュールを実行）をクリックしてプログラムを実行します（**図9-8**）。

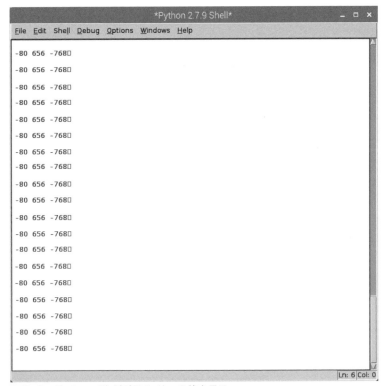

図9-8　Pythonで加速度センサーの値を見る

Pythonのコンソールには、BBCマイクロビットからの加速度センサーの値が次々に表示されます。マイクロビットを動かすと、数値が変化します。

では、このプログラムを１行ずつ解説していきましょう。

```
import serial
```

Pythonに serial ライブラリーをインポートするように命令しています。いつもの microbit ライブラリーではないことに気づかれたでしょう。なぜならこれは、BBCマイクロビットではなくラズベリーパイで実行されるプログラムだからです。なので、マイクロビットとラズベリーパイとの通信を行うライブラリーだけがあればよいのです。

```
ser = serial.Serial("/dev/ttyACM0", 115200, timeout=1)
```

ここでは、serial ライブラリーを使って「ser」というオブジェクトを生成しています。これには３つのパラメーターが設定されています。最初のパラメーターは "/dev/ttyACM0" です。BBCマイクロビットのデバイス名を指定しています。みなさんのデバイス名が違うときは、ここを書き換えてください。２つめのパラメーターは、シリアル接続の**ビットレート**です。マイクロビットでは、１秒間に115200ビットと決まっています（115200bps）。最後のパラメーターは、プログラムがスタック（停止）してしまわないように、シリアル・デバイスからデータを読み込むときの待ち時間を１秒に制限するものです。

```
ser.close()
ser.open()
```

これら２行はセットで働きます。上の行は、もし何かの理由で別のプログラムによって開かれたままになっているといけないので、シリアル・デバイスを閉じるためのものです。次の行は、BBCマイクロビットとラズベリーパイとの通信のために改めて準備を整えるためのものです。

```
while True:
```

すでにおなじみの1行です。Pythonのプログラムが最後までいったとき、そのまま終わってしまわないように無限ループさせる命令です。このループに含まれる以下の行については、先頭にスペース4つ分のインデントを入れて、ループの対象であることをPythonに示さなければなりません。

```
accelerometerData = ser.readline()
```

serialライブラリーを使って、前に書いたBBCマイクロビットのプログラムから送られるデータを1行だけ読み込むための命令です。ここでは、そのデータを、後で使用するためにaccelerometerDataという変数に格納しています。

```
print(accelerometerData)
```

最後に、変数accelerometerDataの内容をコンソールに表示します。つまり、画面で見られるようにします。

Pythonプログラムの中でBBCマイクロビットからのデータを変数化する方法をもっと詳しく知りたい方は、一般公開されているPythonに関する資料を見てください。とくに初心者向けでわかりやすいのは、「Python for Beginers」でしょう（編注：Pythonの入門書には『独学プログラマー』がオススメです）。

・Python For Beginners
 https://www.python.org/about/gettingstarted/

・『独学プログラマー』
 https://www.nikkeibp.co.jp/atclpubmkt/book/18/C92270/

BBCマイクロビットのディスプレイを使う

BBCマイクロビットのシリアル・ポートは**双方向性**です。つまり、データを読み出すだけでなく、送ることもできます。双方向性を利用すれば、マイクロビットにデータを送りながら、そこからデータを読み取ることが可能です。それにより、ラズベリーパイは、プログラムをよりアクティブにコントロールできるようになります。

このような使い方を実現するためには、ラズベリーパイからBBCマイクロビットにコマンドを送ることで、マイクロビットが常にセンサーの値を読み取り、シリアル・デバイスにそれをプリントするための特別なプログラムが必要になります。それにはReplコンソールを使うのが一番です。

　まずは、Replコンソールを使ってBBCマイクロビットをフラッシングします。これは、ブラウザーベースのPythonエディターやMuの、いわば隠し機能です。とは言え、とても簡単に使えます。エディターを開いたら、何も記述せずに（**図9-9**）、そのまま「ダウンロード」ボタンをクリックしてhexファイルをMICROBITドライブにドラッグ・アンド・ドロップするか、Muなら「Save」をクリックして、続けて「Flash」をクリックしてください。

　この空白のhexファイルには、シリアル・デバイスでアクセスできるMicroPythonのReplコンソールが含まれています。このコンソールで加速度センサーの数値を読み出すには、Pixelのメニューから「Python 2（IDLE）」を開いて、「File」メニューの「New File」をクリックして新規ファイルを開き、次のように書いてください（**図9-10**）。

　⏎のところは、次の行も続けて1行として書いてください（訳注：¥は半角の円マークです。英語の場合は、\（バックスラッシュ）になります）。

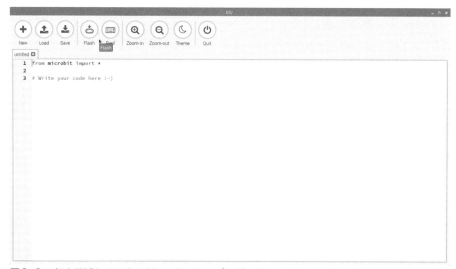

図9-9　何も記述していないMicroPythonプログラム

```
import serial, time
ser = serial.Serial("/dev/ttyACM0", 115200, timeout = 1)
ser.close()
ser.open()
ser.write("from microbit import * \r".encode())
while True:
    ser.write("display.scroll('Hello, World!') ↵
 \r".encode())
    time.sleep(10)
```

「File」メニューの「Save」をクリックして、displaywrite.py というファイル名で保存してください。そして、「Run」メニューの「Run Module」をクリックして実行してください。このプログラムは、これまで BBC マイクロビット用に書いてきたものとは少し違います。なので、1行ずつ解説しましょう。

```
import serial, time
```

図9-10 IDLEで記述したディスプレイに書き込むプログラム

Pythonにserialとtimeのライブラリーをインポートするように命令する1行です。BBCマイクロビットのシリアル・デバイスに命令を送ったり、ループ処理の時間を遅らせたりできるようになります。

```
ser = serial.Serial("/dev/ttyACM0", 115200, timeout = 1)
```

　前と同じく、serialライブラリーを使って「ser」オブジェクトを生成し、BBCマイクロビットのシリアル・デバイス名とビットレートを指定しています。

```
ser.close()
ser.open()
```

　前にポートが使われていた可能性を考えて、ポートをいったん閉じて、再び開くことでポートをクリアにして、シリアル・デバイスに命令が送れるようにします。

```
ser.write("from microbit import * ¥r".encode())
```

　Relpを使って通信するときは、BBCマイクロビットを直接使ったり、MicroPythonエディターにプログラムを書くときと同じように、かならず最初にmicrobitライブラリーをインポートしなければなりません。です。シリアル・デバイスを通じて使うときも同じです。この1行は、Pythonのserialライブラリーに、from microbit import * からReplに命令を送るように指示しています。最後の¥r（**キャリッジリターン、\n**）は、キーボードからエンターキーを押したときと同じ信号を送る役割を果たします。 .encode()は、serialライブラリーが理解できる形にメッセージを整えるためのものです。

```
while True:
```

　ここから無限ループが始まります。serialライブラリーのインポートをこの前の行で行っているのは、ループが繰り返されるごとにインポートするのを防ぐためです。インポートは1回行えば十分です。

```
ser.write("display.scroll('Hello, World!')
\r".encode())
```

　⏎があるときは、次の行も続けて書いてください。この行では、再び ser.write 命令が出てきます。今回は display.scroll('Hello, World!') を BBC マイクロビットに送るためのものです。この命令はもうおなじみですね。メッセージをディスプレイにスクロール表示します。ここにも \r が入っています。エンターキーを押してコマンドを実行する処理をシミュレートします。

```
time.sleep(10)
```

　最後に、ループの先頭に戻るまでにここで 10 秒待つように命令しています。その後、またメッセージが表示されるようになります。

　この基本のテンプレートを使えば、BBC マイクロビットに、いろいろな命令や命令のリストを送ることができます。たとえば、ループの内容を次のようにすれば、マイクロビットのディスプレイに笑った顔を 10 秒表示して、悲しい顔を 10 秒表示することを繰り返します。

```
ser.write("display.show (Image. HAPPY) \r".encode ())
time.sleep(10)
ser.write("display.show ( Image. SAD) \r ". encode ())
time.sleep(10)
```

　ループの内容を次のコードと入れ替えれば、0 番端子を 10 秒間オンにして、その後 10 秒間オフにすることを繰り返します。第 10 章で解説しますが、端子に LED をつなぐと、その結果がわかります。

```
ser.write("pin0.write_digital (1) \r" .encode ())
time.sleep(10)
ser.write("pin0.write_digital (0) \r" . encode ())
time.sleep(10)
```

実用的な例：CPU モニター

　BBC マイクロビットとラズベリーパイを組み合わせて使うときの実用的な用途に、ラズベリーパイの CPU の負荷、つまり CPU がどれだけ働いているかをマイクロビットのディスプレイにグラフとして表示させるというものがあります。デスクトップを表示しているだけの状態では短いグラフが表示され、ゲームをしたり大きな画像を読み込んだりすると、グラフが長く伸びます。

　このプロジェクトでは、MicroPython の Repl コンソールを使います。BBC マイクロビットでプログラムが実行されている場合は、エディターを開き、何も記述せずに、そのまま「ダウンロード」ボタンをクリックして hex ファイルを MICROBIT ドライブにドラッグ・アンド・ドロップするか、Mu なら「Save」をクリックして、続けて「Flash」をクリックしてください。

　CPU モニターのプログラムを書き始める前に、新しい Python ライブラリー「psutil」（プロセス・ユーティリティー）をインポートする必要があります。Pixel のメニューバーにある「Terminal」アイコンをクリックするか、メニューの「Accessories」サブメニューから「Terminal」を選択してターミナルを開き、次のように入力してください。

```
sudo apt-get -y install python-psutil
```

　Python プログラムを書くには、Pixel メニューを開き、「Programming」サブメニューの「Python 2（IDLE）」エディターを開いてください。エディターが開いたら、「File」メニューの「New File」をクリックし、下のプログラムを書き込んでください（**図9-11**）。↵があるときは、次の行も続けて書いてください。

　このプログラムは少々長く、込み入っているため、手で打ち込むのは大変かも知れません。とくに、グラフを表示させる部分は注意が必要です。↵はその下の行も続けて書くという印です。このマークのない行の終わりでのみエンターキーを押して改行してください。シンタックスエラーが出たときは、ここに書かれている内容とよく見比べてください。括弧やクオーテーションなどの数が合っているかどうかも、よく確かめてください。または、先に紹介したこの本のサイトからダウンロードしても構いません。

```python
import serial, psutil, time
gradients = 20
readingList = [0,1,2,3,4]
ser = serial.Serial("/dev/ttyACM0", 115200, timeout=1)
ser.close()
ser.open()

print("Started monitoring system statistics for micro:bit display.")
ser.write("from microbit import * ¥r".encode())
time.sleep(0.1)
ser.write("display.clear() ¥r".encode())
time.sleep(0.1)

barGraph = [[0, 0, 0, 0, 0], [0, 0, 0, 0, 0], [0, 0, 0, ⏎
  0, 0], [0, 0, 0, 0, 0], [0, 0, 0, 0, 0]]

while True:
    sysLoad = psutil.cpu_percent(interval=0)
    readingList.insert(0,int(sysLoad))
    del readingList[5:]
    for x in range(5):
        for y in range(5):
            readingComparison = (y+1)* gradients
            if (readingList[x] >= readingComparison):
                barGraph[y][x] = 9
            else:
                barGraph[y][x] = 0
    ser.write("BARGRAPH = Image⏎
    (¥"%s:%s:%s:%s:%s¥") ¥r".encode() % ⏎
    (''.join(str(e) |for e in barGraph[0]), '⏎
    '.join(str(e) for e in barGraph[1]), '⏎
    '.join(str(e) for e in barGraph[2]), '⏎
    '.join(str(e) for e in barGraph[3]), '⏎
```

```
'.join(str(e) for e in barGraph[4])))
time.sleep(0.1)
ser.write("display.show(BARGRAPH) \r".encode())
time.sleep(0.9)
```

「File」メニューの「Save」をクリックし、cpumonitor.py というファイル名で保存してください。そして、「Run」メニューの「Run Module」をクリックして実行してください。数秒間待つと、BBC マイクロビットのディスプレイに CPU の負荷を示すグラフが光り始めます。写真がたくさん入っているウェブサイトを開いたり、ゲームをプレイしたり、動画を再生したりすると CPU の負荷が増大します。また、デスクトップ画面に戻ると、CPU の負荷は減ります（**図9-12**）。グラフの縦棒を構成する LED は、ひとつが 20 パーセントを表します。

図9-11 IDLEで記述したCPUモニターのプログラム

5つのLEDが光ったら、ラズベリーパイのCPUの負荷は100パーセントということになります。棒グラフは1秒ごとに更新され、横にスクロールしていきます。

同じプログラムを使って、ラズベリーパイの別のリソースをモニターすることもできます。次の行を入れ替えてみましょう。

```
sysLoad = psutil.cpu_percent(interval=0)
readingList.insert(0,int(sysLoad))
```

これを、以下のようにします。

```
sysMem = psutil.virtual_memory()
readingList.insert(0,int(sysMem,percent))
```

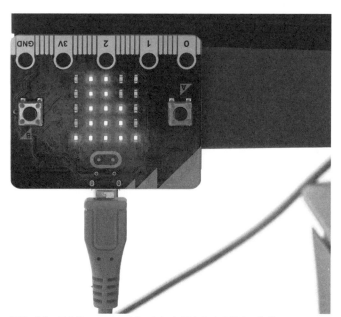

図9-12 BBC マイクロビットに表示されたCPUの負荷

この他にも、psutilライブラリーを使っていろいろな情報を見ることができます。詳しくは、以下をご覧ください（訳注：日本語の情報も追記しました）。

・Welcome to pythonhost.org
　`https://pypi.org/project/psutil/`

・めざせpythonライブラリマスター（53）psutil
　`https://qiita.com/Nobu12/items/7cf3f2af73a14afdc729`

第10章

電子回路を組もう

/こ/の/章/の/内/容/

- 電子回路に使う基本的な部品を説明します。
- BBCマイクロビットの入出力端子とその役割を説明します。
- 他の電子回路にBBCマイクロビットから電源を供給する方法を試します。
- プログラムでBBCマイクロビットからデータを読み取ったり、書き込んだりする方法を試します。
- ボタン入力の読み込みを試します。
- LED出力の書き出しを試します。

　BBCマイクロビットは、それ単体でも、ボタンやLEDディスプレイを備えた高機能なデバイスとして使うことができます。外部のハードウエアを接続しなくても、ゲームやタッチセンサーといった驚くほど高度なプロジェクトが作れます。

　しかし、いずれみなさんには、BBCマイクロビットの機能を拡張したくなるときがきます。そのときのために、ボードの下側に並んでいる**エッジ・コネクター**が用意されているのです。このコネクターの中には、みなさんが自作した回路と交信をするための**入出力端子**（ピン）があります。

　実際に作業に入る前に、電子工作に使用する道具、部品、技術について解説しましょう。

電子工作のための道具

　BBCマイクロビットに接続する電子回路を作り始める前に、基本的な電子工作用具について知っておく必要があります。マイクロビットを単独で購入された方は、ここで紹介する道具を揃える必要がありますね。また、拡張パックや実験キットで購入された方は、この中の一部をすでに持っているかもしれません。

　ここで、今回のプロジェクトで必要となる部品と道具のリストを掲載します。今後、もっといろいろな回路を自分で開発したいという場合には、新しい部品は

必要になるものの、道具についてはここで列挙したものがあれば足りるはずです。

・ワニ口クリップ、またはバナナプラグ付きのリード線

　BBCマイクロビットは、他のハードウエアと**リード線**を使って簡単に接続できるように作られています。リード線の両端には、ワニ口クリップ（洗濯ばさみのように挟める形になっていて、ワニの口のようにギザギザが付いています）か、バナナプラグ（中央が膨らんでいて、穴にしっかりと入るようになっているプラグ）が付いているものを用意してください。どちらの種類でも構いませんが、サイズには注意してください。ワニ口クリップの場合は、幅が4ミリ以下のもの（それより小さくても構いません）を選んでください。バナナプラグはかならず4ミリのものを選んでください。それ以外のサイズでは、穴に入らなかったり、緩かったりしてうまく使えません。リード線は、何本もセットになっているものを購入すると便利です。色の違う線が入っているので、回路を組むときに、目で見てわかりやすくなります。

・ボタンまたはスイッチ

　BBCマイクロビットにはすでに2つのボタンが備わっていますが、それとは別にスイッチやボタンがあれば、基本的な信号の入力を学ぶよい助けになります。どのような種類のボタンでもスイッチでも構いませんが、できるなら**モーメンタリー型**を選んでください。モーメンタリー型とは、BBCマイクロビットに搭載されているボタンと同じもので、押している間だけ切り替わり、手を放すと元に戻るというタイプです。

・LED

　プログラムが正しく信号を送っているかどうかを確認したいとき、LEDを使えば、美しくて安くて簡単です。LEDには、いろいろなサイズや色がありますが、このプロジェクトに向いているのは、シンプルな単色の、低電圧駆動のLEDです。超高輝度LEDや青色LEDは避けてください。これらは一般的に、BBCマイクロビットが供給できる電圧よりも高い電圧を必要とします。こうしたLEDを使うためには、**トランジスター**などの電子部品を使って高電圧の電気を制御する必要があります。

・抵抗

　ほとんどの電子回路には、電圧や電流を調整するために**抵抗**という電子部品が使われています。とくに、LEDを使うときに抵抗は重要です。BBCマイクロビットから供給される電圧で直接LEDを光らせようとすると、電圧が高すぎてLEDを壊してしまう恐れがあるからです。抵抗には、その強さ（抵抗値）によって多くの種類があります。値は**オーム**（Ω）という単位で示されます。

　いろいろな値の抵抗を揃えておくと便利ですが、BBCマイクロビットのプロジェクトでは、10キロオーム（KΩ）と68オームの抵抗を一袋ずつ揃えておけばよいでしょう。

・ポテンショメーター

　可変抵抗または**半固定抵抗**とも呼ばれます。**ポテンショメーター**は抵抗ですが、ツマミを回すことでその抵抗値を変えることができます。一般的に使いやすいのは最大抵抗値が10キロオーム（KΩ）のポテンショメーターです。プロジェクトでは、音量の調整や、LEDの明るさの調整などによく使われています。

　BBCマイクロビットのプロジェクトでは、以上の部品と道具があれば電子回路が組めるようになっています。しかし、もっとしっかりとした、長持ちする回路を作りたいと思えば、この他に、これから紹介するいくつかの道具が必要になります。

・ブレッドボード

　かつては**ソルダーレス・ブレッドボード**（ハンダ付け不要のボード）とも呼ばれていましたが、小さな穴がたくさん開いている四角い板です。この穴に電子部品の穴や「ジャンパー線」を差し込むと、中に隠れている導線によって、それらが電気的に接続される仕組みになっています。リード線と電子部品だけで作った回路と違って、部品がしっかりと保持されるので安定した回路が作れます。それでも、部品は簡単に取り外せるので、何度でもいろいろなプロジェクトに使えます。購入する際には、穴の間隔が2.54ミリのものを選んでください。

・ブレッドボード用のジャンパー線

　ブレッドボード上では、ワニ口クリップ付きのリード線ではなく、ブレッドボード用のジャンパー線が使われます。これは、針金のような単芯のリード線です。

ただし、ブレッドボードの回路と BBC マイクロビットを接続するためには、片方がワニ口クリップかバナナプラグ付きのリード線も必要になります。または、2.54 ミリ幅のオスのヘッダーピンをブレッドボードに差し込み、そこにワニ口クリップをつなげるという手もあります。

・ストリップボード

　ブレッドボードの次の段階のボードです。ここに部品をハンダ付けすれば、恒久的な電子回路になります。ストリップボードの裏には電気が通る金属板が貼られています。これを必要に応じてストリップボード専用のカッター（ドリルビット）で切り取ることで、配線パターンを作ることができます（訳注：スリップボードは日本ではあまりなじみがありませんが、海外ではよく使われています。日本では、基板の裏に配線をハンダ付けしてパターンを作るフレキシブルボードが一般的で、手軽です）。

・ハンダごて

　ストリップボードを使うのなら、**ハンダごて**も必要です。ねじ回しのような形をした道具で、金属の先端が高温になり、ハンダという金属を溶かして、電子部品とストリップボードを接合します。ハンダごてを買うときは、電子工作用のものを選んでください。また、先端が細いものが使いやすくてお勧めです。とても熱くなるので、火傷に注意してください。初めてハンダごてを買う場合は、スタンドや先端のクリーナーがセットになったものを選ぶとよいでしょう。

・ニッパー

　ストリップボードで使用する電子部品は、**スルーホール実装**（THT）という方法で取り付けます。電子部品には長い脚（リード）があり、それをボードの穴に差し込んでハンダ付けします。そのとき、裏から飛び出した余分なリードを切断するのに、ニッパーが使われます。

・マルチメーター

　マルチメーターとは、多機能なテスターのことです。基本的には、電圧、電流（アンペア）、抵抗値などが測れます。電子回路がうまく作動しないときに、これを使ってどこが悪いかを診断できます。プロ用のマルチメーターはとても高価ですが、ここで行う程度のプロジェクトなら、安い製品で十分です。

電子工作の腕が上がって、もっと複雑で大きなプロジェクトに挑戦できるようになったら、ピンセットや**ヘルピングハンド**や、一度付けたハンダを取り除くツールなど、いろいろな道具が欲しくなるはずです。また、BBCマイクロビットをブレッドボードやストリップボードと使いたいときに便利な**ブレークアウト基板**というものもあります。こうした道具については、第11章「BBCマイクロビットを拡張する」で詳しく紹介します。

入出力端子（ピン）

BBCマイクロビットのエッジ・コネクターは、銅製の**パッド**の形状をしています。これらは、基板に配線された導電性の**トレース**によってプロセッサーと接続されています（**図10-1**）。平らな形をしていますが、プロセッサーのピンにつながっていることから、習慣的に**ピン**と呼ばれています。

全部で25本のピンがありますが、5つの大きなピンと、20の小さなピンとに分かれています。大きなピンには、「0」、「1」、「2」、「3V」、「GND」とラベルが付けられています。0と1と2は、汎用の入出力（GPIO）ピンです。3Vは、外部の回路に3ボルトの電気を供給するプラス極の電源ピンです。GNDは、グラウンド、つまりマイナス極のピンです（**図10-2**）。小さなピンにはラベルは

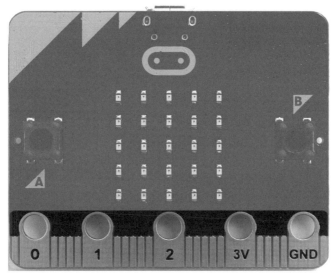

図10-1 BBCマイクロビットのエッジ・コネクター

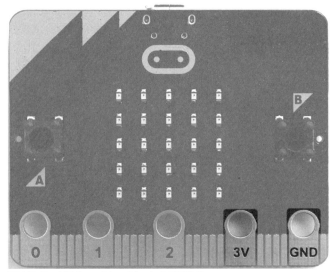

図10-2 BBCマイクロビットの電源ピン

付いていませんが、大きなピンとの間で混乱が起きないよう、それぞれ、3から22までの番号が割り当てられています。

> **ミニ解説**
>
> 　BBCマイクロビットは繊細な電子機器であることを、常に忘れずにいてください。ピンに接続しているハードウエアを取り外すときは、かならず電源を切ってから行ってください。取り付けたときは、電源を入れる前に、配線が正しいかどうか、2回チェックしてください。なかなか壊れないように作ってはあるマイクロビットですが、間違った配線によって破損する場合もあります。

大きなピン

　BBCマイクロビットのボードの大きなピンには、はっきりとラベルが付けられています。左側にある、数字が書かれている3つはGPIOピンです。右側の2つは電源ピンです（**図10-3**）。

　0番から2番までの3つのピンは、そこにどのハードウエアを接続するかに応じて、入力ピンにも出力ピンにもなります。たとえば、LEDを接続したいときは、そこを出力ピンに設定してLEDを光らせることができます。また、ボタンやス

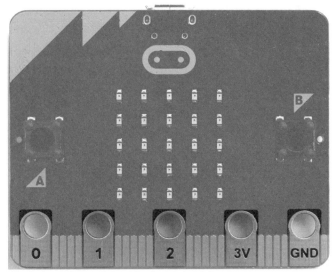

図10-3 BBC マイクロビットの大きなピン

イッチは入力装置です。これらを接続して、そこを BBC マイクロビット本体のボタン A とボタン B と同じようにプログラムで設定することで、入力を受け取るピンになります。

　これらの大きなピンは、プログラムから自由に使えるように開放されているため、ボード上のスイッチや LED やその他のハードウエアが占有してしまうことはありません。もっと多くの LED や、小さなスピーカーなどの出力装置、さらに別のボタンを追加することも可能です。

　0 番から 2 番までの 3 つのピンは、すべてが**共有アナログ・デジタル変換器**につながっています。これはプロセッサーに含まれている機能で、スイッチから送られてくる 0 か 1 かのバイナリー値（オンかオフか）を読み取る以上のことができます。たとえば、光センサーやマイクのようにアナログの信号を送ってくる装置に対しては、細かい数値の変化を読み取ることができます。これを使えば、人が近づくと警報が鳴る装置や、音で照明の明るさが変わる装置なども作れます。

　大きなピンのうち、残る 2 つは、BBC マイクロビットの電源供給回路につながっています。「3V」と書かれピンはプラス極です。ここからプラスの電気が送られます。「GND」はグラウンド、つまり、マイナス極です。この 2 つで回路が成立します。

　これらの大きなピンは、ワニ口クリップまたはバナナプラグの付いたリード線

が接続できるようになっています。バナナプラグは、そのまま穴に入れてください。ワニ口クリップの場合は、隣のピンに接触しないように、注意してピンを挟んでください。使っている間に横にずれてしまうこともあるので注意が必要です。お勧めは、ワニ口クリップの片方の「あご」を穴に突っ込んで挟む方法です。これなら横にずれることもなく、普通に挟むよりしっかりと固定されます（**図10-4**）。

　どのような方法で接続するにしても、電源を入れる前に、かならず配線が正しいかどうかを確かめてください。とくに、3Vピンと GND ピンの接続には注意が必要です。この2つのピンを、なんのハードウエアも通さずに直接つないでしまうと、**ショート**（短絡）となって BBC マイクロビットが破損する恐れがあります。

小さなピン

　BBC マイクロビットのエッジ・コネクターには、5つの大きなピンの他に、20本の小さなピンがあります（**図10-5**）。これらは、ワニ口クリップやバナナプラグではなく、**メスのエッジ・コネクター**を使ってハードウエアを接続するためのものです。この小さなピンに接続できる「アドオン」（拡張）デバイスは、いろいろなメーカーから発売されています。その中には、ブレッドボードや、

図10-4　BBC マイクロビットにワニ口クリップを使うときの例

BBCマイクロビットでロボットを制御したいときなどのために、この小さなピンを入出力ピンとして使えるようにする**ブレークアウト基板**もあります。アドオンに関する詳しいことは、第11章で解説します。

　大きなピンと違い、小さなピンの多くは、BBCマイクロビットに搭載されているハードウエアと「共有」になっています。たとえば、3番ピンは、ディスプレイの最初の列の制御に使われます。11番ピンはボタンBにつながっています。だからと言って、これらのピンを利用できないわけではありません。ただし、そこに接続したデバイスと、本来の目的である本体上の機能とを同時に使うことはできません。たとえば、ディスプレイにつながっているピンにLEDやスイッチを接続して使おうとした場合、突然、LEDが消えたりスイッチがオフになったりすることがあります。そのようなときは、本体のディスプレイの機能を無効にしておけば大丈夫です。その方法は、JavaScriptブロックなら［表示をオンまたはオフにする［偽］］ブロックを使います。JavaScriptなら `led.enable(false)` 命令を、Pythonなら `display.off()` 命令を使います。

　小さなピンは、より複雑なプロジェクトのために、GPIOピンとして利用できるようになっています。3番、4番、10番のピンは、それぞれ大きなピンと同じアナログ・デジタル変換器につながっています。また、3番から16番までと、19番、20番のピンは、汎用の入出力ピンとしてソフトウエアの制御に使うこと

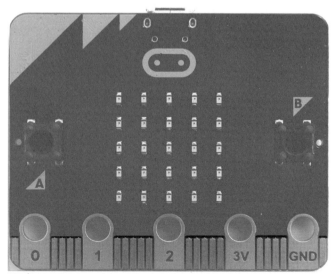

図10-5　BBCマイクロビットの小さなピン

もできます。さらに、SPI、I2C、UART といった3種類の特別な**バス**を使って、より複雑なハードウエアとの交信ができるようにもなっています。

最後に、「3V」と「GND」という2つの大きな電源ピンの両脇の小さなピンは、それぞれ同じ電源ピンになっています。大きな電源ピンを小さな電源ピンで囲むことで、ワニ口クリップがずれても、隣の入出力ピンに触れて事故が起きることを防いでいます。ただし、ワニ口クリップが大きくずれることは、いつでも考えられます。配線の確認は慎重に行ってください。

ミニ解説

大きなピンと小さなピンの機能の詳細は、付録 D「ピン配列」をご覧ください。

！留意

次では、SPI、I2C、UART を簡単に解説します。これらは、複雑なアドオン・デバイスを接続するための通信方式です。スイッチや LED を使った簡単なプロジェクトを今すぐ始めたいという方は、ここを飛ばして、次の「最初の回路」から読み始めてください。

・SPI（シリアル・ペリフェラル・インターフェイス）

SPI は、ディスプレイやキーパッドといった追加ハードウエアを接続するときに使われる標準的な方式です。BBC マイクロビットのエッジ・コネクターでは、13 番ピンから 15 番ピンがこれに対応しています。13 番は「SCK」（シリアル・クロック）、14 番は「MISO」（マスター・イン・スレーブ・アウト）、15 番は「MOSI」（マスター・アウト・スレーブ・イン）となっています。

BBC マイクロビットを SPI デバイスとして接続する場合は、SCK は SCK に、MISO は MISO に、MOSI は MOSI につないでください。他のシリアル接続方式では、インはアウトに、アウトはインに接続するのが普通なのですが、SPI ではそこが異なるので注意してください。GPIO ピンを使ってマイクロビットを複数のデバイスとつなぐこともできます。その場合は、GPIO ピンを「CS」（チップ・セレクト）（SS：スレーブセレクトとも呼びます）として、ひとつのデバイスに対してピン 1 本を使うようにしてください。

SPI の詳しい使い方は、SPI 対応機器に付属している説明書をご覧ください。

・I2C（インター・インテグレーテッド・サーキット）

I2Cは、通常、マイクロプロセッサーやマイクロコントローラーを搭載した複雑な追加デバイスとの通信に使われます。BBCマイクロビットのエッジ・コネクターでは、19番と20番のピンがこれに対応しています。19番は「SCL」（シリアルクロック）、20番は「SDA」（シリアルデータ）です。

I2Cの最大の利点は、ひとつの回路の中に多くのデバイスを接続できるところにあります。I2Cを使えば、ひとつのBBCマイクロビットに複数のデバイスをスレーブとして接続できます。また、複数のマイクロビットを、ひとつのI2Cマスター・デバイスに接続できます。19番と20番ピンはマイクロビット本体の加速度センサーと磁気センサーにつながっていて、これらのセンサーは無効にできません。なので、この2つのピンは、I2Cを使わないときでも、GPIOピンとして使うことはできません。

ISPと同様、I2Cを使ってBBCマイクロビットと外部のデバイスを接続するときは、I2C対応デバイスの説明書をよく読んでください。

・UART（ユニバーサル・アシンクロナス・レシーバー/トランスミッター）

BBCマイクロビットのUARTはシリアル接続を行うためのものですが、これを使ってエッジ・コネクターの2つのピンを、データの送信用とデータの受信用に割り当てることができます。そうすることにより、UARTに対応する外部デバイスとの通信が可能になります。このデバイスにはマイクロビットも含まれます。

プログラムでUARTを再設定するときは、すでに設定されている他のシリアル通信に影響を与えることがあるので注意してください。BBCマイクロビットのエッジ・コネクターにUARTを割り当てると、マイクロビットのシリアルオーバーUSB機能が使えなくなります。しかしこれは、別のプログラムをマイクロビットにフラッシングした時点で元に戻ります。

UARTに割り当てが可能なピンについては、以下に掲載されているエッジ・コネクターのデータシートをご覧ください。

・Edge Connector Data Sheet
https://tech.microbit.org/hardware/edgeconnector_ds/

> **ミニ解説**
>
> BBC マイクロビットから供給できる電圧は、マイクロビット自体に供給されている電源の電圧によって変化します。USB から電源を得ている場合は、常に最大の電圧が保たれますが、バッテリーパックを使用している場合は、バッテリーの容量が減少して電圧が落ちると、それにともなって供給される電圧も落ちます。そのため、外部に接続したLED が暗くなったり、モーターの回転が遅くなったりします。さらに電圧が落ちると、回路自体が駆動できなくなります。そのときは、バッテリーを交換するか、USB に接続し直してください。

初めての回路

さあ、BBC マイクロビットのピンの位置とその働きがわかったところで、いよいよ最初の回路を作ってみましょう。ここで紹介するプロジェクトは、マイクロビットのピンの 2 つの主要な仕事である、入力と出力を使ったごく簡単なものです。

今回は、Python でプログラムを書きます（第 7 章を参照）。JavaScript ブロックでも JavaScript でも、同じプログラムが作れますが、いろいろ言語を使ってプログラムを作ることで、プログラミングのスキルを磨いてください。

> **⚠警告**
>
> ここで紹介する回路を作るときは、解説に書かれているとおりの電源を使ってください。外部電源やバッテリーは決して使わないでください。より高度な回路では BBC マイクロビットに 3 ボルトの電源を供給することも可能ですが、電圧を上げすぎてマイクロビット本体を破損してしまう恐れもあります。

> **ミニ解説**
>
> ここでは Python でプログラムを書きますが、JavaScript ブロックまたは JavaScript を使いたい方は、巻末の付録 A と付録 B にそれぞれの言語によるプログラムを掲載しているので、そちらを見てください。

ボタンからの入力を読み込む

もっとも単純な回路は、ボタンまたはスイッチを使った入力回路です。これを

作るには、次の材料が必要になります。

・ワニ口クリップまたはバナナプラグが付いたリード線2本
・ボタンまたはスイッチ1個

　スイッチがなくても、リード線の先端をくっつけたり離したりすればスイッチの代わりになります。たとえば、2本のワニ口クリップをくっつければオンに、離せばオフになります。
　次の手順に従って回路を作ってください。完成すると**図10-6**のようになります。ワニ口クリップを使うときは、隣の小さなピンに接触しないように注意してください。また、BBCマイクロビットの電源は切って置いてください。

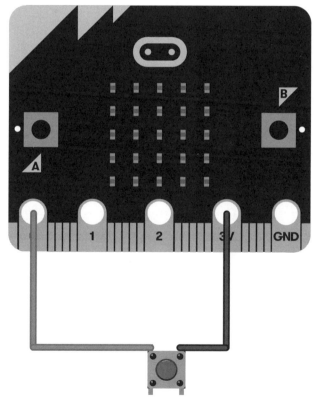

図10-6　スイッチの回路

1. 4本の脚が付いているスイッチでは、そのうち2本だけを使用します。左側に2本、右側に2本の脚がくるように配置して、左右それぞれ1本の脚を使って回路を作ります。

2. ワニ口クリップでスイッチの左の脚を挟み、その線の反対側のワニ口クリップでBBCマイクロビットのエッジ・コネクターの0番ピンを挟んでください。

3. もう1本のリード線のワニ口クリップでスイッチの右側の脚を挟み、反対側のワニ口クリップでエッジ・コネクターの「3V」のピンを挟んでください。

ミニ解説

スイッチの脚が2本ではなく4本あったら、ちょっと慌てますよね。組みになっている脚に線をつなぐことで、スイッチを入れたり切ったりできますが、同じ側の2本の脚に線をつないでしまうと、その脚は内部でつながっているので、ずっとスイッチが入った状態になります。

どの脚が組みになっているのかわからないときは、マルチメーターを使って確かめるという方法があります。通電を確かめる位置にツマミを合わせたら、2本のテストリードをいずれか2本の脚に当ててください。通電していれば、片方のテストリードを別の脚に当ててください。通電していない脚が見つかったら、そこに配線します。

または、とにかく回路を作って、スイッチが入りっぱなしの状態だったら、片方のリード線を、スイッチが切れた状態になる別の脚に付け替えるという方法もあります。

それでは、0番ピンからのボタンの入力を読み取れるように、BBCマイクロビットのプログラムを書いてフラッシングしましょう。ウェブブラウザーでPythonエディターを開き、次のように書いてください。

```
from microbit import *
while True:
    while (pin0.read_digital() == 1):
        display.show(Image.SURPRIZED)
    display.show(Image.ASLEEP)
```

Pythonでは、1階層のインデントはかならずスペース4つ分と決まっていま

す（詳しくは第7章を見てください）。このプログラムでも、while True:から下の行はすべてインデントされています。ただし、4行目だけはインデントが2階層（スペース8つ分）になっています。これは、2つめループに含まれていることを示しています。

　プログラムに書き間違えがないかよく確認したら、「ダウンロード」ボタンをクリックして、hexファイルをMICROBITドライブにドラッグ・アンド・ドロップしてください。フラッシングが完了すると、BBCマイクロビットのディスプレインには眠った顔が表示されます。ボタンを押すと驚いた顔になり、離すとまた眠った顔に戻ります。

　では、このプログラムを1行ずつ解説しましょう。

```
from microbit import *
```

　PythonでBBCマイクロビット用のプログラムを書くときは、マイクロビットで使用する命令をライブラリーからインポートしておきます。これがないと、プログラムはうまく働きません。マイクロビット・モジュールのインポートに関する詳細は、第7章を見てください。

```
while True:
```

　この行でBBCマイクロビットは無限ループに入り、ここから下のプログラムは永遠に繰り返されます。これがないと、プログラムは最後の行まで実行されて、そこで終わってしまいます。最初からプログラムを実行させる唯一の方法は、リセットボタンを押すことです。マイクロビットの電源を切るまで、プログラムはずっと繰り返し実行されます。

```
    while (pin0.read_digital() == 1):
```

　ボタンが押されたときに何をするかを指示する2つめのループです。`pin0.read_digital()`は、0番ピンを監視するように命令しています。ボタンが押されると、BBCマイクロビットは「1」という値をプログラムに渡します。ボタンが押されていないときは「0」を渡します。「==1」は、もし1が渡されたら次の行を実行し、それ以外のときは次の行を無視して飛ばすように命令しています。

第10章　電子回路を組もう　259

```
    display.show(Image.SURPRIZED)
```

このループに入ると、つまり、ボタンが押されると、驚いた顔をディスプレイに表示します。ボタンが押されている間は、ずっとこのループが繰り返され、驚いた顔の表示が続きます。

```
    display.show(Image.ASLEEP)
```

ボタンを放したとき、またはボタンを押さないときは、眠っている顔を表示します。驚いた顔と眠っている顔を切り替えることで、ボタンが押されたかどうかを確かにプログラムが監視しているとわかります。

抵抗のカラーコードを読む

　次の回路に進む前に、抵抗の値を読む方法を学んでおきましょう。スルーホール型の電子部品には、それぞれに性能を表すラベルが印刷されています。たとえば**キャパシター**（コンデンサー）なら、その容量が**ファラド**という単位で示されています。**水晶振動子**なら**周波数**が示されています。しかし、抵抗の場合は数字が書かれていません。その代わりに、色を使ったコードが使われています。

　スルーホール型の抵抗には、いくつもの色の帯が印刷されています。これによって、抵抗値（オーム）と**許容差**がわかる仕組みになっています。許容差とは、その抵抗が示している抵抗値の精度の幅を示す数値です。カラーコードの読み方は、**図 10-7**の表を見てください。この本の原著のウェブサイト（www.wiley.com/go/bbcmicrobituserguide）にはカラー版が掲載されています。

　例を使って見てみましょう。カラーコードは左から読みます。左の 2 本は抵抗値を示します。3 本目は**乗数**、4 本目は許容差です。左の 2 本が赤だった場合、図 10-7 の表を見ると赤は「2」なので「22」となります。

　3 本目は乗数です。ここが緑だとすると、表によると、10 の 5 乗です。つまり 10 万です。乗数ということは、これを左の抵抗値に掛けるということです。すると答は 220 万となります。この抵抗が示している本来の抵抗値は 220 万オームということです。

　220 万とは大きな数字ですね。ちょっと厄介なので、縮めましょう。1000 オームは 1 キロオーム（1 K Ω）と言い換えることができます。そして 1000 キロオ

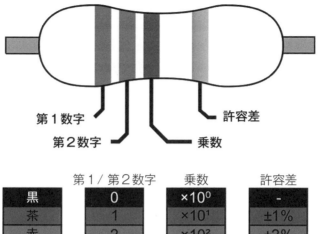

図10-7　抵抗のカラーコードの読み方

ームは1メガオーム（1MΩ）と言い換えられます。なので、220万オームは、通常は2.2メガオーム（2.2MΩ）と呼ばれます。

　一番右の帯は許容差を示しています。つまり、精度です。抵抗に書かれている抵抗値と、実際に測定したときの抵抗値の差が、どれほどの範囲に収まっているかがわかります。ここが金色の帯だったなら、プラスマイナス5パーセントです。この2.2メガオームの抵抗は、実際にはかならずしもぴったり2.2メガオームでなく、下は2.09メガオームから、上は2.31メガオームまでのばらつきがあります、ということを意味しています。許容差が小さいほど、ばらつきが小さく、表示されている抵抗値に近いことになります。趣味の電子工作の場合は、多少の許容差があっても問題なく使えます。

色の帯が4本ではなく5本ある抵抗も存在します。その場合は、左から3本目までが抵抗値、4本目が乗数、5本目が許容差となります。どちらの側から読めばよいかわからないことがあるでしょう。許容差の帯は、太くなっているか、他の帯から少し離れていることが多いようです。また、第1数字のほうが、抵抗本体の端に近いところから始まるので、それを基準にするとよいでしょう。

LEDへ出力する

　次のプロジェクトは前とは反対です。ピンはボタンからの信号を受け取る「入力」としてではなく、LEDを点灯させるための「出力」として使います。左から3つの大きなピンは、入力にも出力にも使えることは前に解説しましたね。これは、すべてプログラムで切り替えることができます。
　このプロジェクトには次の材料が必要です。

- ワニ口クリップまたはバナナプラグ付きのリード線3本
- LED 1個
- 適合する値の抵抗1本

　BBCマイクロビットの実験キットなどを購入された場合には、LEDに適合した抵抗が入っています。抵抗を個別に買うとき、またはすでにLEDだけを持っているときは、それに合った抵抗を選ぶ必要があります。LEDを点灯させるために使用する抵抗は**電流制限抵抗**と呼ばれ、LEDとマイクロビット本体を保護するのが目的です。
　すでに適合する抵抗をお持ちの場合は、この次の、最大の明るさを出しつつLEDを守る適正な抵抗値を導き出す計算方法の解説を飛ばして、回路の製作に進んで構いません。

<u>ミニ解説</u>

　適切な電流制限抵抗値を求めるには、2つのことを知っておく必要があります。ひとつはLEDの**順方向電圧**（順電圧）、もうひとつはLEDの**順方向電流**（順電流）です。これらは、LEDを販売している店が提示しているデータシートに書かれています。

BBC マイクロビットの電子工作では、順電圧が 3.3 ボルトまたは 3 ボルトの LED を使うことになっています。それ以上の電圧を使用する LED の場合は、外部電源と、それを制御するトランジスターが必要になります。3 ボルト以下で点灯する LED も使えますが、その場合は、LED を保護するために、大きめの電圧制限抵抗を使います。

　では、LED に適合した正確な電流制限抵抗の計算方法を解説しましょう。使用する公式は「R = (V-F) / I」というものです。「R」は抵抗値。単位はオームです。「V」は LED に供給される電圧。「F」は LED の順電圧。「I」は LED の最大順電流（単位はアンペア）です。ほとんどの LED は、順電流をミリアンペア（mA）で示しているため、この式に当てはめるためには、それを 1000 で割ってください。たとえば、25 ミリアンペアの場合は、0.025 アンペアとします。

　試しに、順電流 25 ミリアンペア、順電圧 1.7 ボルトの LED で計算してみましょう。BBC マイクロビットが供給する電圧は 3 ボルトなので、式は次のようになります。

（3-1.7）/ 0.025=52

　これで適切な電流制限抵抗の値は 52 オームとわかりました。LED の種類によって、抵抗の値は大きく異なります。たとえば、白や青は、赤や緑の LED よりも順電圧は高くなります。また、超高輝度 LED なども、順電圧は高めです。

　正確に適合する抵抗値がわかっても、それにぴったりの値の抵抗が販売されているとは限りません。そのときは、だいたいそれに近い値で、高めの抵抗を選べば問題ありません。たとえば 52 オームの場合、68 オームの抵抗なら、ちょっと暗くはなりますが安全に使えます。反対に 48 オームの抵抗も使えますが、長く使用している間に、順電圧を上回る電圧がかかることで LED にダメージを与えてしまう恐れがあります。

　BBC マイクロビットのエッジ・コネクターは、大きな電流を必要とするデバイスには対応していません。順電流が 25 ミリアンペアの LED を使う場合でも、マイクロビットが供給できる電流は、電流制限抵抗を入れて規定の 3 ボルトよりも電圧を下げる前の状態で、せいぜい 0.5 ミリアンペア程度です。普通に LED を点灯させるだけなら、まったく問題ありません。思ったより少し暗めに点灯するかも知れませんが、LED やマイクロビットを傷つけることはありません。モーターやたくさんの LED を並べた LED リボンなどを使うときは、それに必要な電流を供給する前に、マイクロビット本体を守るために電源の供給をストップすることがあります。その場合は、高い電流を必要とするデバイスに合った外部

電源と、それをコントロールするトランジスターや制御装置を使ってください。

　いらなくなった家電製品から取り外したりして手に入れたLEDには、説明書がないために順電流や順電圧がわからないことがあります。そんなときも、安全第一。まずは高めの抵抗値の抵抗を試して、暗すぎるようなら、少し抵抗値を下げてみるという方法で抵抗値を決めてください。抵抗は安いのでいくらでも交換できますが、LEDが焼き切れてしまうのは、やはり悲しいです。

　次の手順に従って、**図10-8**を見ながら回路を作っていきましょう。ワニ口クリップを使うときは、ピンにしっかりと固定して、くれぐれも隣の小さなピンに接触しないように注意してください。また、回路を作るときは、BBCマイクロビットの電源を切っておいてください。

1. LEDを手にとってよく見てください。2本の金属の脚が出ています。長いほうが**アノード**、短いほうが**カソード**です。ワニ口クリップを長いほうの脚（アノード）に取り付け、線の反対側をBBCマイクロビットの1番ピンにつなげてください。

2. もう1本のリード線を取りだして、LEDのカソードと電流制限抵抗の片方の脚をつなげてください。抵抗には極性がないので、どちらの側につないでも構いません。

3. さらにもう1本のリード線を使って、抵抗のもう一方の脚と、BBCマイクロビットの「GND」ピンをつないでください。これで回路は完成です。

　次に、回路がきちんとできたことを確認するために、LEDに仕事をさせるプログラムを書きましょう。ここでは、1秒ごとにLEDが点滅するという簡単なプログラムを作って、回路もプログラムも正しく作られて作動することを確かめます。

　ウェブブラウザーでPythonエディターを開き、次のコードを書き込んでください。

```
from microbit import *
while True:
    pin1.write_digital(1)
```

```
sleep(1000)
pin1.write_digital(0)
sleep(1000)
```

　Pythonのプログラムでは、インデントはスペース4つ分と決まっています。このプログラムでは、While True: から下の行は、すべて1階層インデントします。

　回路の配線が正しいかどうかをよく確かめてから、BBCマイクロビットをマイクロUSBケーブルでパソコンとつないでください。そして、エディターの「ダウンロード」ボタンをクリックして、hexファイルをMICROBITドライブにド

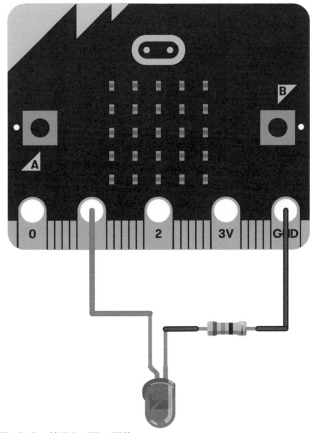

図10-8　簡単なLEDの回路

ラッグ・アンド・ドロップしてフラッシングしてください。LED が 1 秒ごとに点滅を始めます。

　LED が点灯しないときは、もう一度配線を確かめてください。よくやりがちな間違いは、LED の脚を反対につないでいることと、1 番ピンではなく、0 番や 2 番につないでいることです。

　では、1 行ずつ解説しましょう。

```
from microbit import *
```

　Python で BBC マイクロビット用のプログラムを書くときは、マイクロビットで使用する命令をライブラリーからインポートしておきます。これがないと、プログラムはうまく働きません。

```
while True:
```

　この行で BBC マイクロビットは無限ループに入り、ここから下のプログラムは永遠に繰り返されます。True（真）が真ならという条件なので、かならず実行されます。これがないと、LED が 1 回点灯して、プログラムは終了してしまいます。

```
    pin1.write_digital(1)
```

　今回は 0 番ではなく 1 番ピンを指定しています。でも、基本的には同じです。この行は、どのピンをコントロールするか、そしてそのピンで何をするかを指示しています。ここでは、信号を読み取るのではなく、信号を出力する命令をしています。これを、ピンに**ライトする**（書くという意味）と言います。ピンから「リードする」（読む）の逆です。括弧の中の「1」は、このピンをオンにするよう命令しています。オンになると電気が流れ、LED が点灯します。

```
    sleep(1000)
```

　BBC マイクロビットの処理速度は大変に速いので、LED のオンオフを普通に繰り返させても人間の目にはわかりません。そこで、この行で処理を 1000 ミリ

秒（1秒）間待たせることにします。

```
pin1.write_digital(0)
```

2行前のコードと同じですが、最後の数値が1ではなく「0」になっています。1がオンなので、0はオフです。`write_digital`命令は、0か1かのバイナリー値しかライトできません。後ほど、他の命令を使って、このライトを真似る方法を解説します。

```
sleep(1000)
```

最後に、もう1回1秒間だけ待ってから無限ループの先頭に戻るように指示します。sleep命令はライト命令のあとにそれぞれ1行ずつ入れる必要があります。最後のsleepがないと、消えてすぐにまた点灯するので、点滅する様子がわかりません。

sleepの数値を変えて実験してみてください。大きな数にすれば点滅の間隔が長くなり、小さくすれば速い点滅になります。また、点灯している時間と消灯している時間を変えてみるのも面白いでしょう。さらに、もっと多くの`write_digital`命令と`sleep`命令を組み合わせて、変化に富んだ点滅のパターンを作ることもできます。

PWMを使ってLEDの明るさを調整する

前のプロジェクトでは、`write_digital`命令でLEDをオンオフさせる方法を学びましたが、BBCマイクロビットのピンでは、単にオンオフを切り替えるだけでなく、だんだん暗くなったり、中間の明るさを保ったりといった明るさの調整を擬似的に行うこともできます。

BBCマイクロビットではこれを、**パルス幅変調**（PMW）という方法を使って行います。完全にオンか、完全にオフかを切り替えるだけではなく、PMWでは、この切り替えを高速に行うことで、明るさを調整するのです（信号を**パルス**化し、ピンのオンとオフの時間を変化させる、つまり**変調**させることで、ピンのオンとオフの状態のパルスのサイクルである**負荷サイクル**を変えて、LEDの明るさやモーターの回転速度が調整できます）。

今回も、前回の、LEDと、適切な電流制限抵抗とを、BBCマイクロビットの1番ピンとGNDにつなぐという、まったく同じものを使用します。ただし、プログラムが違います。

ブラウザーにPythonエディターを開き、次のように書き込んでください。

```
from microbit import *
pin1.set_analog_preiod(1)
while True:
    for brightnessValue in  range(0, 1024, 1):
        pin1.write_analog(brughtnessValue)
        sleep(1)
    for brightnessValue in  range(1024, -1, -1):
        pin1.write_analog(brughtnessValue)
        sleep(1)
```

プログラムに間違いがないかをよく確かめたら、BBCマイクロビットをケーブルでコンピューターにつなぎ、エディターの「ダウンロード」ボタンをクリックして、hexファイルをMICROBITドライブにドラッグ・アンド・ドロップしてフラッシングしてください。しばらくすると、LEDは段々明るくなり、また暗くなるという動作を繰り返すようになります。

1行ずつ説明しましょう。

```
from microbit import *
```

いつものとおり、BBCマイクロビットに命令を送るために必要なライブラリーをインポートします。

```
while True:
```

プログラムが最後まで実行されてもまた繰り返し実行できるように、無限ループを設定します。

```
pin1.set_analog_period(1)
```

これは、PMW 信号の「period」、つまり**周期**を 1 ミリ秒に指定するものです。周期とは、オンとオフを含むパルスの長さです。この数値を大きくすると、周期は長くなります。あまり長くしすぎると、点滅が目に見えるようになってしまうので、ずっと点灯しているように見える 1 ミリ秒あたりが適当です。

```
for brightnessValue in range(0, 1024, 1):
```

これは新しいタイプのループの開始行です。無限ループと異なり、for ループには、命令による出力の幅で終わりが示されています。for ループでは、行の最後に 3 つの数値が書かれています。左から、最初の数値、ここに達するまでに止める数値、毎回加算されるカウント数です。この場合は、変数 brightValue の値が 0 から始まって、1024 の手前まで、1 ずつ加算していくと指示されています。つまり、0 から 1023 まで変数 brightValue の値が増えていきます。

```
pin1.write_analog(brughtnessValue)
```

この行では、ピン 1 に値をライトするために write_analog 命令を使っています。write_digital では、0 と 1 以外の数値は受け付けないからです。write_analog なら、0 から 1023 までの数値を理解できます。直接出力してもよいのですが、この命令を使えば、値を変数に格納してくれます。

```
sleep(1)
```

BBC マイクロビットの処理速度は大変に高速なので、for ループの先頭に戻って繰り替えす前に、ここで 1 ミリ秒だけ待ってもらうことで、効果が見えやすくなります。

```
for brightnessValue in range(1024, -1, -1):
```

前の for ループと同じですが、条件の幅を示す最後の 3 つの数値が変わっています。今度は、1023 から開始して、-1 の手前に達したらループを停止します。そのために、-1 ずつカウントされます。つまり 1 ずつ数値を減らしていきます。つまり、これは前の for ループとは反対の動きをするもので、LED はだんだん

暗くなって最初の状態に戻ります。

```
pin1.write_analog(brughtnessValue)
```

前と同じく、`write_analog` を使って、変化する変数 `brightnessValue` をピン1にライトします。

```
sleep(1)
```

　これも、変化する様子が人の目にも見えるように、1ミリ秒だけ処理を遅らせています。点滅のプログラムでは、この数値を変えることで点滅の速度を変えることができましたが、ここを変えるとどうなるでしょう。いろいろ実験してみてください。

　これと同じ方法が、PMW 信号を使うハードウエアに応用されています。別の機器を使うときは、ピリオドを調整する必要があります。速めのピリオドなら LED のスムーズな明るさの変化には向いていますが、サーボモーターなどは、もっと長いピリオドが必要です。PMW のピリオドに関する詳細は、付録 C「Python のレシピ」に掲載されています。

アナログ入力を読む

　普通のスイッチやボタンは、デジタル入力です。入っているか、切れているかのどちらかしかなく、その中間はありません。しかし、完全にオンの状態と完全にオフの状態との中間の値を提供できるものもあります。そういう機器からの入力を**アナログ入力**と呼びます。

　BBC マイクロビットの大きな入出力ピンは、アナログ・デジタル変換器のお陰で、アナログ入力にも対応しています。アナログ入力を受け取り、それをマイクロビットが理解できるデジタルの形に変換します。このプロジェクトでは、ピン2を使用します。

　この回路を作るために必要な部品は次の通りです。

・ワニ口クリップまたはバナナプラグ付きのリード線3本
・可変抵抗器

可変抵抗器には、いろいろな種類があります。抵抗値をいちばん小さくすると、抵抗値がまったくない、ただのリード線と変わらなくなります。最大の抵抗値にしたとき10キロオームか100キロオームとなるものは、電子工作でよく使われます。その中間の5キロオームとか50キロオームにも設定ができます。直線的にスライドする仕組みのものもありますが、一般的にはツマミを回転させるタイプが主流です。しかし、どちらも基本的な働きは変わりません。

　次に示す手順に従って回路を作ってください。**図10-9**を参考にしてください。いつものように、ワニ口クリップを使うときは、しかりと固定して、隣のピンに接触しないようにしましょう。また、回路を作るときは、BBCマイクロビットの電源を切って置いてください。

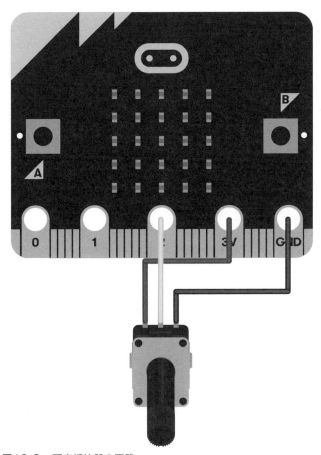

図10-9　可変抵抗器の回路

1. 可変抵抗器を、ツマミを上にして手に持ってください。いちばん左の端子にワニ口クリップ付きのリード線を取り付け、その反対側の端をBBCマイクロビットも「3V」のピンにつなげてください。

2. 可変抵抗器のいちばん右側の端子に、もう1本のリード線のワニ口クリップを取り付け、その反対の端をBBCマイクロビットの「GND」ピンにつなげてください。

3. もう1本のリード線を、可変抵抗器の真ん中の端子につなげて、その反対側の端をBBCマイクロビットのピン2につなげてください。

　可変抵抗器は、BBCマイクロビットの最大電圧である3ボルトを供給する3Vピンからの信号と、最低電圧を供給するGNDピンからの信号との2つの信号を受け取り、電圧分配器としての役割を果たします。真ん中の端子からは、ツマミの位置に応じて、その両方の中間の抵抗値が出力されます。

　この抵抗値を表示させるためには、BBCマイクロビットにアナログ信号が読めるようにしてやる必要があります。これを行わないと、ツマミを回したとき、ある地点で0から1に切り替わるだけとなります。ブラウザーにPythonエディターを開き、次のコードを書き込んでください。

```
from microbit import *
while True:
    potValue=pin2.read_analog()
    display.scroll(str(potValue))
```

　間違いがないかよく確認してから、BBCマイクロビットをケーブルでコンピューターにつないでください。エディターの「ダウンロード」ボタンをクリックして、hexファイルをMICROBITドライブにドラッグ・アンド・ドロップしてフラッシングしてください。しばらくすると、マイクロビットのディスプレイに数値がスクロール表示されます。可変抵抗器のツマミを回して、その変化を確かめてください。

　では、1行ずつ解説しましょう。

```
from microbit import *
```

　Python は、この 1 行がなければ BBC マイクロビットのピンやその他の機能にアクセスすることができません。なので、この行はかならず先頭にあります。

```
while True:
```

　いつものとおり、プログラムが 1 回で終わってしまわないように、無限ループさせるための命令です。

```
    potValue=pin2.read_analog()
```

　ここでは potValue という変数を設定し、そこにピン 2 から入るアナログの情報を格納するよう指示しています。 read_analog 命令では、かならず 0 から 1023 までの数値を示します。この場合は、0 が 0 ボルト、1023 が 3 ボルトを表します。

```
    display.scroll(str(potValue))
```

　display.scroll 命令で、変数 potValue の値を BBC マイクロビットのディスプレイにスクロール表示させます。変数に格納されている数値は整数なので、その前にこれをディスプレイに表示できるよう、str 命令で文字列に変換しています。
　他のプログラムと違って、これにはディレイは必要ありません。結果のスクロール表示が終わるまで、次の処理を待ってくれるからです。これがディレイの役割を果たし、ゆっくりと数値の変化が読めるようになるわけです。
　さて、これらの回路製作の技術を習得したところで、この技術をさらに活かしてみましょう。ボタンと LED と可変抵抗器を接続して、可変抵抗で LED の明るさが変化し、ボタンでオンオフができる回路を作ってみてください。これができるようになれば、次の段階として BBC マイクロビットの機能を拡張して、さらに大きな可能性を追求できます。

第11章

BBCマイクロビットを拡張しよう

/こ/の/章/の/内/容/

- ブレークアウト基板を使ったBBCマイクロビットの拡張方法を解説します。
- BBCマイクロビットとロボティクス：普通に売られている部品を使って、BBCマイクロビットで動くロボットを作ります。
- その他の便利なBBCマイクロビット用のアドオン部品を紹介します。

　BBCマイクロビットは、単体でもパワフルなデバイスですが、他のハードウエアを組み合わせることで、機能が拡張され、その本領を発揮します。エッジ・コネクターの20本の小さなピンを使えるようにするブレークアウト基板を接続するだけでも、自動ロボットの製作が可能になります。こうした安価なアクセサリーにより、さらに複雑で高度なプロジェクトが楽しめます。

> **ミニ解説**
>
> 　アドオン部品にはいろいろな種類がありますが、かならずBBCマイクロビットに対応したものを選んでください。製品によっては、駆動電源が異なるものがあります。たとえば、5ボルトで動くボードをマイクロビットに接続すると、うまく動かないばかりか、マイクロビットを破損する恐れもあります。

ブレークアウト基板で拡張する

　BBCマイクロビットの大きなピンは、小さなプロジェクトには十分ですが、すぐに、もっとたくさんのピンを使いたいと思うようになるはずです。ブレークアウト基板は、エッジ・コネクターの小さなピンを使いやすくするもので、より高度なバスを使って複数のハードウエアを接続できるようにします。
　ブレークアウト基板には、価格や機能や、ピンをどのように使えるようにするかなどの点で、いろいろと異なる種類があります。いくつか例を紹介します。

キットロニックのエッジ・コネクター・ブレークアウト・ボード

　Kitronik（キットロニック）は、BBC マイクロビット・プロジェクトの出資パートナーのひとつです。そこが発売している「Edge Connector Breakout Board」（エッジ・コネクター・ブレークアウト・ボード）は、外部のハードウエアの接続を簡単にしてくれます。大きなピンも小さなピンも、接続が簡単にできる 2.54 ミリ幅のピンヘッダーに分けられています（**図 11-1**）。マイクロビットのエッジ・コネクターからジャンパー線を使ってブレッドボードに接続する必要がありません。

　キットロニックのデザインは、そのシンプルさに特徴があります。BBC マイクロビットのピンと外部のハードウエアとの接続が、とても簡単になっています。さらに、大きなピンは 2 つのオス 2.54 ミリピンヘッダーに分けられ、複数の接続が可能です。また手前には、何も接続されていないプロトタイピング・エリアがあり、3 ボルトと GND のピンも配置されています。3 つのリンクされたグループも、自由に使うことができます。

　キットロニックのエッジ・コネクター・ブレークアウト・ボードには 2 つのバージョンがあります。標準バージョンと、組み立て済みのバージョンです。標準バージョンは、エッジ・コネクターとピンヘッダーは接続されておらず、自分で

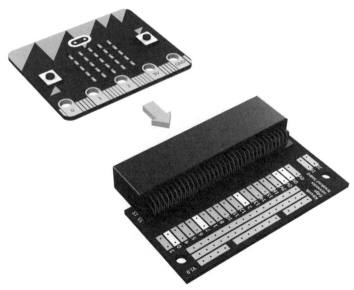

図11-1　キットロニックのエッジ・コネクター・ブレークアウト・ボード

ハンダ付けするようになっています。これには、100回以上のハンダ付けを行う必要があります。一方、組み立て済みのバージョン（Pre-built）は、すでに配線が済まされています。ただし、I2Cに使うピン19とピン20だけは未接続で、自分でハンダ付けしなければなりません。プロトタイピング・エリアは、そのまま未接続の状態です。

詳しくは、以下をご覧ください

・Kitronik
https://www.kitronik.co.uk/

サイエンススコープのマイクロビット・ブレークアウト・ボード

学校の教室で使うことを目的に作られていますが、小さなお子さんが家庭で遊ぶのにも適しています。ScienceScope（サイエンススコープ）の「Micro:bit Breakout Board」（マイクロビット・ブレークアウト・ボード）は、子どもでも使いやすい4ミリのバナナプラグに対応しています（**図11-2**）。4ミリは、BBCマイクロビットの大きなピンの穴にぴったり入るサイズなので、すでに持っているバナナプラグ付きのリード線がそのまま使えます。

ブレークアウト・ボードには、BBCマイクロビットのすべて、またはほとん

図11-2 サイエンススコープのマイクロビット・ブレークアウト・ボード

どのピンに対応しているものもあれば、このマイクロビット・ブレークアウト・ボードのように、よく使うGPIOピンだけを取り出しているものがあります。ピン0からピン2の他に、デジタル・アナログ入出力ピン（3、4、10）と、デジタル入出力ピン（13、14、15、16、19、20）が使えるようになっています。

またこのボードには、3.3ボルトの電源とGNDのための4つのピンが用意されています。専用の電源入力ポートを使うことで、BBCマイクロビットや電源コネクターに電源を供給できます。これにより、マイクロビットの内部電源に依存することなく、超高輝度LEDなどの大きな電流を使うプロジェクトに対応できます。

詳しくは、以下をご覧ください

・ScienceScope
http://sciencescope.co.uk/

プロトピックのブレッドビット

Proto-Pic（プロトピック）の「Bread:Bit」（ブレッドビット）は、ブレッドボードで使うように設計されています（ブレッドボードは付属していません。**図11-3**）。ジャンパー線を使うことなく、そのままブレッドボードに挿入できるので、複雑

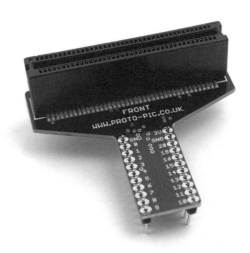

図11-3　プロトピックのブレッドビット

第11章　BBCマイクロビットを拡張する　277

なプロジェクトでもすっきりと作ることができます。もっとしっかりとした恒久的な回路を作りたいときは、ストリップボード（フレキシブルボード）に直接ハンダ付けもできます。しかし、BBC マイクロビットは自由に取り外しができます。

ブレッドビットは、BBC マイクロビットの 25 本のすべてのピンに対応しているので、あらゆるプロジェクトに使えます。3 V ピンや GND ピンを含むすべてのピンは、1 対 1 でブレッドボードに接続されます。エッジ・コネクターのソケットは最初からハンダ付けされていますが、ブレッドボードに挿入するためのピンヘッダーは自分でハンダ付けするようになっています。少々価格は高くなりますが、ピンヘッダーが最初からハンダ付けされた製品もあります。

詳しくは、以下をご覧ください。

・Proto-PIC
https://www.proto-pic.co.uk/

プロトテックのエグジビット

もうひとつ、プロトテックの製品です。「Exhi:Bit」（エグジビット）は、非常にわかりやすいデザインになっています（**図 11-4**）。ブレッドビットではオプションだったブレッドボードは、こちらには付属していて、ボードに装着できるようになっています。また、ブレッドボードを付けない場合は、中央部分がプロ

図11-4 プロトピックのエグジビット

トタイピング・エリアになり、ここに直接、部品をハンダ付けして回路を組むこともできます。

エグジビットの最大の特徴は、ボードの三辺に BBC マイクロビットの大きなピンが配置されていることです。マイクロビットのピンとほぼ同じ作りになっているので、ワニ口クリップや 4 ミリのバナナプラグが使えます。この 5 本の大きなピンだけでなく、20 本の小さなピンも、ボードの周囲に配置されています。

プロトテックは、エグジビットに取り付けられているメスのピンヘッダーに接続して機能を拡張できる、さまざまな「ドーターボード」（小型基板）も販売しています。自分で部品をハンダ付けできる「DIY ドーターボード」もあります。また、ボード上には、設定の違いがわからなくならないようにメモを書き込める場所も 3 つあります。また、5 〜 9 ボルトの電源に対応する DC ジャックが搭載されています。

詳しくは、以下をご覧ください。

・Proto-PIC
　https://www.proto-pic.co.uk/

ロボティクスと BBC マイクロビット

体は小さくても非常に高性能な BBC マイクロビットは、各種センサーを内蔵し、数多くの入出力ピンを備えているため、ロボット・プロジェクトにも最適です。小型で軽量なのでロボットの負担にならず、電気もほとんど使わないので電池が長持ちします。

市販の部品を買い集めてロボットを作ることもできますが、いろいろなメーカーからロボットのキットも発売されています。キットを使えば、ロボットを組み立てて、BBC マイクロビットにプログラムをして、それをコネクターに差し込めば、簡単にロボットが完成します。

ここに、いくつかのロボット・キットの例を紹介しましょう。

キットロニックのライン・フォロイング・バギー

キットロニックの「Line-Following Buggy」(ライン・フォロイング・バギー:線を辿る車) は比較的単純な、2つのタイヤを備えたロボットです (**図11-5**)。光依存性抵抗 (フォトレジスター) というセンサー2個とLEDを使い、車の下の床をLEDで照らすことで、床に描かれた黒い線を辿って走ります。手動で操縦する必要はありません。

このキットには、BBCマイクロビットでモーターを制御するためのモーターコントロール・ボードや、モーターとマイクロビットに電源を供給する単三乾電池4本入りの電池ボックスなど、ロボットに必要なすべての部品が入っています。サンプルのプログラムも2種類用意されています。ひとつは床の黒い線を辿るもの。もうひとつは、マイクロビットの加速度センサーを利用して、障害物に衝突したときにくるくる回転するというものです。

詳しくは、以下をご覧ください。

・Kitronik
 https://www.kitronik.co.uk/

図11-5　キットロニックのライン・フォロイング・バギー

キットロニックのモーター・ドライバー・ボード

キットロニックのライン・フォロイング・バギー・キットに含まれているボードですが、自分でロボットを作りたいという人のために、「Motor Driver Board」（モーター・ドライバー・ボード）が単独で販売されています（**図11-6**）。BBCマイクロビットには、モーターを回転させるだけの電力を供給できないので、このボードに小型の直流モーターを接続して、モーターのオンオフを制御します。

このボードには、BBCマイクロビットに接続するためのピンヘッダーも付属していますが、これは自分でハンダ付けする必要があります。モーターを接続するためのスクリュー端子も付いています。これらは、マイクロビットのピン1、ピン2、ピン5、ピン11（BBCマイクロビットのボタンAとボタンBのピンに対応）、そして単三乾電池3本から4本に相当する4.5〜6ボルトの電源入力に対応しています。

詳しくは、以下をご覧ください。

・Kitronik
  https://www.kitronik.co.uk/

図11-6 キットロニックのモーター・ドライバー・ボード

テクノロジー・ウィル・セイブ・アスのマイクロボット

　BBCマイクロビットのパートナー企業であるTechnology Will Save Us（テクノロジー・ウィル・セイブ・アス）の「Micro:Bot」（マイクロボット）は、安く作れるロボットとして開発されました（**図11-7**）。普通のロボットと違って、胴体はプラスチックや金属ではなく、ダンボール製のキットの外箱が、そのまま胴体になります。

　テクノロジー・ウィル・セイブ・アスでは、マイクロボットを使った3つのプロジェクトを公開しています。「ArtBot」（アートボット）と「RoomBot」（ルームボット）と「GolfBot」（ゴルフボット）です。マイクロボットがひとつあれば、この3つが作れます。その他に必要なのは、フエルトペン、アルミホイル、スポンジといった家にあるものだけです。アートボットは、胴体にフエルトペンを突き刺して、床に絵を描く「タートル・グラフィックス」ロボットになります。ルームボットは、アルミホイルを衝突センサーとして使います。ゴルフボットは、前部にゴルフのグリーンを設けて、パッドの練習相手になってくれます。

　詳しくは、以下をご覧ください。

・Technology Will Save Us
　https://www.techwillsaveus.com/

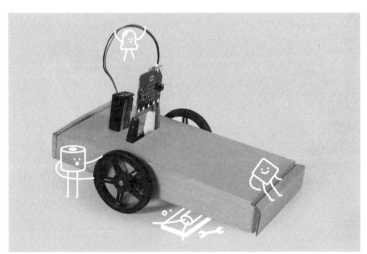

図11-7　テクノロジー・ウィル・セイブ・アスのマイクロボット

フォートロニクスのビットボット

4tronix（フォートロニクス）の「Bit:Bot」（ビットボット）の思想はとても単純（**図11-8**）。とにかく、BBCマイクロビットを搭載した2輪の胴体に、できるだけ多くの機能を詰め込むことです。このキットには、キットロニックのライン・フォロイング・バギーと同じ機能も含まれていますが、他にもたくさんあります。ボディーの両側にはプログラム可能なマルチカラーのLEDが配置され、懐中電灯の光を追いかける光センサー、簡単な音を鳴らすブザーなども搭載されています。

さらに機能を追加することもできます。ボディーの中央部には拡張ポートがあり、ここにプログラム可能なLEDボードを追加できあす。また前部の拡張ポートには超音波距離センサーを追加でき、進行方向にある障害物までの距離が測れるようになります。公式ウェブサイトにはコードのスニペットもあり、モーター、LED、センサーをコントロールして床の線を辿れるようにするPythonプログラムのサンプルも公開されています。

詳しくは、以下をご覧ください。

・4tronix
　https://shop.4tronix.co.uk/

図11-8　フォートロニクスのビットボット

バイナリーボット

　子どもが喜ぶように開発された「Binary Bots」（バイナリーボット）キットは、とてもカラフルな、なんでもないロボットです。ボディーはダンボールで作るようになっています。形は二足歩行ロボットか円盤状のUFOのいずれかにすることができ、カラフルなステッカーを貼って飾ることができます（図11-9）。

　ここで紹介した他のロボットと違い、バイナリーボットは本当の意味ではロボットではありません。動かないのです。キットには、スピーカー、温度センサー、モーションセンサー、光センサー、そしてそれらから信号を読み取るためのサンプルプログラムが付属していて、BBCマイクロビットがそうしたセンサーを使って、音を鳴らしたりLEDを光らせたりします。ただしモーターが搭載されていないので、動くことはありません。しかし、生徒がたくさん歩き回る教室や、家族が忙しく動き回っている家の中では、むしろそれがメリットかも知れません。

　詳しくは、以下をご覧ください。

- BinaryBots
  https://www.binarybots.co.uk/

図11-9　バイナリーボット

その他の BBC マイクロビットのアドオン部品

BBC マイクロビットにアドオンできる部品は、ロボットやブレークアウト基板ばかりではありません。世界中の開発者、エンジニア、学生が、エッジ・コネクターに接続するユニークなアドオンを開発しています。ゲームをプレイできるものもあります。ポータブルなものや、ウェアラブルなものもあります。

ここでは、そのほんの一部を紹介します。その可能性を感じてください。

キットロニックのマイパワー

キットロニックの「Mi:Power」（マイパワー）は、BBC マイクロビットでポータブルな、またはウェアラブルなプロジェクトを簡単に作れるようにする小さな電池ボックスです（**図 11-10**）。マイクロビットと同じ大きさで、ピン 0、3 V、GND の 3 つのピンにボルトで固定するようになっています。電源は 3 ボルトのボタン電池を使います。電池は、マイパワーのボードとマイクロビットでサンドウィッチにされていて、電池を取り出すには 3 本のボルトを外さなければなりません。しかし、それにより、小さなお子さんが誤って取り出して飲み込んでしまうという事故が防げます。

電力を供給するだけでなく、ピン 0 にはブザーが接続され、また専用のスイッチも付いているので、BBC マイクロビットだけでなく、接続されているハード

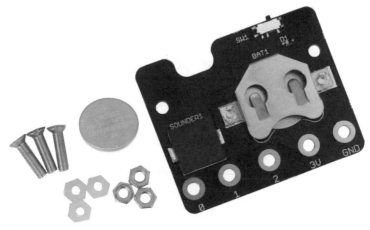

図11-10 キットロニックのマイパワー

ウエアの電源も、ケーブルを外したりすることなく、これで切ることができます。家や学校やメイカースペースでレーザーカッターが使える人のために、キットロニックでは、腕時計マウント、植木鉢に挿すプレート、ストラップ用アタッチメント、ベルトマウント、ロボット型のスタンドなど、アクセサリーのレーザーカット用ファイルを提供しています。

詳しくは、以下をご覧ください。

・Kitronik
https://www.kitronik.co.uk/

プロトピックのマイクロピクセル・ボード

BBCマイクロビット表面にある5×5のディスプレイには、驚くほど多くの情報を表示する能力がありますが、赤色だけでは飽きてしまいます。そこで、プロトピックは「Micro:Pixel」（マイクロピクセル）を作りました（**図11-11**）。エッジ・コネクターに接続すると、4×8のディスプレイが使えるようになります。LEDはすべてプログラム可能なフルカラーなので、個別に色を自由に変えられます。

BBCマイクロビットの大きなピンは、そのままマイクロピクセルの前面にも配置されています。小さなピンはなく、ピン0はLEDのコントロールに使用されます。このボードには警告文が付属しています。LEDの明るさを最大にすると、

図11-11 プロトピックのマイクロピクセル

マイクロビットが供給できる電流の量を超えてしまい、マイクロビットを破損する恐れがあるとのことです。これを使って実験を行うときは、憶えておいてください。

詳しくは、以下をご覧ください。

・Proto-PIC
https://www.proto-pic.co.uk/

プロトピックのサイモンセズ・ボード

プロトピックの「Simon:Says」(サイモンセズ) ボードには、3つの目的があります (**図11-12**)。ひとつは静電容量センサーの機能をプリント基板でボタンとして使用する実例を示すこと。ひとつは、1978年にラルフ・ベア、ハワード・モリソン、レニー・コープが発明した電子ゲーム「サイモン」を楽しむこと。そして、4つのボタン入力とLEDとブザーを使ったプロジェクトができることです。

プロトピック版のサイモンも、オリジナルと同じく、LEDの光と音のパターンを記憶するというもので、プレイするうちにどんどん速くなり難しくなっていきます。BBCマイクロビットのゲームの強さに嫌気がさしてきても、4個のプログラム可能なフルカラーLED、4個のタッチボタン、ブザーが簡単に使えるので、いろいろなプログラムに応用して楽しむことができます。

図11-12　プロトピックのサイモンセズ・ボード

詳しくは、以下をご覧ください。

・Proto-PIC
https://www.proto-pic.co.uk/

フォートロニクスのビット・トゥ・パイ・ボード

　BBCマイクロビットとラズベリーパイの相性の良さは第9章「BBCマイクロビットとラズベリーパイ」で学びましたが、フォートロニクスのBit:2:Pi（ビット・トゥ・パイ）ボードは、さらに一歩進めて、ラズベリーパイ用のアドオンをマイクロビットに直接つなげるようにするものです（**図11-13**）。ラズベリーパイ用のHAT（ハードウエア・アタッチ・オン・トップ）もこれに接続できます。

　すべてのラズベリーパイ用アドオンに対応しているわけではありませんが、必要なコードを書くことで、ほとんどのアドオンが使えるようになります。たとえば、簡単に使えるアドオンは、プログラム可能なLED、ボタン、ブザー、モーターコントローラーです。反対に、使えないアドオンには、ディスプレイ・スクリーンとカメラがあります。

　詳しくは、以下をご覧ください。対応するラズベリーパイ用アドオン部品のリストも掲載されています。

図11-13　フォートロニクスのビット・トゥ・パイ・ボード

- 4tronix
  https://shop.4tronix.co.uk/

キットロニックのマイプロ・プロテクターとマイパワー・ケース

BBCマイクロビットは頑丈に作られていますが、外に持ち出して使うときは、何が起きるかわかりません。そのために、キットロニックのMi:Pro Protector（マイプロ・プロテクター）があります（**図11-14**）。BBCマイクロビットの両面を保護しながらも、マイクロUSBポート、2つのボタン、エッジ・コネクターは使えるようになっています。

外でBBCマイクロビットを電源につなぎたいときは、オプションの単四乾電池2本が入る電池ボックスをマイプロ・プロテクターの裏側にネジで固定できます。または、バッテリーボード「マイパワー」を装着した状態で使えるケースもあります。どれもプラスティック製で、クリア、緑、オレンジ、または青が選べます。

詳しくは、以下をご覧ください。

- Kitronik
  https://www.kitronik.co.uk/

図11-14 キットロニックのマイプロ・プロテクター

第12章

BBC マイクロビットを
ウェアラブルにしよう

/こ/の/章/の/内/容/

- BBC マイクロビットがウェアラブルや埋め込みプロジェクトに適している理由を説明します。
- 導電性糸について説明します。
- ちょっと実用的なプロジェクト、雨を感知する帽子を作ります。

　世界で最初のコンピューターは、ひとつの部屋が一杯になるほどの大きさでした。または、いくつもの部屋を占領するほどでした。その後、技術が進み、プロセッサーの性能が上がり、コンピューターはポケットに入るサイズにまで小さくなりました。電子デバイスが小さくなると、人々はそれを常に持ち歩くようになりました。ポケット計算機からデジタル腕時計、やがてそれは現代のスマートウォッチに進化します（**図 12-1**）。そしてそこから、運動量を測定したり、現在位置を知らせるデバイスも生まれました。

図12-1　スマートウォッチ型のウェアラブル

多くの人にとってウェアラブルは、スケジュールを知らせたり、運動量をモニターするといった用途のものが主でしょうが、この技術はさまざまな方面に利用されています。健康状態をモニターするもの、錠剤のような装置を飲み込んで体の内部を検査するもの、パーキンソン病の症状を軽減するための装置などもあります。

エレクトロニクスが小さくなってパワフルになるにつれ、ウェアラブルの分野はどんどん広がっていきます。BBCマイクロビットは、そんなウェアラブル・デバイスの実験を行う上で、最適なプラットフォームです。

ウェアラブルBBCマイクロビットの優位性

BBCマイクロビットは、ウェアラブル・プロジェクトにとても適した機能を持っています。サイズが小さいというのも大きな理由です。クレジットカードの約半分の大きさで、とても軽量なため、衣服に組み込んだり、直接体に装着しても、不快感がありません。

もうひとつ、実用的なウェアラブルに適している理由として、電力の消費量が少ないということもあります。小型のノートパソコンでも、1回の充電で使えるのは4時間から8時間です。スマートウォッチは、1回の充電で1日から4日。それに対してBBCマイクロビットは、単三電池2本で、軽く1カ月間はセンサーの情報を集めることができます（**図 12-2**）。

BBCマイクロビットには、ディスプレイとセンサーとボタンが内蔵されていて、オールインワンのデバイスになっています。通常のマイクロコントローラーには、そうしたアクセサリーが付いていないため、ウェアラブル・プロジェクトを作ろうと思えば、自分で接続しなければなりません。もちろん、入出力ピンもあるので、必要に応じてハードウエアをつなぐことができます。

もうひとつ、BBCマイクロビットがウェアラブルに適していることを示す、とても重要な機能があります。これは他のマイクロコントローラーなどではあまり見られない機能ですが、導電性糸に対応しているということです。大きな入出力ピンの穴に導電性糸を巻きつけることで、布を使った柔らかいウェアラブル用回路を作ることができます。

図12-2　乾電池をつないだBBC マイクロビット

導電性糸

回路が働くためには、電気が**導体**を通って循環する必要があります。導体の反対は**絶縁体**です。回路では、銅製のリード線やプリント基板の上に配置されたトラックが導体として使われます。銅色をしたBBCマイクロビットのエッジ・コネクターも、導体です。さらに、マイクロビットの基板の中にはたくさんの銅の道、**トラック**が巡らされていて、電子部品をつなぎ、電気を流しています。

銅のリード線は非常に優れた導体ですが、欠点もあります。その中のひとつに、常に動かしていると弱くなってしまうというものがあります。何度も折り曲げたり伸ばしたりを繰り返すと、やがて**金属疲労**という状態になり、線が弱くなって、最後には切れてしまいます。線が切れてしまうと、電気は通じません。回路は動かなくなります。リード線やその他の部品を接続するハンダ付けの部分にも、同じことが言えます。ハンダ付けされた線を繰り返し動かすと、その部分が弱くなって切れてしまいます。そして回路が故障してしまいます。

これが、ウェアラブル・プロジェクトにおける問題でした。そこで活躍するのが、導電性糸です。その名前が示すとおり、これは電気を通す糸です。木綿やナイロンの糸と同じく、針を使って縫うことができます。これは導体なので、銅のリード線に置き換えることができます。とても柔軟で、触った感じもソフトです（**図 12-3**）。

導電性糸は通常、非常に細い鉄の糸で作られています。銀でメッキされているものもあります。それを、木綿糸と同じように撚り合わせて、太く強くしていま

す（**図 12-4**）。一般的に、導電性糸は太いほど導電性が高く、よく電気を通します。

細い糸でも、LED を光らせたりボタンをつないだりする程度なら対応できますが、小型のディスプレイをつなぐような場合は、太い導電性糸を使うか、何本か束ねて使うことで、十分な電力を送ることができます。

銅のリード線にはビニールの被膜があり、それが絶縁体になっています。しか

図12-3　糸巻きに巻かれた導電性糸

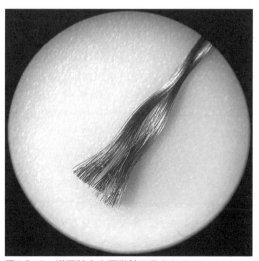

図12-4　導電性糸を顕微鏡で見たところ

し、導電性糸にはそれがありません。2本の導電性糸がどこかで接触すれば、それはひとつの導体となります。なので、回路を作るときは、接触してはいけない場所で接触しないように注意する必要があります。接触を起こすと回路がショートして、うまく作動しません。最悪、部品やBBCマイクロビットが破損してしまうこともあります。

しかし、絶縁体の被膜がないことで、導電性糸が便利に使えることもあります。特別な部品を使わなくても、タッチセンサーや湿気センサーを作ることができるのです。それを応用したプロジェクトを後ほど紹介します。

導電性糸の使い方

導電性糸の使い方はとても簡単ですが、これを使うためには、いくつかの道具を揃える必要があります。導電性糸にはいろいろな商品名がありますが、電子工作を扱っている店やインターネットで購入できます。加えて、以下のものを揃えてください。

・縫い針
　導電性糸は、縫い針を使って布に縫い付けて使います。使用する糸の太さに合った針を選んでください。細すぎると、穴に糸が通りません。反対に太すぎても、せっかく穴に通した糸が抜けてしまうことがあります。

・生地
　導電性糸を使った回路では、プリント基板の板の部分に相当する絶縁体に生地を使います。ただし、回路を組み込みたいものであれば、手袋でも、帽子でも、コートでも、靴でも何でも構いません。素材が厚くなるほど縫うのが難しくなります。たとえば、厚い革は、薄い布に比べて縫うのに苦労します。

・糸通し
　かならずしも必要ではありませんが、針の穴に糸を通すときに、これがあると便利です。とくに、太い導電性糸の場合、端が解けて毛羽立ってしまい、穴に通りにくくなることが多いため、糸通しが役に立ちます。糸通しはクラフト店や手芸店で売られています。針とセットになっていることもあります。

・指ぬき

　これも絶対に必要というわけではありませんが、裁縫をしたことがない人や、厚い生地に導電性糸を縫い付けるときなど、これがあると便利です。金属製や陶器製のものがあり、これを指に入れておくと、誤って針で自分の指を刺してしまうといった事故を防ぐことができます（訳注：ここでいう指ぬきは、指にかぶせて保護するタイプのものです）。

・ハサミ

　導電性糸を必要な長さに切るためにハサミを使います。小さくてよく切れるハサミがよいでしょう。また、できるだけ導電性糸専用のハサミを用意しておくことをお勧めします。導電性糸は金属製なので、ハサミの刃が欠けたりすることもあります。他の用途とは一緒にしないほうがよいでしょう。

　これまでに裁縫の経験がある方なら、ここから先の縫い方の解説は飛ばして、プロジェクトのページに飛んで構いません。経験のない方は、ここを読んでからプロジェクトに入ってください。

　まずは、糸巻きに巻かれている導電性糸を、ハサミで適当な長さに切ります。縫い終わった後に無駄が出ないように、必要な長さをよく確かめてください。縫うときは、糸をジグザグに生地に通していくので、見た目の直線の距離よりも、長い糸が必要です。

ミニ解説

　縫う練習をしたいときは、高価な導電性糸ではなく、同じぐらいの太さの木綿糸を使うとよいでしょう。電気は通しませんが、値段も安いし、練習にはなります。

　今、ハサミで切ったところと反対側の糸の端に結び目を作ります。これは、生地から糸が抜けないようにするためのものです。なので、できるだけ大きな結び目にしてください。糸を何回か輪に通して結ぶとよいでしょう（図 12-5）。

　ハサミで切った側の糸を針の穴に通します。針から抜けないように、少し先を長く出してください（図 12-6）。導電性糸は、すぐに端がほつれて広がってきます。穴に入りにくくなったら、ほつれた先をハサミで切るか、糸を折り曲げて二重にして、折れた部分を穴に通すか、糸通しを使ってください。

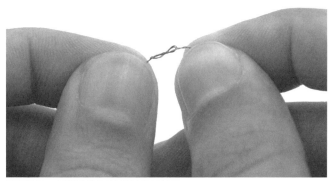

図12-5 導電性糸に結び目を付ける

図12-6 針の穴に導電性糸を通す

　これで準備完了です。布の裏側にくる指を指ぬきに入れて、針をゆっくりと生地に刺します。針が半分通ったところで、針先を生地の表に向けて刺し、針を引き抜いてください。
　針の穴から糸が抜けないように気をつけて、結び目のところで生地に止まるまで糸を引っ張り出してください。針から糸が抜けてしまったら、入れ直してください。糸をあまり強く引っ張ると、結び目が抜けてしまって最初からやり直しになるので、気をつけましょう。
　どのように縫っていくかは、縫う目的によって変わります。たとえば、2枚の生地を縫い合わせるのなら、しっかりと強く縫う必要があります。ただ電気の通

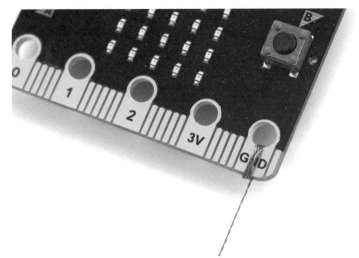

図12-7 BBC マイクロビットにつないだところ

り道を作りたいだけなら、それほど強く縫う必要はありません。一般的に、縫い目が小さいほど強くなります。ある決まった距離を、2回だけ針を通して縫うよりも、もっと細かく一定の間隔で縫う方が強い縫い目ができます。

　BBC マイクロビットのピンに導電性糸をつなげるときは、ピンの穴にぐるぐると糸を巻きつけて、しっかりと電気が通るようにしてください（**図12-7**）。BBC マイクロビットを生地に縫い付けるときは、このまま生地に針を通して、4回から5回、穴を通して縫い付けてください。これで、しっかりと電気が通るようになります。

雨を感知する帽子

　BBC マイクロビットをウェアラブルに応用するプロジェクトの例として、簡単で楽しい、雨を感知する帽子を作ってみましょう。あまり実用的とは言えませんが……だって雨が降ってくれば、この帽子をかぶっていなくても、わかりますからね。

　このプロジェクトで使用する材料と道具を以下で示します。

・BBC マイクロビット
　このウェアラブルの頭脳になります。雨が降ってきたことを感知して、それを

帽子をかぶっている人に伝え、雨宿りするように指示します。コンピューターからプログラムをフラッシングするためのマイクロUSBケーブルも必要です。

・バッテリーパック

　コンピューターにケーブルでつながれたままではウェアラブルになりません。外にかぶって出るためには、バッテリーパックが必要です。「BBC Micro:Bit Go」セットに付属しているバッテリーパックが最適ですが、もっと軽くしたいなら、他のメーカーから発売されている小型のバッテリーパックを使ってもよいでしょう。ただし、古い電池や充電式の電池は使わないでください。新しいアルカリ電池を使うようにしましょう。

・導電性糸

　帽子のツバに縫い付けて、雨が降ってきたときにセンサーをトリガーする役割を果たします。また、BBCマイクロビットを帽子に縫い付けるときにも使うので、細いものではなく、なるべく太くて丈夫な導電性糸を選んでください。

・裁縫道具

　針があればこのプロジェクトには十分ですが、前にも述べたとおり、専用のハサミ、指ぬき、糸通しがあれば、安全に、より快適に作業ができます。

・野球帽

　野球帽のツバは、BBCマイクロビットを取り付けるのにちょうどいい場所です。ツバの先にマイクロビットをぶら下げておけば、視界をあまり遮らずにディスプレイが見えます。このプロジェクト用に安い野球帽を買うことをお勧めします。大切な帽子を穴だらけにしたくないでしょう？

・メジャー

　BBCマイクロビットと導電性糸が正しい場所に縫い付けられるよう、寸法を測るのに使います。

・裁縫用のペン

　帽子に縫う位置の印を付けます。普通のペンや鉛筆でも構いませんが、裁縫用のペンなら、後で印を消すことができます。

今すぐ工作を始めるより、先にプログラムを見てみたいという方は、「雨センサーのプログラム」のページに飛んでください。BBCマイクロビットの0番ピンとGNDピンを同時に触れば、雨が降ったときと同じ状態をシミュレートできます。

帽子を準備する

BBCマイクロビットの0番ピンの中心とGNDピンの中心との距離を測って、メモしておきます。約42ミリほどです。この2つのピンの穴を使って、BBCマイクロビットを帽子のツバの下側に取り付けます。

ツバの裏側に、ちょうど真ん中になるところに印を付けて、その左右の2か所に、先ほど測った距離の半分（21ミリ）の位置に印を付けてください（**図12-8**）。

2つのピンの距離の4倍の長さ（168ミリ）に導電性糸を切ってください。糸の片方の先端に結び目を作り、反対側を針の穴に通したら、ツバの裏側に付けた左側の印のところから針を刺して、表側に通してください。そこから、**図12-9**で示すように、四角い波形に縫っていきます。このとき、糸は完全にツバの裏側に抜ける必要はありません。ツバの上側の生地に針を斜めに刺して、浅く縫ってください。波形がツバの裏側のもうひとつの印よりも少し前まで達したら、そこで針を裏に突き通して糸を引っ張ってください。

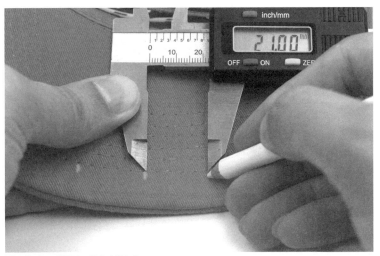

図12-8 帽子に印を付ける

糸から針を抜き、糸はそのまま伸ばしておいてください。もう1本、同じ長さの糸を切り取り、片方に結び目を作り、反対側を針の穴に通してください。今度は、右側の印から針を刺して、先ほど作った波形の上に沿うように、四角い波形を縫っていきます（**図12-10**）。この2つの波形は、途中で決して接触させないでください。ただし、できるだけ近づけます。
　この2つの波形の間隔が大変に重要です。雨粒によって両方に電気が通るよう

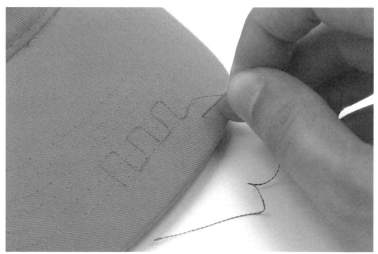

図12-9　四角い波形の模様を縫う

図12-10　2つめの波形を縫う

にするため、広すぎてはいけません。かと言って、近づけすぎたら簡単に接触して、雨が降らなくてもセンサーが働いてしまう恐れがあります。

最後まで縫えたら、そのままツバの裏側まで針を通してください。しかし、今回はまだ針から糸を抜かずにおきます。ハサミで、両方の結び目のある側からはみ出した糸を切って、帽子のツバの裏側にきれいに揃うようにしてください。

BBCマイクロビットを取り付ける

BBCマイクロビットを、波形を縫った糸の余りを使って帽子のツバに取り付けます。これには、帽子に固定する役割と、糸に電気を通す役割とがあります。BBCマイクロビットを上下逆にして、帽子をかぶったときにディスプレイが見える側にして、帽子のツバに押しつけてください。そして、今波形を縫ってまだ針が付いている糸をGNDピンの穴に通して何回かぐるぐると巻き、帽子のツバに縫い付けてください（**図12-11**）。このとき、もうひとつの波形の糸には絶対に触れないようにしてください。

縫い終わった、もう1度穴に糸を通して縛り付け、余った糸を切ってください。反対側から伸びている、もうひとつの波形の糸を針に通して、今度BBCマイク

図12-11 BBCマイクロビットを取り付ける

ロビットの０番ピンに巻きつけ、同じように帽子のツバに縫い付けてください。最後に穴に糸を縛り付け、余った糸を切ります。

雨センサーのプログラム

　ウェブブラウザーを開き、makecode.microbit.orgにアクセスしてJavaScriptブロックのエディターを開き、切り替えボタンでJavaScriptモードに切り替えてください。すでに書かれているコードをすべて削除してから、次のコードを書き込んでください。

```
basic.forever (() => {
    basic.clearScreen ()
    if (input.pinIsPressed (TouchPin.P0)) {
        basic.showLeds (`
            . . # # #
            . . # . #
            . . # . .
            # # # # #
            . # # # .
            `)
        basic.pause (500)
        basic.showIcon (IconNames.Chessboard)
        basic.pause (500)
    }
})
```

　これだけでウェアラブルのプログラムが成立しています。１行目は無限ループを開始し、２行目でディスプレイに表示されているものを消し、３行目で０番ピンがタッチされているかを確認しています。タッチが確認されると、ディスプレイに傘の模様を表示し、500ミリ秒待ってから、ライブラリーに登録されているアイコン「チェッカーボード」を表示します。これがちょうど雨に見えるので好都合です。そしてまた500ミリ秒待ってから先頭に戻り、ディスプレイを消して、タッチの確認を行います。

なぜ0番ピンで雨がわかるのか不思議に思われるかも知れませんが、雨に濡れるのもタッチも同じ原理なのです。どちらも、導電率と抵抗率を見ています。GNDピンにつながった糸と、0番ピンにつながった糸との間が雨で濡れると電気が通じて回路が閉じます。指でタッチしたときと同じです。

　傘の模様が上下逆になっているのは、BBCマイクロビットが帽子のツバに上下逆さまに取り付けられているからです。ディスプレイが逆さまなので、ライブラリーの傘のマークを使うと上下が反対に表示されてしまいます。そこで、`basic.showLed`コマンドで、画像を描いているのです。ここで使った傘の画像は、ライブラリーの傘の画像をそのままひっくり返したものです。こうすれば、帽子をかぶっている人には傘の柄が普通に見えます。

　「ダウンロード」ボタンをクリックして、プログラムをBBCマイクロビットにフラッシングしてください。テストをするには、雨センサーの部分を指で触るか、水を垂らしてみてください。うまくいけば、傘と雨の画像が表示されます。もし、触ってもいないのに画像が出る場合は、雨センサーのどこかの部分で糸が接触していることが考えられます。よく見てください。もし触っている部分があれば、そこを修正してください。

> ⚠ 警告
> 　電子製品に水は大敵ですが、帽子が多少濡れる程度ならば大丈夫です。ただし、BBCマイクロビット本体が水に濡れないように気をつけてください。スイッチが入っている状態で水に浸かると、ショートして壊れてしまう恐れがあります。

バッテリーを使う

　ウェアラブルの最後の仕上げは、電力です。BBCマイクロビットからマイクロUSBケーブルを抜き、バッテリーパックに新しい電池を入れてください。電池の向きを間違えないように。バッテリーパックのJSTコネクターをマイクロビットのバッテリーコネクターに接続してください。このとき、コネクターの向きをよく確認してください。赤い線が「＋」と書かれたほうに、黒い線が「－」と書かれたほうになります。コネクターは、反対に入らないような仕組みになっているので、うまく入らないときはコネクターを逆にして入れ直してみてください。

　バッテリーパックのコードは長めになっているので、帽子のどこか適当な場所にバッテリーパックを隠しておきましょう。ツバの下に普通の木綿糸で縫い付け

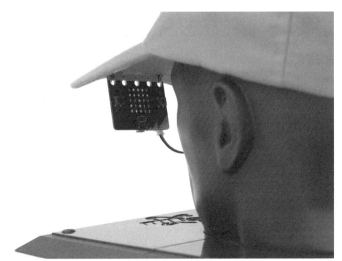

図12-12 雨センサー帽子の完成

るか、両面テープやフックを使ってバッテリーパックを固定する工夫をしてもよいでしょう。

　バッテリーパックの準備ができたら、帽子をかぶって、さっそうと出かけましょう（**図12-12**）。あなたは雨が降ったら最初にそれを知る人間です。胸を張って歩きましょう。

第13章

参考になる情報源

/こ/の/章/の/内/容/

- マイクロビット教育財団の公式サイトの使い方を解説します。
- 授業計画など、教師や指導者のための役に立つサイトを紹介します。
- BBC マイクロビットとプログラミングの楽しさを子どもたちに伝える Code Club の活動を紹介します。

　本書は、できるだけ早く BBC マイクロビットの使い方を知っていただくために書かれており、そこから先のことは載っていません。みなさんは、これからその知識と経験を活かして楽しい旅に出るわけですが、そのためには、もっといろいろなことが知りたくなるはずです。幸い、公式ウェブサイトから個人的な集まり（ミートアップ）まで、マイクロビットの情報は世界中で提供されています。

> ⚠ 注意
> 　ここでは、人気の高い BBC マイクロビットのウェブサイトを紹介していますが、完全とは言えません。どうぞ、ご自分でもインターネットで「BBC マイクロビット」と検索してみてください。たくさんのサイトが現れるはずです。

マイクロビット教育財団

　マイクロビット教育財団（Micro:bit Educational Foundation）は、世界中の教育現場で BBC マイクロビットが使われるように支援する財団として、2016 年に設立されました。BBC によって開発された、または BBC のために開発された技術や製品、さらに新しく作成された資料や情報などを取りまとめる非営利団体です。幅広い情報が揃っているため、まずはこのサイトを見るのがよいでしょう。

　この本を最初から読んでこられた方には、もう microbit.org のウェブサイトはおなじみだと思います。そこには BBC マイクロビットのプログラムづくり

で使用するプログラミング環境、家庭や学校でのマイクロビットの使い方のガイドなどがあります（**図 13-1**）。さらに、画面いちばん上に並んでいるメニュー（プログラムしましょう、アイデア、はじめよう、教える、購入）をクリックすれば、分野ごとのページに飛ぶことができます。「購入」では、マイクロビットを扱っている世界中のお店が紹介されています。

「はじめよう」では、初心者のためのガイドやアニメーションを見ることができます。本書の第1章「初めまして、BBCマイクロビットです」と同じような、BBCマイクロビットの入門ガイドがあり、いろいろな言語でプログラムを書く練習をしたり、マイクロビットをバッテリーパックにつないでポータブルに使う方法などが、やさしく紹介されています。

「プログラムしましょう」では、本書の第4章「プログラミング言語」でも紹介したエディターが解説されています。ここでは、各種のエディターが使えるだけでなく、「Lessons」ボタンをクリックすれば、まったくの初心者でもわかる、言語ごとのチュートリアルでプログラムの方法を学ぶことができます。「リファレンス」ボタンをクリックすると、それぞれの命令の意味や働きなど、より詳しい言語の解説が見られます。

図13-1 BBC マイクロビットのウェブサイト

「アイデア」は、このウェブサイトの本当に面白いところです。いろいろなプロジェクト、コンテスト、ニュースの紹介に加え、BBC、Tech Will Save Us、Microsoft などのサードパーティーのウェブサイトからの教育リソース（教材類）も見ることができます。BBC マイクロビットを使って何を作るか、アイデアに悩んだら、ここを見てください。

「教える」は、教育者のためのちょっと専門的な分野です。世界の学校や大学への BBC マイクロビットからの支援の概要を解説するとともに、マイクロビット教育財団と厳選されたサードパーティーによる教育リソースへのリンクが掲載されています。カリキュラムに関するより詳しい情報は、この章で後述する「公式教育リソース」をご覧ください。

BBC マイクロビットの公式ウェブページでリンクが紹介されているサードパーティーのサイトは、その内容の質が保証された確かなサイトです。すべては、マイクロビット教育財団によって、技術的な内容や正確さが、子どもたちの教育に適しているか、よく吟味されています。

公式教育リソース

BBC マイクロビットは、世界中の学校のカリキュラムを支援できるように作られています。電子機器にプログラムするための、直接的なプログラミング学習だけでなく、アートや音楽などの教科横断学習にも使うことができます。マイクロビットを最大限に活かして授業を行うための教育リソースも、たくさん揃っています。まず紹介したいのは、`microbit.org/teach` のページ（**図 13-2**）にあるマイクロビット教育財団が作成した授業計画と補助教材の情報です。

「教える」のページでは、財団とサードパーティーが、とくに教育者の要請を念頭において開発したリソースのリンクが紹介されています。なかには、生徒たちの興味を保つためのリソースもあります。独自に開発されたものの他に、たとえば、「Wolfblood」や「Dr. Who」といった BBC のテレビドラマを題材にしたものもあります。

このサイトで紹介されているプロジェクトは、ほとんどが完全な授業計画になっており、教師のための解説、完成したプログラムのリストと、BBC マイクロビットにフラッシングできるコンパイル済みのファイルなどが揃っています。また、イギリスのキーステージ 3（11 歳から 14 歳までの生徒）のためのプログラミング学習に適合したカリキュラムも用意されています。

図13-2　microbit.org の教育リソース

サードパーティーの教育リソース

　マイクロビット教育財団のサイトは、教育のための情報を探すときに、まず立ち寄るべき場所ではありますが、ここにすべてが網羅されているとは、とても言い切れません。BBC マイクロビットは、世界中の団体に採用され、それぞれが独自に教育リソースを開発し、公開しています。

ミニ解説

　インターネットでサードパーティーのリソースを探していると、ときどき、古い BBC マイクロビット用プログラムエディターで作られた情報に出くわすことがあります。Microbit Blocks、TouchDevelop、Code Jungdoms JavaScript の 3 つは、BBC マイクロビット・プロジェクトの一環として開発されましたが、現在は新しいエディターに置き換わっています。この本を執筆している時点でも、マイクロビット教育財団のサイトの「プログラムしましょう」のページには、まだこれらの古いエディターを基準にして作られたプロジェクトが見受けられます。しかし、これらは時とともに新しいエディターを使ったバージョンに置き換わっていくものと思われます。

　Microbit Blocks と TouchDevelop で書かれたプログラムは、新しいエディターに

読み込むと、自動的に新しいバージョンに変換され、そのまま使うことができます。ただし、それらのプロジェクトのページに掲載されている画面写真や情報は、今のエディターとは異なる部分があるため、注意が必要です。

英国工学技術学会

Institution of Engineering and Technology（IET、英国工学技術学会）の教育部門である Faraday は、BBC マイクロビットの幅広い教育リソースを提供しています（**図 13-3**）。省電力型 LED 点灯システムのプロトタイプから心拍数モニターまで、さまざまな授業計画をカバーします。基本的に 11 歳から 14 歳の子ども向けに開発されていて、それぞれに授業計画の概要、授業用資料、解説方法、生徒に配布する資料など一式が揃っていて、すべて無料で利用できます。

IET では、より詳しいケーススタディーも提供しています。BBC マイクロビットが火星ロケットやスポーツ用の時間計測といった現実世界での電子プロジェクトのプロトタイプやシミュレーションに利用できることを、業界の専門家が教えてくれます。ケーススタディーには、小冊子、完全なプログラム、副教材とし

図13-3 英国工学技術学会の教育リソース

ての動画が含まれます。

　これらのリソースのアドレスは次のとおりです。
`https://faraday-secondary.theiet.org/stem-activities/microbit/`

Computing At School

　BCS - The Chartered Institute for IT（英国コンピューター協会ITプロフェッショナルのための公認職能団体）の一部であるComputing At School（CAS）プログラムも、教育現場でBBCマイクロビットを使うための教育リソースを数多く提供しています（図13-4）。IETの場合と同様、11歳から14歳の生徒を中心に組み立てられていて、会員、非会員を問わず、完全に無料で利用できます。

　CASの授業計画では、BBCマイクロビットで使えるすべての言語を対象にしていますが、ややPythonに寄っている感じです。すべての授業計画は、クリエイティブ・コモンズ 表示-継承3.0のライセンスに基づいて公開されているので、作り変えたり、再利用することが可能です。またこのサイトには、ラズベリーパイなどの支援デバイスのための資料も用意されています。

　これらのリソースのアドレスは次のとおりです。
`http://community.computingatschool.org.uk/resources/landing`

Micro:bit for Primary School

　11歳から14歳の生徒を対象にしたサイトはたくさんありますが、Neil RickusのMicro:bit for Primary School（MB 4 PS）は、7歳以上の子どもにBBCマイクロビットを教えるためのリソースを提供しています（図13-5）。そのため、IETやCASのプロジェクトに比べると単純なものが多くなりますが、それでも楽しさは変わりません。

　授業計画には、本書の第1章と同じく、BBCマイクロビットのハードウエアの基本的な説明から始まる入門授業が6つ含まれています。そこから次第に複雑なプロジェクトへ進み、マイクロビットの加速度センサーを使った歩数計のような独立したプロジェクトに至ります。簡単なプログラムを、子どもになじみやすいブロックエディターで、ひとつずつ組み立てていきます。すべての資料は、ク

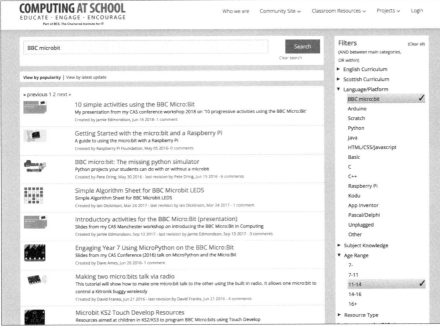

図13-4 CASの教育リソース

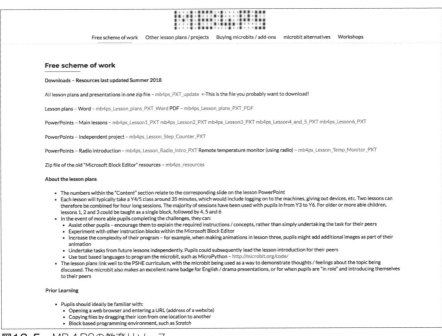

図13-5 MB4PSの教育リソース

リエイティブ・コモンズ 表示 - 非営利 4.0 ライセンスのもとで公開されています。授業のために作り変えることはできますが、商用利用はできません。

これらのリソースには、次のアドレスからアクセスできます。
http://mb4ps.co.uk/resources

TES Magazine

以前は Time Educational Supplement という名前で知られていました。TES Magazine のウェブサイトでは、授業計画からカラーポスター、早わかりのための「カンニングシート」などのリソースを、こちらから提供できます（**図 13-6**）。

TES Magazine の会員登録は無料でできますが、なかには有料のリソースもあります。ここは、言うなればリソースの売買サイトです。提供者は、自分が提供したリソースを無料で配布するか、値段をつけて販売するかを選ぶことができます。とは言え、ほとんどが 2 ポンドから 5 ポンド（200〜700 円程度）と安く、無料のリソースもたくさんあります。厳しい予算の中で授業を行っている教師に

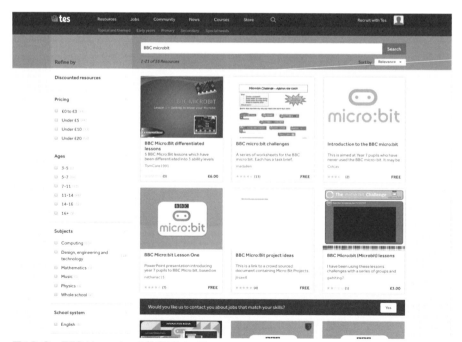

図13-6 TES Magazineの教育リソース

とっては、とても有り難いリソースです。

これらのリソースには、次のアドレスからアクセスできます（サイト内で「BBC microbit」と検索してください）。

```
https://www.tes.com/resources/
```

Code Club

Code Clubは、2012年に非営利団体として設立され、2015年にラズベリーパイ財団の傘下に入りました。80以上の国々、または15の言語を話す地域で、ボランティアや教育者によって運営されている、9歳から11歳の子どもを対象にプログラミングを教えるクラブのネットワークを通じて、課外授業を支援することが狙いです（図13-7）。Code Clubでは、いろいろなプログラミング言語やハードウエアを対象にしていますが、そうした概念を教えるにはBBCマイクロビットが最適なデバイスであると認めているクラブが数多くあります。

Code Clubに参加したい方は、www.codeclub.org.uk/aboutで、お近くのクラブを探してください。近くにない場合は、自分でクラブを開始するのも手

図13-7　Code Clubのウェブサイト

です。ボランティアによって支えられているCode Clubは、足りないものを感じて、それを埋めたいと考えている人たちが頼りです。あなた自身が専門家である必要はありません。Code Clubの豊富なリソースとコミュニティーは、そんなあなたを支えるためにあるのです。

　Code Clubのリソースは、家で自分の勉強のために使っても、正式な教育機関での授業に使っても構いません。`https://codeclubprojects.org/` を見てください。すべては無料で提供されています。ただし、非営利目的に限ります。

　ある程度の技術が身についたら、Code Clubのコミュニティーに、とても簡単に恩返しができます。Code Clubでも、あなたが設立したクラブでも、フィードバックや修正の助言などを送ってください。さらに高度な技術や知識が身についたら、あなたが開発したプロジェクトを提供することもできます。多言語を話せる人なら、既存のプロジェクトやリソースの内容を翻訳して、いろいろな国の人が使えるように貢献することも可能です。

日本でイベントなどに参加するには（訳者による補足）

　日本ではCoderDojo Japanが率いる子どものためのプログラミング道場「CoderDojo」でBBCマイクロビットなどを使ったプログラミングを学べます。CoderDojoは子どもを対象にしたプログラミング道場で、2011年にアイルランドで始まり、日本では全国に150以上の道場があります。以下のサイトから最寄のCoderDojoを調べて、どのような活動をしているか確認するとよいでしょう。

・CoderDojo Japan　子どものためのプログラミング道場
　`https://coderdojo.jp/`

　また、学びの場を提供する活動を行っているNPO法人CANVASは、BBCマイクロビットなどを使ったワークショップを不定期で開催しています。以下のサイトを見て確認するとよいでしょう。

・CANVAS　ワークショップ&イベント
　`http://canvas.ws/workshop`

パート4

付録

付録A	JavaScriptブロックのレシピ
付録B	JavaScriptのレシピ
付録C	Pythonのレシピ
付録D	ピン配列

JavaScript ブロックの
レシピ

　この付録には、第6章「JavaScript」と第8章「無線通信機能」で学んだコードの完全版が掲載されています。これらを見ながら、JavaScript ブロックのエディターでプログラムを作ることができます。さらに、エディターを JavaScript モードに切り替えて、付録B「JavaScript のレシピ」に掲載されているプログラムを書き込み、再び JavaScript ブロックのモードに切り替えてブロックで表示させることもできます（切り替え方については第6章を参照）。

第6章：「Hello, World!」（ループなし）

第6章：「Hello, World!」（ループあり）

第6章：ボタン入力（ボタン1つ）

第6章:ボタン入力(ボタン2つ)

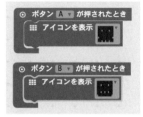

第6章:タッチ入力

第6章:温度センサー(書式調整なし)

第6章:温度センサー(書式調整あり)

第6章:コンパス・センサー

第6章:加速度センサー(アイコン1つ)

第6章：加速度センサー（アイコン2つ）

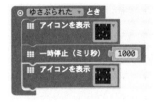

第6章：加速度センサー・データ

第6章：フルーツキャッチャー・ゲーム

第8章：1対1の通信（BBC マイクロビット A）

第8章：1対1の通信（BBC マイクロビット B）

第8章：1対複数の通信（BBC マイクロビット C）

第8章：無線グループ（BBC マイクロビット A）

第8章：無線グループ（BBC マイクロビット B）

第8章：無線グループ（BBC マイクロビット C）

以下では、第10章「電子回路を組もう」で紹介されているプログラムの JavaScript ブロックでの表記も掲載します（訳者による補足）。

第10章：ボタンからの入力を読み込む

第 10 章：LED へ出力する

第 10 章：PWM を使って LED の明るさを調整する

第 10 章：アナログ入力を読む

付録 B

JavaScript の
レシピ

　この付録には、第6章「JavaScript」と第8章「無線通信機能」で学んだコードの完全版が掲載されています。参考にして記述しやすいように、コメントは排除しています。どう書いてよいか、よくわからないときは、この本のウェブサイト www.wiley.com/go/bbcmicrobituserguide、あるいは、https://shop.nikkeibp.co.jp/front/commodity/0000/P60050/ からテキスト形式のファイルをダウンロードしてください。ダウンロードしたファイルから丸ごとコピーしてエディターに貼り付ければ簡単です。

第6章：「Hello, World!」（ループなし）

```
basic.forever(() => {

})
basic.showString("Hello, World!")
```

第6章：「Hello, World!」（ループあり）

```
basic.forever(() => {
    basic.showString("Hello, World!")
})
```

第6章：ボタン入力（ボタン1つ）

```
input.onButtonPressed(Button.A, () => {
    basic.showIcon(IconNames.Happy)
})
```

第6章：ボタン入力（ボタン2つ）

```
input.onButtonPressed(Button.A, () => {
    basic.showIcon(IconNames.Happy)
})
input.onButtonPressed(Button.B, () => {
    basic.showIcon(IconNames.Sad)
})
```

第6章：タッチ入力

```
let touches = 0
input.onPinPressed(TouchPin.P0, () => {
    touches += 1
    basic.showNumber(touches)
})
```

第6章：温度センサー（書式調整なし）

```
basic.forever(() => {
    basic.showNumber(input.temperature())
})
```

第6章：温度センサー（書式調整あり）

```
basic.forever(() => {
    basic.showNumber(input.temperature())
    basic.showString(" Celsius")
})
```

第6章：コンパス・センサー

```
basic.forever(() => {
    basic.showString("Heading " + input.compassHeading())
})
```

第6章：加速度センサー（アイコン１つ）

```
input.onGesture(Gesture.Shake, () => {
    basic.showIcon(IconNames.Surprised)
})
```

第6章：加速度センサー（アイコン２つ）

```
input.onGesture(Gesture.Shake, () => {
    basic.showIcon(IconNames.Surprised)
    basic.pause(1000)
    basic.showIcon(IconNames.Asleep)
})
```

第6章：加速度センサー・データ

```
basic.forever(() => {
    basic.showString("X:" + input.acceleration(Dimension.X))
    basic.showString("Y:" + input.acceleration(Dimension.Y))
    basic.showString("Z:" + input.acceleration(Dimension.Z))
})
```

第6章：フルーツキャッチャー・ゲーム

```
let delay = 1000
let fruit: game.LedSprite = null
let player: game.LedSprite = game.createSprite(2, 4)
game.setScore(0)

basic.forever(() => {
    fruit = game.createSprite(Math.random(5), 0)
    basic.pause(delay)
    while (fruit.get(LedSpriteProperty.Y) < 4) {
        fruit.change(LedSpriteProperty.Y, 1)
        basic.pause(delay)
    }
    if (player.isTouching(fruit)) {
        game.addScore(1)
    } else {
        game.gameOver()
    }
    fruit.set(LedSpriteProperty.Brightness, 0)
    delay = delay - delay / 10
})

input.onButtonPressed(Button.A, () => {
    if (player.get(LedSpriteProperty.X) > 0) {
        player.change(LedSpriteProperty.X, -1)
    }
})
input.onButtonPressed(Button.B, () => {
    if (player.get(LedSpriteProperty.X) < 4) {
        player.change(LedSpriteProperty.X, 1)
    }
})
```

第8章：1対1の通信（BBC マイクロビット A）

```
radio.setGroup(1)
input.onButtonPressed(Button.A, () => {
    radio.sendString("Hello from A!")
})
radio.onDataPacketReceived(({receivedString}) => {
    basic.showString(receivedString)
})
```

第8章：1対1の通信（BBC マイクロビット B）

```
radio.setGroup(1)
input.onButtonPressed(Button.A, () => {
    radio.sendString("Hello from B!")
})
radio.onDataPacketReceived(({receivedString}) => {
    basic.showString(receivedString)
})
```

第8章：1対1の通信（BBC マイクロビット C）

```
radio.setGroup(1)
input.onButtonPressed(Button.A, () => {
    radio.sendString("Hello from C!")
})
radio.onDataPacketReceived(({receivedString}) => {
    basic.showString(receivedString)
})
```

第8章：無線グループ（BBC マイクロビット A）

```
radio.setGroup(1)
input.onButtonPressed(Button.A, () => {
    radio.sendString("Hello from A!")
})
radio.onDataPacketReceived(({receivedString}) => {
    basic.showString(receivedString)
})
input.onButtonPressed(Button.B, () => {
    radio.setGroup(2)
    basic.showString("Switching to Group 2")
})
```

第8章：無線グループ（BBC マイクロビット B）

```
radio.setGroup(1)
input.onButtonPressed(Button.A, () => {
    radio.sendString("Hello from B!")
})
radio.onDataPacketReceived(({receivedString}) => {
    basic.showString(receivedString)
})
input.onButtonPressed(Button.B, () => {
    radio.setGroup(2)
    basic.showString("Switching to Group 2")
})
```

第 8 章：無線グループ（BBC マイクロビット C）

```
radio.setGroup(1)
input.onButtonPressed(Button.A, () => {
    radio.sendString("Hello from C!")
})
radio.onDataPacketReceived(({receivedString}) => {
    basic.showString(receivedString)
})
input.onButtonPressed(Button.B, () => {
    radio.setGroup(2)
    basic.showString("Switching to Group 2")
})
```

以下では、第 10 章「電子回路を組もう」で紹介されているプログラムの JavaScript での表記も掲載します（訳者による補足）。

第 10 章：ボタンからの入力を読み込む

```
basic.forever(() => {
    while (pins.digitalReadPin(DigitalPin.P0) == 1) {
        basic.showIcon(IconNames.Surprised)
    }
    basic.showIcon(IconNames.Asleep)
})
```

第 10 章：LED へ出力する

```
basic.forever(() => {
    pins.digitalWritePin(DigitalPin.P1, 1)
    basic.pause(1000)
    pins.digitalWritePin(DigitalPin.P1, 0)
    basic.pause(1000)
})
```

第 10 章：PWM を使って LED の明るさを調整する

```
pins.analogSetPeriod(AnalogPin.P1, 10000)
let index = 0
basic.forever(() => {
    for (let index = 0; index <= 1023; index++) {
        pins.analogWritePin(AnalogPin.P1, index)
        basic.pause(1)
    }
    for (let index = 0; index <= 1023; index++) {
        pins.analogWritePin(AnalogPin.P1, 1023 - index)
        basic.pause(1)
    }
})
```

第 10 章：アナログ入力を読む

```
basic.forever(() => {
    basic.showNumber(pins.analogReadPin(AnalogPin.P2))
    basic.showString("")
})
```

Pythonのレシピ

　この付録には、第7章「Python」、第8章「無線通信機能」、第9章「BBCマイクロビットとラズベリーパイ」、第10章「電子回路を組もう」で学んだコードの完全版が掲載されています。これらを参考にして記述しやすいように、コメントは排除しています。コード（プログラム）の1行が長くて、この本のページの横幅に収まらないときは、⏎ が使われます。このマークがあるときは、そこで改行せずに1行として記述してください。どう書いてよいか、よくわからないときは、この本のウェブサイト www.wiley.com/go/bbcmicrobituserguide、あるいは、https://shop.nikkeibp.co.jp/front/commodity/0000/P60050/ からテキスト形式のファイルをダウンロードしてください。本欄を見て記述してもよいですが、ダウンロードしたファイルから丸ごとコピーしてエディターに貼り付ければ簡単です。

第7章：「Hello, World!」（ループなし）

```
from microbit import *
display.scroll('Hello, World!')
```

第7章：「Hello, World!」（ループあり）

```
from microbit import *
while True:
    display.scroll('Hello, World!')
```

第7章：ボタン入力（ボタン1つ）

```
from microbit import *
while True:
```

```
        if button_a.is_pressed():
            display.show(Image.HAPPY)
```

第7章:ボタン入力(ボタン2つ)

```
from microbit import *
while True:
    if button_a.is_pressed():
        display.show(Image.HAPPY)
    if button_b.is_pressed():
        display.show(Image.SAD)
```

第7章:タッチ入力

```
from microbit import *
touches = 0
while True:
    if pin0.is_touched():
        touches += 1
        display.scroll(str(touches))
```

第7章:温度センサー(書式調整なし)

```
from microbit import *
while True:
    display.scroll(str(temperature()))
```

第7章:温度センサー(書式調整あり)

```
from microbit import *
while True:
    display.scroll(str(temperature()))
    display.scroll(' Celsius')
```

第7章：コンパス・センサー

```python
from microbit import *
while True:
    display.scroll('Heading %s' % compass.heading())
```

第7章：加速度センサー（アイコン１つ）

```python
from microbit import *
while True:
    if accelerometer.is_gesture("shake"):
        display.show(Image.SURPRISED)
```

第7章：加速度センサー（アイコン２つ）

```python
from microbit import *
while True:
    if accelerometer.is_gesture("shake"):
        display.show(Image.SURPRISED)
        sleep(1000)
        display.show(Image.ASLEEP)
```

第7章：加速度センサー・データ

```python
from microbit import *
while True:
    display.scroll('X:%s' % accelerometer.get_x())
    display.scroll('Y:%s' % accelerometer.get_y())
    display.scroll('Z:%s' % accelerometer.get_z())
```

第7章：フルーツキャッチャー・ゲーム

```
import random
delay = 10
delayCounter = 0
playerPosition = [2, 4]
score = 0

while True:
    fruitPosition = [random.randrange(0,4), 0]
    while fruitPosition[1] <= 4:
        while delayCounter < delay:
            if button_a.was_pressed() and (playerPosition[0] > 0):
                playerPosition[0] -= 1
            if button_b.was_pressed() and (playerPosition[0] < 4):
                playerPosition[0] += 1
            display.clear()
            display.set_pixel(fruitPosition[0], fruitPosition[1], 9)
            display.set_pixel(playerPosition[0], playerPosition[1], 9)
            delayCounter += 1
            sleep(100)
        delayCounter = 0
        fruitPosition[1] += 1
    if fruitPosition[0] == playerPosition[0]:
        score += 1
        delay -= (delay / 10)
    else:
        display.scroll(('GAME OVER    SCORE %s' % score), loop=True)
```

第8章：1対1の通信（BBC マイクロビット A）

```python
from microbit import *
import radio

radio.config(group=1)
radio.on()

while True:
    if button_a.was_pressed():
        radio.send('Hello from A!')
    message = radio.receive()
    if message != None:
        display.scroll(str(message))
```

第8章：1対1の通信（BBC マイクロビット B）

```python
from microbit import *
import radio

radio.config(group=1)
radio.on()

while True:
    if button_a.was_pressed():
        radio.send('Hello from B!')
    message = radio.receive()
    if message != None:
        display.scroll(str(message))
```

第8章：1対1の通信（BBC マイクロビット C）

```python
from microbit import *
import radio

radio.config(group=1)
radio.on()

while True:
    if button_a.was_pressed():
        radio.send('Hello from C!')
    message = radio.receive()
    if message != None:
        display.scroll(str(message))
```

第8章：無線グループ（BBC マイクロビット A）

```python
from microbit import *
import radio

radio.config(group=1)
radio.on()

while True:
    if button_a.was_pressed():
        radio.send('Hello from A!')
    if button_b.was_pressed():
        radio.config(group=2)
        display.scroll('Switching to Group 2')
    message = radio.receive()
    if message != None:
        display.scroll(str(message))
```

第8章：無線グループ（BBC マイクロビット B）

```python
from microbit import *
import radio

radio.config(group=1)
radio.on()

while True:
    if button_a.was_pressed():
        radio.send('Hello from B!')
    if button_b.was_pressed():
        radio.config(group=2)
        display.scroll('Switching to Group 2')
    message = radio.receive()
    if message != None:
        display.scroll(str(message))
```

第8章：無線グループ（BBC マイクロビット C）

```python
from microbit import *
import radio

radio.config(group=1)
radio.on()

while True:
    if button_a.was_pressed():
        radio.send('Hello from C!')
    if button_b.was_pressed():
        radio.config(group=2)
        display.scroll('Switching to Group 2')
    message = radio.receive()
    if message != None:
```

```
            display.scroll(str(message))
```

第9章：加速度センサーを読む（BBC マイクロビット）

```
from microbit import *
while True:
    x, y, z = accelerometer.get_x(), accelerometer.get_y(], ↵
accelerometer.get_z()
    print(x, y, z)
    sleep(500)
```

第9章：加速度センサーを読む（ラズベリーパイ）

```
import serial
ser = serial.Serial("/dev/ttyACM0", 115200, timeout=1)
ser.close()
ser.open()
while True:
    accelerometerData = ser.readline()
    print(accelerometerData)
```

第9章：BBC マイクロビットをディスプレイとして使う

```
import serial, time
ser = serial.Serial("/dev/ttyACM0", 115200, timeout=1)
ser.close()
ser.open()
ser.write("from microbit import * \r".encode())
while True:
    ser.write("display.scroll('Hello, world!') \r".encode())
    time.sleep(10)
```

第9章：CPU モニター

```
import serial, psutil, time
gradients = 20
readingList = [0,1,2,3,4]
ser = serial.Serial("/dev/ttyACM0", 115200, timeout=1)
ser.close()
ser.open()

print("Started monitoring system statistics for micro:↵
bit display.")

ser.write("from microbit import * ¥r".encode())
time.sleep(0.1)
ser.write("display.clear() ¥r".encode())
time.sleep(0.1)

barGraph = [[0, 0, 0, 0, 0], [0, 0, 0, 0, 0], [0, 0, 0, ↵
0, 0], [0, 0, 0, 0, 0], [0, 0, 0, 0, 0]]

while True:
    sysLoad = psutil.cpu_percent(interval=0)
    readingList.insert(0,int(sysLoad))
    del readingList[5:]
    for x in range(5):
        for y in range(5):
            readingComparison = (y+1) * gradients
            if (readingList[x] >= readingComparison):
                barGraph[y][x] = 9
            else:
                barGraph[y][x] = 0
    ser.write("BARGRAPH = Image ↵
    (¥"%s:%s:%s:%s:%s¥") ¥r".encode() % ↵
    (''.join(str(e) |for e in barGraph[0]), '↵
```

```
            '.join(str(e) for e in barGraph[1]), '⏎
            '.join(str(e) for e in barGraph[2]), '⏎
            '.join(str(e) for e in barGraph[3]), '⏎
            '.join(str(e) for e in barGraph[4])))
    time.sleep(0.1)
    ser.write("display.show(BARGRAPH) \r".encode())
    time.sleep(0.9)
```

第10章：ボタンからの入力を読み込む

```
from microbit import *
while True:
    while (pin0.read_digital() == 1):
        display.show(Image.SURPRISED)
    display.show(Image.ASLEEP)
```

第10章：LEDへ出力する

```
from microbit import *
while True:
    pin1.write_digital(1)
    sleep(1000)
    pin1.write_digital(0)
    sleep(1000)
```

第10章：PWMを使ってLEDの明るさを調整する

```
from microbit import *
pin1.set_analog_period(1)
while True:
    for brightnessValue in range(0,1024,1):
        pin1.write_analog(brightnessValue)
        sleep(1)
```

```
    for brightnessValue in range(1023,-1,-1):
        pin1.write_analog(brightnessValue)
        sleep(1)
```

第10章：アナログ入力を読む

```
from microbit import *
while True:
    potValue = pin2.read_analog()
    display.scroll(str(potValue))
```

第12章：雨を感知する帽子

```
basic.forever(() => {
    basic.clearScreen()
    if (input.pinIsPressed(TouchPin.P0)) {
        basic.showLeds(`
        . . # # #
        . . # . #
        . . # . .
        # # # # #
        . # # # .
        `)
        basic.pause(500)
        basic.showIcon(IconNames.Chessboard)
        basic.pause(500)
    }
})
```

ピン配列

　次の図と**表1**は、BBCマイクロビットのGPIO（汎用入出力端子）を示したものです。大きい端子と小さい端子の両方が説明されています。それぞれの端子（ピン）の機能は表を見てください。

　BBCマイクロビットのGPIOに関する詳細は、第10章「電子回路を組もう」をご覧ください。

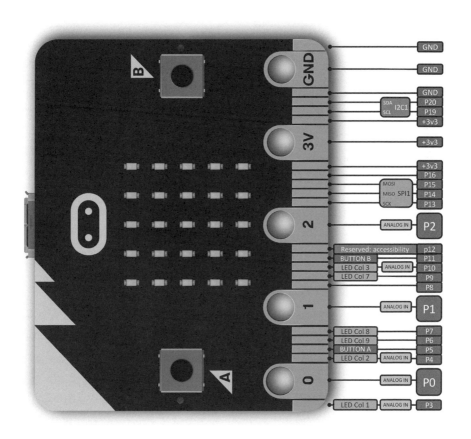

端子番号	主機能	追加機能	備考
0	GPIO 0	アナログ入力	大きい端子。弱いプルアップ抵抗付き
1	GPIO 1	アナログ入力	大きい端子。弱いプルアップ抵抗付き
2	GPIO 2	アナログ入力	大きい端子。弱いプルアップ抵抗付き
3V	3ボルト電源出力		大きい端子
GND	グランド		大きい端子
3	LED 1列目	GPIO 3 / アナログ入力	小さい端子
4	LED 2列目	GPIO 4 / アナログ入力	小さい端子
5	ボタンA入力	GPIO 5	小さい端子。プルアップ抵抗付き
6	LED 9列目	GPIO 6	小さい端子
7	LED 8列目	GPIO 7	小さい端子
8	GPIO 8		小さい端子
9	LED 7列目	GPIO 9	小さい端子
10	LED 3列目	GPIO 10 / アナログ入力	小さい端子
11	ボタンB入力	GPIO 11	小さい端子。プルアップ抵抗付き
12	アクセス性のため予約		小さい端子
13	GPIO 13	SPI1 SCK	小さい端子
14	GPIO 14	SPI1 MISO	小さい端子
15	GPIO 15	SPI1 MOSI	小さい端子
16	GPIO 16		小さい端子
17	3ボルト電源出力		小さい端子。3ボルト電源に接続
18	3ボルト電源出力		小さい端子。3ボルト電源に接続
19	I2C1 CSL	GPIO 19	小さい端子。加速度センサーとコンパスに接続
20	I2C2 SDA	GPIO 20	小さい端子。加速度センサーとコンパスに接続
21	グランド		小さい端子。グランドに接続
22	グランド		小さい端子。グランドに接続

3、4、6、7、10番端子は、すべてマイクロビットのLEDマトリックス・ディスプレイに使われています。ディスプレイを使わないときは、これらをGPIOとして使うことができます（3、4、10はアナログ入力用）。

5、11番はボタンAとボタンBにそれぞれ接続されています。これらにはプルアップ抵抗が内蔵されています。デフォルトでは3ボルトの電圧が流れていま

すが、抵抗が「low」になるとボタンイベントがトリガーされます。

　小さいピンは、対応するブレークアウト・ボードを接続して安全な電気の流れを確保して使用してください。使用できるブレークアウト・ボードは、第 11 章「BBC マイクロビットを拡張しよう」で紹介しています。

　マイクロビットの端子を使うときは、以下のことに気をつけてください。

・3 ボルトの電源出力ピンからは、9 mA 以上の電流は得られません。
・すべての GPIO 端子は、デフォルトで 0.5mA に制限されています。最大電流を 5 mA の高電流モードに同時に設定できるのは、最大で 3 つまでです。
・パルス幅変調（PWM）出力が同時に使用できるのは、最大で 3 つまでです。

　BBC マイクロビットの端子とその機能に関する詳細は、以下の公式ウェブサイトをご覧ください。

・Edge Connector Data Sheet
　https://tech.microbit.org/hardware/edgeconnector_ds/

訳者あとがき

　BBC マイクロビットを実際に手にすると、わかっていたはずなのに、「こんなに小さいのか！」と驚かされます。そして、実際にいじってみて、「こんなこともできるのか！！」と驚きが増します。

　20 年ほど前から考えると、びっくり仰天のテクノロジーです。本書の説明にしたがってプログラムを組んでいくと、あの小さな 5 × 5 の LED ディスプレイに実に多彩な表示が展開されます。それらを見ると、わくわくする気持ちが抑えられません。こんなに人を楽しくさせてくれるのですから、これはコンピューターというよりは、今ある最高のオモチャの部類に入るでしょう。

　本当に楽しい BBC マイクロビットですが、ちょっとだけ残念な部分があります。みなさんもお感じだろうと思いますが、まだ日本語環境が整っていないのです。JavaScript エディターは、一部が日本語化されているものの、英語の部分も多く、肝心なヘルプの意味がわからないといった不便が残っています。現在、日本語化が進められていますが、なにぶんボランティアによる作業であるため、思うようにはいきません。

　しかし、皮肉なことに、BBC マイクロビットや JavaScript などを含めた現在主流のコンピューターやプログラミング言語は、ほとんどがイギリス、アメリカをはじめとする英語圏で生まれています（BBC マイクロビットもイギリス生まれですね）。そのため、プログラミング言語の基本は英語です。本書にも書かれているとおり、プログラミング言語は人間が読んで内容が理解できる文法になっているとのことですが、それはあくまで英語での話です。

　JavaScript ブロックの命令は日本語になっていますが、JavaScript、Python と進んでいくと、どんどん英語に近くなっていきます。というか、英語そのものになります。プログラムを極めるためには、英語で作られた命令や関数の名前を理解できなければなりません。

　日本語化が進んでいないことの言い訳のようですが、そのために本書では、日本語と英語を併記したり、英語の命令に日本語の解説をつけたりしています。プログラミングを日本語で教えるべきかどうかという議論は、ずっと前からあります。英語がわかる人なら、プログラムの命令などを見て、すぐにその意味が理解できるのですが、そうでない人には難しく感じられます。それなら最初から英語のまま、丸覚えしてしまったほうが早いという人もいます。その意見も一理あるところです。

さて、日本では2020年から小学校でプログラミングを教えるようになります。それにともない、BBCマイクロビットが小学校に寄付される動きも出てきました。とても嬉しいことです。しかし、心配もあります。学校の必須授業になったら、プログラミングが嫌いになる子どもが出てこないかということです。学校で無理矢理教えられて評価されるとなると、楽しいはずのプログラミングが苦痛になってしまいます。

　私事で恐縮ですが、私は中学校を卒業するまで、「勉強」というものの意味がわかりませんでした。学校で机に座って教科書を広げて先生の話を聞いて、何かをノートに書くことが勉強なのかと思っていました。それは拷問のようなもので、だから成績はいつもビリ、毎日先生に怒られていました。

　しかし家では、ひとりで鉄道模型をいじったり、飛行機を作ったりといった「遊び」に熱中していました。そこでは、毎日新しい発見がありました。モーターが回る仕組み。その力を車輪に伝える方法。飛行機を遠くに飛ばすための方法。いろいろなことを学びました。しかし、それは学校の「勉強」とはつながりませんでした。「遊び」と「勉強」は正反対のものであり、学校で遊びの話をすると先生に怒られると思っていました。

　しかし、今思うと、たとえば電圧を変えるとモーターの回転はどう変わるかといった疑問は、学校で習う算数や理科につながるものです。そうした純粋な興味を抱くことこそ、本当の勉強の始まりだったのですが、子どものころに「勉強」した学校では、そこは断絶されていました。誰かが「いいんだよ、それが本当の『学び』なんだよ」と言ってくれていたら、私の人生は違っていたかも知れません。

　BBCマイクロビットはオモチャです。とっても楽しくて、いろんなものが詰まっていて、いろんなことができる最高のオモチャです。そこには、学校のさまざまな教科につながる学びの「芽」があります。英語もそのひとつでしょう。

　大人のみなさんは、どうか、BBCマイクロビットが子どもたちの学習意欲につながるよう、学ぶことは楽しいということを教えてあげてください。子どものみなさんは、BBCマイクロビットで、楽しくプログラムや工作を作ること、それに熱中することが、本当の学びなのだと知ってください。

金井哲夫

> 著者について

ガレス・ハルファクリー（Gareth Halfacree）

フリーの技術系ジャーナリストであり、ラズベリーパイ財団の創設者エベン・アプトンと共に『Raspberry Piユーザーガイド』（インプレス）を執筆。もともと教育分野でシステム管理者を行っていたことから、オープンソースのプロジェクトに強い興味を持っていたハルファクリーは、数々の職場を渡り歩き、GNU/Linux（グヌー/リナックス）、LibreOffice（リブレオフィス）、Fritzing（フリッツィング）、Arduino（アルデュイーノ）といったプロジェクトの記事の執筆、資料の作成、開発に参加するなどしてきました。また、Sleepduino（スリープデュイーノ）、Burnduino（バーンデュイーノ）など、電子プロトタイプ・システムのアルデュイーノの機能を拡張するハードウエアの開発を行っています。最近のハルファクリーの活動は以下で見ることができます。

http://freelance.halfacree.co.uk

> 技術監修者について

デイビッド・ホエール（David Whale）

30年以上の経歴を持つ埋め込み型ソフトウエアの技術者で、数多くのハイテク機器のデザインや埋め込み型ソフトウエアの開発を行ってきました。デイビッドは英国工学技術学会（IET）のSTEM（科学、技術、工学、数学教育）アンバサダーとして、またボランティアとして、イギリス全国の学校でのコンピュータークラブの支援や、教師への指導を行っています。IETとの関係を通してBBCマイクロビットのプロジェクトに参加するようになったデイビッドは、マイクロビットを学校教育に採り入れるための教材作りにも尽力し、教師へのマイクロビットの訓練や、IETファラデー全国STEMチャレンジデー大会の運営にも携わっています。現在デイビッドは、マイクロビット教育財団に所属し、さまざまな企業や組織と共にプロジェクトや教材の開発を続けています。そこには、BBCの『ドクター・フー』の番組制作チームも含まれています。また、Minecraft（マインクラフト）を使ってPython（パイソン）のコーディングを学ぶ子ども向けの本『アドベンチャーズ・イン・マインクラフト』（ワイリー、未翻訳）も共同執筆しています。このほかにも、さまざまな技術系、コンピューター系書籍の技術監修を行っています。

> 訳者について

金井哲夫（かない てつお）

コンピューター・エンターテインメント雑誌の編集者を経てフリーランスに。雑誌記事執筆のほか、ゲーム、アプリ、ブログ、映画字幕、書籍などの翻訳を行っています。近訳書はデール・ダハティ著『私たちはみなメイカーだ』（オライリー・ジャパン）など。

BBC マイクロビット
公式ユーザーガイド

2018年10月2日　第1版第1刷発行

著　者	ガレス・ハルファクリー
訳　者	金井 哲夫
発行者	村上 広樹
発　行	日経BP社
発　売	日経BPマーケティング 〒105-8308 東京都港区虎ノ門4-3-12
装　幀	小口 翔平＋山之口 正和（tobufune）
制　作	芹川 千博（明昌堂）
印刷・製本	図書印刷株式会社

本書の無断複写・複製（コピー等）は著作権法上の例外を除き、禁じられています。購入者以外の第三者による電子データ化および電子書籍化は、私的使用を含め一切認められておりません。
本書籍に関するお問い合わせ、ご連絡は下記にて承ります。
https://nkbp.jp/booksQA

ISBN 978-4-8222-5347-9
Printed in Japan